디지털 시대의
국회방송

내일을여는지식 커뮤니케이션 2

디지털 시대의 국회방송

김광호 · 이옥기 지음

DIGITAL

한국학술정보㈜

머리말

오늘날의 방송은 디지털화에 따라 다양한 방식으로 개발되고 있으며, 일방적으로 전달해 주는 방송이 아니라 방송의 생산자와 소비자가 적극적으로 관계를 맺는 양 방향형 고화질 멀티미디어 콘텐츠를 지향하고 있다. 따라서 오늘날 방송학 연구에서는 새로운 패러다임이 절실히 요구되고 있다. 특히 방송 산업은 과거와 비교할 수 없을 정도로 치열한 경쟁 환경에 노출되어 있고, 고도의 서비스 전략을 필요로 하고 있으며 이에 따라 방송의 공공성·공익성 개념도 변화하고 있다.

본서는 이러한 시대적 변화와 방송환경의 진전에 따라 공공채널로서 국회방송이 가진 의미를 다시 한 번 되새기기 위한 것이다.

다양한 미디어와 방송이 존재하는 현시대에서 국회방송이 필요한 이유는 무엇보다도 현실 정치의 핵심인 국회 활동을 국민들에게 충분히 알려 주고 이해시키며 국민이 국회의 입법 과정에 직간접적으로 참여케 하는 것이다.

국회방송의 중요성은 방송자체가 민주주의 정치를 모체로 하고 있으며 민주정치는 공개정치를 그 원칙으로 삼는다는 점을 생각할 때

민주주의 발전의 견인차가 될 수 있다는 점이다. 더 나아가서 국회방송은 국회에 참여하는 정당과 국회의원에 대한 올바른 평가를 하여 이를 국민들이 선거에 반영케 함으로서 민주주의와 의회발전에 기여할 수 있다는 것이다. 특히 다채널 다매체 시대의 가장 큰 특징이라고 할 수 있는 다양성과 전문성을 살린 채널이자 공공채널로서 방송의 공익성을 실현할 수 있는 가장 적합한 채널이 국회방송임에도 불구하고 이와 관련된 분야가 체계적으로 구축되어 있지 않는 실정인 점을 감안해 볼 때 국회방송의 공공적 가치를 파악한다는 점에 이 책의 큰 의의가 있다.

이러한 의미에서 해외 의회방송 제도 사례를 중심으로 알아보았다. 그리고 디지털 시대에 국회방송의 제도와 운영 그리고 편성 전반에 걸쳐 국회 방송의 현황을 파악하고 바람직한 국회방송 발전방향 등을 알아보았다.

이를 위해 제1장에서는 방송 통신 융합으로 달라지는 방송 환경에서 공익성의 필요성과 공공채널로서 공익가치를 지닌 국회방송을 살펴보았다.

제2장에서는 해외사례를 중심으로 해외 의회방송 제도와 운영 현황은 어떠하며, 특성은 무엇이고 경영분석으로 인한 시사점은 무엇인가 등을 살펴보았다.

제3장에서는 국회방송의 기본 원칙과 공공가치를 다루었으며, 국회방송의 법제화 방향을 편성, 운영, 재원, 의무전송 부분으로 제시하였고, 국회방송 활성화 전략도 모색해 보았다. 그리고 제4장에서는 국회방송의 발전 방안을 제시하였다.

이 책은 전반적으로 변화하는 방송환경과 방송의 디지털화를 앞두고 국회방송과 관계되는 전반적인 개요를 알 수 있는 입문서로 자료사적 가치로 활용할 수 있으며, 이를 바탕으로 공익성을 담보하는 공공채널의 제도적 발전 방안은 무엇인지를 고찰하는 근거자료가 될 수 있을 것이다. 이를 위해 해외 여러 나라의 사례를 참고로 하였고 특히 국회방송이 왜 다양한 디지털 방송 프로그램 가운데 민주주의의 발전을 위한 중요한 전송 채널로 자리 잡아야 하는지에 대한 올바른 이해를 이 책을 통해 알 수 있을 것이다.

그리고 본 책은 관련분야에서 자료의 필요성을 느끼는 방송관계

연구자들에게 정리된 자료를 제공하는 의미와 함께 다양성을 구현할 수 있는 채널로서 전문 채널인 국회방송의 발전을 위해 체계적인 자료의 정리라는 차원에서 의미를 가진다고 할 수 있다. 이런 점에서 많은 사람들이 관심을 가지고 볼 수 있는 대중성을 가진 책이라기보다는 새로운 환경에서 국회방송이 민주주의의 토대로서 할 수 있는 역할이 무엇인가에 관심을 가진 사람들에게 필요한 책이라 할 수 있다.

부디 이 책이 방송학을 전공하는 대학생 및 대학원생, 그리고 관련 전문가들에게 유익하게 활용되고 나아가 미래 방송학 발전에 이바지하기를 바란다.

2009. 6.
김광호, 이옥기

목 차

I. 서 론

1. 서 론

디지털 방송 전환의 틀 안에서 방송 환경은 급격히 변화하고 있다. 방송규제의 측면에서, 그간 방송 규제의 배경이 되었던 전파의 희소성이 사라지고 케이블 방송의 규제 근거였던 병목 현상에 의한 독점 또한 소멸되었으며 인터넷의 급속한 확산에 따라 정보의 편재 현상마저 급속히 해소되어가고 있다. 방송사의 운영 면에서는 과도한 상업주의에 의해 지배되게 되었고 기술적인 측면에서도 방송이 디지털화됨으로써 제작이 용이한 형태로 변화하고 있고 콘텐츠의 활용이 다양해지고 있다. 방송 산업을 둘러싼 이러한 변화들은 공익성에 대한 법적, 정책적인 문제를 체계적이고도 본격적으로 검토해야 할 필요성을 야기하고 있다.

공공성과 공익성을 대표하는 공공 채널로 입법부를 대표하는 국회방송[1]이 있다. 대부분의 나라에서 의회방송 체제를 갖추게 된 기본 취지는 의회활동을 영상과 음성으로 기록 보전한다는 실용적인 목적과 더불어 민주주의의 근간인 국민의 알 권리 차원에서 의회가 심의하는 모습을 국민들이 방송을 통해 볼 수 있게 하는 것

---

1) 각국의 의회를 대표하는 방송 채널로서, 우리나라의 의회채널은 국회방송(NATV)으로, 해외 의회채널은 의회방송으로 용어를 사용하기로 한다.

이다. 다만 그 내용이 의회의 권위를 실추시키지 않고 의회의 실제 모습을 왜곡시키거나 치장함이 없이 균형 있고 공정하게 전달해야 한다는 것이다. 그러한 의미에서 해외 사례를 통해서 의회채널의 나아갈 방향에 대한 보다 새로운 정책과 법제가 절실히 요구되는 시점이라고 하겠다. 따라서 국회방송의 발전 방향을 모색하기 위한 목적으로 해외에서 실시되고 있는 의회방송의 제도와 현황을 고찰하고 구체적 특성을 비교함으로써, 국회방송의 공공가치, 의무전송채널로서의 타당성, 그리고 국민의 알 권리와 정치교육에 대한 계몽적인 시사점 등을 점검하고 관계자들의 이해를 도모하고자 하였다. 주요내용은 해외 의회방송 제도와 운영현황은 어떠하며, 특성은 무엇인가와 국회방송의 제도와 운영 그리고 편성 현황은 어떠한가, 그리고 국회방송의 법제화 방향과 발전방안은 무엇인가를 중심으로 구성하였다.

주요 대상국은 의회중심의 중계모델을 가지고 있는 미국과 캐나다를, 방송국중심 모델로는 영국과 호주 그리고 프랑스와 독일을, 병합형 모델로는 일본으로 선정했다.[2]

이들 국가들은 의회방송으로서의 뚜렷한 특성을 지니고 있었으

---

2) 세계의 의회 중계방송 형태는 크게 의회주도형 중계방송제도, 방송사 주도형 중계방송제도, 병합형(국회+방송국) 중계방송제도로 구분할 수 있다. 의회주도형 중계방송은 의회가 독자적으로 녹음, 녹화, 촬영할 수 있는 자체 방송국 시설 및 인력, 장비를 갖추고 의사진행 과정을 녹음, 녹화, 촬영하여 속기록처럼 기록으로 보존하는 동시에 공익을 대변하는 특정 방송사에게 중계방송을 허가하여 생중계 또는 편집 없는 녹화중계를 하도록 하는 형태를 말한다. 대표적인 국가로 미국과 캐나다를 들 수 있다. 방송사 주도형 중계방송 모델이란 의정활동의 공개 원칙이 허용하는 범위 내에서 의회가 의회법 및 동법에 근거한 세부 규칙에 따라 방송국의 중계방송 신청을 접수받고 이를 허가하여 방송국이 의회 활동을 중계하게 하는 형태를 말한다. 이 형태의 가장 큰 특징은 방송사가 주최가 되어 방송사 자율로 중계방송 화면을 제작, 방영하며, 의회는 다만 방송사의 중계방송을 위한 최소한의 기본적 설비의 지원 및 필요한 허가의 부여 등 소극적인 역할만 담당한다는 점이다. 대표적인 국가로 영국과 프랑스를 들 수 있다.

며, 각국의 사회, 문화적인 특성에 따라 의회방송의 형태가 차별화된다는 점에서도 시사하는 바가 크다. 국회방송의 발전 방향을 모색하기 위한 목적으로 본 연구는 해외에서 실시되고 있는 의회방송의 제도와 현황 그리고 편성을 고찰하고 구체적 특성을 비교함으로써, 의회방송의 공공가치, 의무전송채널로서의 타당성, 그리고 국민의 알 권리와 정치교육에 대한 계몽적인 시사점 등을 점검하고 관계자들의 이해를 도모하고자 하였다. 특히 디지털 전환에 따른 통합방송법의 개정이 진행되고 있는 시점에서 시청자들에게 필요한 공공채널로서의 국회방송의 위상과 당위성을 제도적 차원에서 살펴보고, 방송 규칙으로 명문화할 수 있는 근거 자료로 활용할 수 있을 것이다. 특히 국회방송이 디지털 지상파 의무전송채널로 자리 잡을 수 있도록 사전에 방송 관련기관, 정책, 입법관계자들의 폭넓은 공감대 형성을 위한 근거로 활용할 수 있을 것이다.

2. 방송 통신 융합 시대의 공익성

1) 방송 통신 시장 환경 변화와 공익성

방송 통신 융합의 다매체 다채널 시대는 방송 시장의 경쟁 활성화와 전통적인 공적 가치가 양립할 수 있는 방안을 모색해야 한다. 시장 원리에 바탕을 둔 경쟁 도입으로 이용자의 선택권을 확대하되 시장 실패가 우려되는 부분에 대해서는 법 제도적 보완의 마련이 필요하다. 즉 모든 국민이 지역적 경제적 이유로 방송과 통신 서비스로부터 소외되지 않도록 네트워크와 서비스에 대한 접근을 보장하는 것과 함께 다양한 공익적 프로그램을 제공함으로써 문화적 다양성을 제고해야 한다.

(1) 공익성의 개념3)

전통적으로 방송 영역은 주파수의 희소성에 다른 가용 채널의 한정성과 사회적 영향력으로 인하여 정부 규제의 대상이 되어 왔으며, 공공성을 핵심 가치로 여겼다. 방송 영역에서 추구하고자 하는 공적 가치는 첫째, 정치적 소수와 경제적, 사회문화적 약자의 방송 접근권을 확대하고 보편적 서비스를 제공하는 것 둘째, 방송 시장의 여론 독과점 집중을 규제함으로써 미디어의 다양성을 확보하는 것 셋째, 공익적 프로그램 서비스의 강제를 통한 상업적 콘텐츠의 지배 현상을 완화하는 것 넷째, 방송을 통한 공동체의 문화적 가치를 확대, 강화하는 것 등을 들 수 있다.

---

3) 방송 법에서 정의하는 방송의 공익성은 다음과 같다. 방송 법 제6조 (방송의 공정성과 공익성) ①방송에 의한 보도는 공정하고 객관적이어야 한다.②방송은 성별·연령·직업·종교·신념·계층·지역·인종등을 이유로 방송편성에 차별을 두어서는 아니 된다. 다만, 종교의 선교에 관한 선분편성을 행하는 빙송사업자가 그 **방송**분야의 범위 안에서 **방송**을 하는 경우에는 그러하지 아니하다.③방송은 국민의 윤리적·정서적 감정을 존중하여야 하며, 국민의 기본권 옹호 및 국제친선의 증진에 이바지하여야 한다.④방송은 국민의 알권리와 표현의 자유를 보호·신장하여야 한다.⑤방송은 상대적으로 소수이거나 이익추구의 실현에 불리한 집단이나 계층의 이익을 충실하게 반영하도록 노력하여야 한다.⑥방송은 지역사회의 균형 있는 발전과 민족문화의 창달에 이바지하여야 한다.⑦방송은 사회교육기능을 신장하고, 유익한 생활정보를 확산·보급하며, 국민의 문화생활의 질적 향상에 이바지하여야 한다.⑧방송은 표준말의 보급에 이바지하여야 하며 언어순화에 힘써야 한다.⑨방송은 정부 또는 특정 집단의 정책등을 공표함에 있어 의견이 다른 집단에게 균등한 기회가 제공되도록 노력하여야 하고, 또한 각 정치적 이해 당사자에 관한 방송프로그램을 편성함에 있어서도 균형성이 유지되도록 하여야 한다.

다채널 다 미디어 속성으로 하는 디지털 시대에 방송미디어 영역에서의 공익성의 유지 방안은 두 가지 차원에서 정리할 필요가 있다.

첫째는 전통적인 규제 패러다임의 변형을 통해 공익적 프로그램이 지속적으로 제공될 수 있도록 강제하는 방법이다. 디지털 시대에 공익 프로그램에 제공될 수 있도록 강제하는 방법은 디지털 자문위원회에서 제안한 '지불 혹은 제공(Pay or Play) 모델', 주파수 사용료를 내고 일부는 접근을 보장하는 '혼합 모델', 회수된 일부 주파수를 공익목적으로만 사용하는 '공공영역 모델' 등이 검토될 수 있다.

미국 디지털 자문위원회의 '지불 혹은 제공 모델'은 공익적인 프로그램을 직접 제공하거나 아니면 그에 상응하는 비용을 지불하도록 선택하게 하는 것이다. 그러나 모든 방송사업자가 공익 프로그램을 직접 제공하려고 하지 않고, 비용을 지불하려고만 할 경우, 혹은 시청자가 이들 공익적 프로그램을 외면할 경우 이 모델은 무력해질 가능성이 크다. '혼합 모델'에서 방송사업자는 해당 주파수에 대한 사용료를 지불(주파수 경매, 혹은 시장 가격에 의한 주파수 사용료 납부)함과 동시에 방송 시간의 일부를 공익 프로그램에 할당해야 한다. 이 모델은 '지불 혹은 제공 모델'과 달리 모든 방송채널에서 공익프로그램이 제공됨으로써 공익적 프로그램이 교육방송이나 공공채널과 같이 시청률이 저조한 채널로만 제공되는 것을 방지할 수 있다는 장점이 있다. '공공영역 모델'은 디지털 방송으로의 전환이 완료된 후 회수된 주파수의 일부를 정부가 공익 프로그램 제공용으로 확보하는 방안이다. 공익 프로그램을 방송하는 방송국은 회수된 주파수 중 공익 프로그램용이 아닌 주파수 대역을 경매함으로써 얻어지는 수익금으로 운용될 수 있다. 이 모델의 장점은 미국의 의회채널(C‐SPAN)처럼 공공 방송사가 공적인 프로그램을 제작할 수 있도록 장을 마련해 준다는 데 있다.

두 번째로 방송영역에서 보편적 서비스의 유지와 액세스의 확대를 통해 공공영역으로서 방송의 의미를 구체화하고 제도화하는 방안을 검토할 수 있다. 보편적 서비스의 이념은 정치적 소수계층, 경제적 빈곤층, 사회문화적 소외계층에게 그 사회 구성원으로서 누려야 할 최소한의 정보접근 기회를 보장하여 미디어가 제공하는 정보와 편익이 기득권층에 편중되지 않도록 함으로써 사회적 불평등 구조를 완화하기 위한 것이기 때문에 방송 규제 정책의 중요한 목표로 간주되어 왔다. 보편적 서비스 문제는 경제적 접근능력에 따라 수용자가 차별화될 수밖에 없는 디지털 시대에는 더욱 중요하게 대두될 수밖에 없다. 디지털 시대에 보편적 서비스 유지를 위해서는 불리한 시장조건으로 인하여 어떤 특정 지역이나 특정 인종이 보편적 서비스에서 제외되지 않도록 법적 규제가 뒤따라야 함은 물론, 전송시스템에 접근할 수 있도록 공적 영역들을 활용하는 방법들을 강구해야만 한다.

미디어에 대한 액세스권이란 시민이나 집단이 그들의 이해관계를 처리하는 데 있어 미디어를 균등하게 미디어 이용 기회를 보장하는 것을 의미한다. 채널의 희소성이 일정하게 극복되는 디지털 시대에는 시장 경쟁이 더욱 가속되고 국가에 의해 공익성 강제가 더욱 어려워지기 때문에 시민의 액세스 보장은 더욱 중요한 문제로 부각될 것이다. 특히 디지털화의 혜택이 소수의 미디어 소유자에게 집중되지 않도록 해야 한다는 점이 모든 나라 디지털 정책의 기본 전제라는 점에서 방송영역에서 시민 액세스의 제도적 보상은 새로운 '디지털 공익성'의 가장 중요한 측면이다.

퍼블릭 액세스 채널이란 케이블TV의 채널 중 시청자 개인이나 각급 시민 단체가 직접 제작한 프로그램을 내용에 대한 제한 없이 내보내는 공익적 채널을 의미한다. 특히 현재와 같은 방송시스템에서는 시청률 중심의 다수주의 모델이 지배할 수 밖에 없기 때문에 소수계층의 사람들이나 일반인들도 텔레비전이나 라디오 방송을 이용해 자유롭게 의견을 표명할 수 있어야 한다. 그러나 현재 우리나라 종합유선방송법은 지역채널의 취재보도 조차 제한하고 있기 때문에 퍼블릭 액세스 채널은 요원한 실정이다. 케이블TV의 경우 향후 액세스 채널이 운용되게 될 경우 시청자 제작 프로그램 방송이 활성화될 가능성이 크다. 지방자치가 실시된 이후에도 묶여 있던 SO의 취재보도 기준이 지난 98년 1월 1일부터 정상화된 것도 긍정적으로 작용하고 있다. 물론 현행법상 SO의 지역채널 운용에는 많은 한계가 있다.

뉴미디어의 신규 플랫폼의 급속한 확산으로 가까운 시일 내에 방송 채널수는 더욱 늘어날 것이며, 각종 소프트웨어의 제작 또한 활성화될 것이다. 지역 서비스를 위한 하부구조의 창출에 유리한 조건이 형성될 것이고, 다양한 문화적 표현수단의 제공되며 광범위한 계층에 대해 미디어가 보다 민주적으로 개방될 수 있을 것이다.

(2) 공익적 프로그램 현황 및 문제점

공익적 프로그램에 대한 합의된 정의는 없으나, 일반적으로 보도, 교양 프로그램, 사회적 소수자 대변 프로그램, 지역 프로그램 등 시장에서 자발적인 공급이 어렵거나 불가능한 프로그램으로 규정할 수 있다.

이러한 정의에 따르면 공익적 프로그램은 KBS와 국제방송, EBS 1, EBS2, 아리랑 TV, 상업 방송의 교양 프로그램(의무편성 대상), 공공채널(KTV, 국회방송, 방송대학 TV), 공익성 채널(방송위원회 고시) 등을 예로 들 수 있다.

현행 방송법은 공익적 프로그램을 위해 보도, 교양, 오락 프로그램 편성의 조화, KBS에 대한 시청자 참여 프로그램 방송의무(방송법 제69조) 등의 편성 규제와 SO위성방송 사업자(위성DMB 제외)에 대한 공공채널 및 종교채널 편성의무, SO에 대한 지역 채널 운용 의무(방송법 제70조) 등의 채널 규제와 함께 방송의 공적 책임 규정(방송법 제5조), 방송의 공정성과 공익성(방송법 제6조, 제32조, 제33조) 등의 내용 규제를 규정하고 있다. 그럼에도 불구하고 공영 방송의 경우에는 공익적 프로그램 제공이 충분하지 못하며 상업방송의 경우에는 시청률 경쟁으로 공익적 프로그램의 제작 유인이 미약한 실정이다. 또한 공익성 전문채널에 대한 정책적 지원 부족, 프로그램의 장르 혼용 등으로 실효성 있는 규제 정책 마련에 어려움도 있는 상황이다. 이에 따라 공영방송의 공익성 강화를 위해서는 우선적으로 민영방송광의 규제 체계 및 서비스를 차별화하고 영국의 PSP(Public Service Publisher) 사례와 같이 공영방송의 역할 재정립 방안 마련이 시급하다. 또한 공영방송은 이용자 복지를 위해 보편적 접근성의 강화가 필요하며 어린이, 다큐, 등 차별화된 영역에 대한 선별적인 육성대책도 검토되어야 한다. 또한 공영방송

의 안정적 재원 확보를 지원하기 위한 다각적인 방안이 강구되어
야 한다.

(3) 공익성 채널의 선정

방송 위원회는 채널 구성의 다양성 확보를 통한 공익성 구현 목
적으로 방송의 공익성 재고를 위한 전문 편성 분야 및 해당 채널
인정 절차 고시를 시행(2005. 6. 27)하고 있다. 방송통신 위원회에
서는 2009년도 공익채널을 방송법 제70조 제8항 및 동법 시행령
제56조의 2에 따라 선정했다.

〈표 Ⅰ-1〉 2009년도 공익채널 현황: 6개 분야, 11개 채널

◇ 시청자참여·사회적 소수 이익 대변	: 복지TV	법률방송
◇ 저출산·고령화 사회 대응	: 육아방송	실버TV
◇ 문화·예술 진흥	: 예당아트	아리랑 TV
◇ 과학·기술 진흥	: 사이언스TV	
◇ 공교육보완	: EBS플러스1	EBS플러스2
◇ 사회교육지원	: JEI English	JCBN(일자리방송)

※ 공익채널 유효기간: '09. 1. 1.~'09. 12. 31.

(4) 다양한 공익적 프로그램 공급 확대

주 시청 시간대에 공익 프로그램의 편성이 확대되기 위해서는
오락 프로그램에 대한 주 시청 시간대 편성 제한을 통하여 과도한
오락 프로그램 편중을 방지하며, 다양한 장르의 공익 프로그램 편
성을 촉진하기 위해 제작비 지원 및 방송 평가 등에서 인센티브를
부여하는 방안을 검토할 수 있다.

또한 사회적 약자에 해당하는 어린이, 노인, 여성, 장애인, 외국인 노동자 등을 위한 프로그램을 확대하여 적극적인 사회적 형평성을 실현하도록 하며, 공익적 프로그램의 경우에도 오락적인 부분을 가미하여 시청자들이 유익한 내용을 재미있게 시청할 수 있도록 하는 질적 차별화된 다양한 공익적 프로그램의 제작이 요구된다.

아울러 공적으로 조성된 제작 인프라를 프로그램 제작자가 자유롭게 활용할 수 있도록 하며, 공익적 프로그램 제작을 위한 재원마련을 위해 공영방송 이외의 방송사에게도 일정 부분 사회적 책임을 부과하는 방안도 검토할 필요가 있다.

2) 공공채널의 개념 및 정의

(1) 공공채널의 개념

일반적으로 공공채널이란 공공의 목적으로 사용하기 위한 채널을 말한다(송종길, 2002). 공공채널은 종합유선방송법 시행령에서 그 목적을 명확히 제시하고 있다. 종합유선방송법 제22조제2항에 근거해서 "공공채널을 통하여 송신할 수 있는 방송프로그램의 범위는 국가의 시책홍보를 위한 방송프로그램 기타 공공복리를 위하여 공보처장관이 특히 필요하다고 인정하는 방송프로그램"으로 규정하였다. 공공채널은 상업방송의 폐해를 보완하는 채널로서, 시청자가 알고 싶어 하는 국가 또는 사회의 공공정보를 제공할 것을 목적으로 운영되는 채널이다. 현재 우리나라 케이블에서 운영하는 공공채널은 KTV(국정홍보채널)와, NATV(국회방송) 2개뿐이다. 2004

년 9월까지만 해도 우리나라의 공공채널은 KTV, NATV, 아리랑채널, 방송대학TV 4개였다. 그러나 방송위원회가 공공채널의 범주에 들어가 있는 아리랑채널과 방송대학TV를 공익채널로 분류하고 공공채널의 영역에는 KTV와 NATV 2개만을 남겨 두었다(심미선, 2005).

케이블TV에서 공공채널은 다음과 같이 정의한다(김정기, 2005). 첫째, 공공채널은 헌법상 보장된 국가정보의 국민 접근권 보장 등 국민의 알 권리 충족을 위해 국가가 보유하고 있는 공고의 정보를 방송을 통해 국민에게 적극적으로 제공하는 채널이다. 따라서 플랫폼 사업자로부터 수신료 배분을 받지 아니하며 상업적인 광고를 하지 않아야 한다. 둘째, 공공채널 운용주체는 행정부, 입법부(국회), 사법부로 국한된다. 국가가 직접 운영하는 경우도 있지만 비영리단체에서 운영하는 공공채널도 있다. 셋째, 편성내용에 있어서는 국정과 관련된 정보나 의회활동 중계, 공공의 이익과 관련된 정보나 공공사항에 관한 정보, 그리고 국가의 공공정책에 영향을 미칠 수 있는 모든 사항과 인물들을 취재, 보도하는 등 지상파 방송을 통하여 수급될 수 없는 국가의 공공사항에 보다 밀도 있는 접근을 시도하는 채널이다. 뿐만 아니라 이에 대해서 일체의 논평이나 편집을 하지 않고 방송한다. 넷째, 공중의 프로그램 참여 측면에서는 공공정책과 관련된 세미나나 토론회 혹은 심포지엄 등을 통하여 국민들의 다양한 참여를 유도하고 국민들로 하여금 자체적으로 평가할 수 있도록 하는 저널리즘적 역할을 수행하는 채널이다.

미국, 영국, 독일 등에서 운영되고 있는 공공채널을 살펴보면 공공채널의 의미를 보다 분명히 알 수 있다. 미국의 경우 공공채널과 관련하여 지상파 공공방송(PBS), 케이블TV 액세스 채널, 의회

채널(C - SPAN)로 구분하고 있다.

미국의 1967년 공공방송법에 따르면 공공(public)이란 의미는 국고 보조금 지원으로 이루어지는 비상업적 속성과 그러한 공공 방송국들에 대한 시청자의 광범위한 요구의 반영이라고 규정되었다. 미국의 공공방송은 공영방송공사(CPB, Corporation of Public broadcasting), 공공방송사(PBS, Public Broadcasting Service), NPR (National Public Radio), 지방방송국, 전국 커버의 라디오와 TV 체계, 지역 네트워크 및 주(State) 네트워크, 프로그램 제작사나 배급사 등 여러 집단의 역할을 통해 기능한다. 이들 방송국들은 지역의 특성을 살린 프로그램을 제작하며, 어떤 방송국들은 독자적으로 혹은 다른 방송국과 공동으로 지역 배급이나 전국 배급을 위한 프로그램을 제작하기도 한다. 다음으로 케이블TV의 공공채널은 PEG 채널로 통칭된다. 케이블TV 공공채널의 목표는 케이블TV를 통하여 표현의 자유, 사고의 다양성 그리고 지역사회의 의사소통을 증진시키는 데 있다. 케이블TV는 지역사회를 대상으로 하는 사업이며, 공적인 공간을 활용해서 케이블망을 설치할 수밖에 없다. 특정 지역에서 사업을 하고자 하는 케이블TV 사업자는 독점적 사업허가권을 얻는 대가로 그 지방 자치 단체에 일정한 프랜차이즈 요금을 내게 되고 지역 사회에 대한 봉사의 의무를 지게 된다. 이로써 시청자들이 스스로 자신들만의 매체를 통제할 수 있고, 그들의 문화와 미디어 환경, 그리고 자신들이 살고 있는 지역 공동체에 대하여 스스로 생각과 표현을 보장하고자 한다. 액세스 채널에 대한 재정은 지역 정부와 프랜차이즈 협약을 맺은 케이블TV 사업자가 부담한다. 케이블TV 사업자는 제작 장비의 무료 대여 및 지역주민의 교육훈련도 제공한다. 미국의 또 다른 공공채널로 1979년 케이블TV 사업자들의 공동투자로 설립된 의회채널인 C－SPAN(Cable－Satellite Public Affairs Network)을 들 수 있다. C－SPAN은 3개의 TV채널(C－SPAN, C－SPAN2, C－SPAN Extra)과 1개의 라디오 방송국(C－SPAN Radio90)을 운영하고 있다. C－SPAN은 하원의 방송프로그램을, C－SPAN2는 상원의 방송 프로그램을 무상으로 공급받아 상·하원 본회의 전체를 생중계하고, 상임위, 소위 및 청문회 등은 자체 판단에 따라 직접 촬영하여 생중계 또는 녹화 중계한다. C－SPAN의 목표는 TV를 통한 민주주의의 실현에 있으며, 어떤 종류의 기금도 받지 않으며 단지 케이블TV 가입자들이 내는 비용으로만 운용된다.

영국의 채널4도 전형적인 공공채널이라고 볼 수 있다. 영국 방송법(1990) 제25조에서는 채널4 허가의 조건으로 편성관련 사항을 명시하고 있다. 첫째, 상업방송에서 일반적으로 제공하지 않는 취미와 관심에 호소하도록 의도된 적정 비율의 방송 내용을 포함해야 한다. 둘째, 앞의 방송 프로그램을 제작하는 데 있어 형식과 내용상의 혁신과 실험에 중점을 두어야 한다. 이를 위해 공공방송으로서 채널4의 프로그램은 높은 일반적 수준을 유지해야 하고, 편성 시간대를 고려하여 광범위한 주제를 소화해야 한다. 끝으로 고품질의 뉴스 및 시사 프로그램 역점을 두어야 하며, 다양한 독립제작사의 프로그램을 일정 비율 방영해야 한다. 채널4의 재정 안정성 확보를 위해 상업방송(ITV)과 상호 재정보증 시스템(Levy)을 운영하고 있다. 채널4는 공공채널을 상업방송과의 재정보증 혹은 교차보조의 확대 개념에서 설립한 특수한 사례라고 할 수 있다.

우리나라 방송법은 3개의 공공채널을 둘 수 있도록 규정하고 있다. 사법부, 입법부, 행정부 산하에 공공채널 1개씩을 둘 수 있도록 규정하고 있고, 그 결과 입법부 산하에는 국회채널(NATV)을, 행정부 산하에는 국정홍보채널(KTV)을 두고 있다. 국민에게 공적 서비스를 제공한다는 측면에서 볼 때 공공채널과 공익채널 간에는 큰 차이가 없다. 또한 공공채널과 공익채널 모두 비영리적으로 운영된다. 공공채널과 공익채널의 차이는 케이블 채널의 "의무전송(must carry)" 부분이다. 우리나라 방송법에 의하면 케이블 SO는 공공채널 3개를 의무 전송하도록 규정하고 있다. 따라서 공공채널은 방송법의 규정에 따라 의무전송이 가능하나, 공익채널은 의무전송 규정의 적용을 받지 않는다. 채널사용 사업자의 수가 늘어 가고 있는 경쟁 상황에서, 채널의 의무전송이 보장되어 있다는 것은 중요한 혜택이다.

국회방송은 방송법이 규정하고 있는 2개의 공공채널 가운데 하나인데, 방송법의 공공(공익)채널에 대한 규정이 방송의 공공성 내지 공익성 개념을 그대로 차용하고 있지는 않다. 송종길(2002)도 '국가가 공공의 목적으로 이용할 수 있는 채널'이라는 규정은 알 권리와 액세스권을 포괄하는 시민적 권리로서의 방송의 공공성 개념과는 상당한 거리가 있다고 보았다.

국회방송의 프로그램 편성은 국회 회기 중과 비회기 중 편성으로 구분할 수 있다. '회기 중 편성'은 본회의와 다양한 상임위원회의 생중계를 중심으로 편성되는 반면 '비회기 중 편성'은 의원연구단체나 의원실이 주최하는 각종 세미나, 토론회, 공청회의 중계방송이 큰 비중을 차지한다. 외국의 경우, 미국과 캐나다는 우리나라와 같이 의회 주도로 별도의 의회방송을 운영 중이며 영국, 프랑스, 일본, 독일 등은 공영방송사가 의회중계를 책임지는 방송사주도형 시스템이다. 의회주도형 체제를 갖춘 미국과 캐나다 모두 의사중계가 높은 비중을 차지하면서도 다양한 장르의 프로그램을 편성하고 있다. 의사중계 기능은 의회방송의 가장 핵심적이고 기본적인 기능이다. 의사진행과정을 그대로 공개함으로써 의정활동에 대한 국민의 알 권리를 충족시키고 사회적 감시기능을 작동시킬 수 있기 때문이다. 그러나 이것은 국회의원이라는 정치인의 행위를 일방적으로 보여 줄 뿐 일반 시민들을 의회 활동에 대한 수동적 관찰자로 만들 소지가 있다. 따라서 방송의 공공성이 일반시민이나 사회적 소수자의 액세스권을 핵심적 요소라고 볼 때 공공채널에 부여되는 방송의 공공성에 대한 개념적 구분이 필요하다.

(2) 공공채널의 유형

① 공공접근채널

미국에서 공공채널의 존재 당위성은 '표현의 자유'라는 철학적 명제를 기반으로 하고 있다. 표현의 자유는 시민들이 자신의 의견을 자유롭게 표현하고 공동생활 위에 성립되는 이슈를 이해하도록 돕는 자유로운 커뮤니케이션 마당으로서 '공론장'의 존재에 대한 당위성을 제공하는 것이다. 이와 같은 공공채널에 대한 개념은 1984년 케이블TV 법에 따라 미국 케이블 방송의 공공채널에 대한 법률적 보장에 대한 소관이 연방통신위원회(Federal Communication Commission)에서 지방정부로 넘어가면서 공공접근채널로써 의미가 확대되었다. 지역정부는 케이블TV 사업자들에게 의무적 조항으로 공공액세스 채널로서 채널 PEG(Public, Education, Government)을 운영하게 함으로써 케이블TV에서 공공성을 확보하고자 하였다(노철호, 1998).

1984년 케이블TV 법은 지방 정부가 지역케이블TV 사업자들에게 지역주민의 자유로운 채널접근을 위해 프로그램 제작에서부터 장비교육에 이르는 과정에까지 역할을 수행토록 함으로써 미디어로부터 소외된 공중들이 자신의 의견을 표명하기 위한 채널접근을 요구하고 이용할 수 있는 기회를 제공하기 위한 제도적 장치를 마련한 것이다. 최근에는 방송 통신기술의 발전에 따라 공공접근채널은 단순히 공중의 미디어 액세스의 개념을 뛰어넘는 보다 확장된 개념으로 발전되고 있다. 지방정부는 케이블TV와 초고속 정보고속도로망과 연결됨으로써 공공채널을 통해 지방정부 관련 정보뿐만 아니라 오락, 문화, 영화, 텔레비전 등 지역주민이 원하는 각종 정보를 제공하고 있는데 이를 통해 지역시민들과 지방정부 간의 원활한 커뮤니케이션뿐만 아니라 시민들의 공적 접근의 권리를 확보해 주고 있다. 즉 미디어 액세스차원을 뛰어넘는 공적접근 권리의 확장으로서 기존 공공채널이 내포하고 있는 의미에서 한 단계 발전된 개념인 셈이나(송종길, 2002).

〈표 Ⅰ-2〉 공공접근(PEG)채널의 이용주체와 형태

수용자접근 (Public Access)	해당지역의 주민이나 이해관계가 있는 단체 등이 공공의 주요 관심사가 될 만한 내용을 자체적으로 제작하여 종합유선방송국에 제공하거나, 종합유선방송국의 인력·기자재 지원을 받아 프로그램을 제작·송출한다. 모든 시청자에게 자유롭게 문호를 개방한다는 의미에서 'first come, first service' 원칙이 적용되고 있다.
정부접근 (Government Access)	국가기관과 지방정부 국민 또는 지역주민을 대상으로 방송하는 것으로, 이 채널을 통해 정부와 국민 간의 직접적인 접촉이 가능하며, 양자 간의 원활한 커뮤니케이션이 촉진됨으로써 보다 신속한 여론의 반영과 행정사무가 가능하게 된다. 주요방송내용: 지진대피요령, 화재·안전사고 대비요령, 선거홍보방송, 마약퇴치, 에이즈예방책 등 지방의회 의사 중계
교육접근 (Educational Access)	정규교육의 보충수단으로 이용할 수 있고 성인이나 소외계층(노인, 여성, 장애자)을 대상으로 하는 교육에도 이용될 수 있다.

*출처: 송종길(2002)

② 일반 채널로서 운영되고 있는 공공채널 사례: 의회채널

현재 의회 중계를 중심으로 다양한 공익적 내용의 방송서비스를 제공하는 공공채널은 미국의 C-SPAN과 캐나다의 CPAC가 있다. 이들 채널들은 케이블TV 혹은 위성방송을 통해 방송되고 있지만 의무 전송되는 것이 아니라 사업자 자율에 의해 케이블TV와 위성방송을 통해 전송되고 있다. 이 밖에 영국, 호주 등 일부 나라에서 의회중계를 실시하고 있지만 독립적인 채널로 운영되고 있는 것은 아니다.

(3) 공공채널의 필요성

방송에서 공공성을 강조하는 이유는 제반 사회에 존재하는 다원적 가치와 그것을 유통시키는 전파의 유한 희소성, 즉 사회적 가치의 다양성과 방송 전파의 제한성에서 생기는 문제점을 해결하기 위한 것이다. 특히 방송의 사회적 영향력이 갈수록 커지고 있는

상황에서 방송이 공공성의 테두리를 벗어나 단순한 이윤추구 수단이나 권력의 도구로 전락할 경우 의견의 다양성과 그 수렴을 근거로 하는 현대 민주주의는 근본적으로 위협을 받을 수밖에 없다. 이러한 방송의 공공성이 각 사회의 역사적, 사회적 가치체계 속에서 구체적 방송 활동의 기준으로 구현된 것이 방송의 공익성이다. 방송은 전반적인 사회현상에 관한 보도, 논평, 여론 등을 공중에게 전파함을 목적으로 하고 있으므로 공적책임이 수반되는데, 방송법 제4조는 ①인간의 존엄과 가치 및 민주적 기본질서의 존중 ②민주적 여론 형성에 기여 ③각계각층의 다양한 의견의 균형 있는 수렴 ④타인의 명예, 권리 또는 공중도덕, 사회윤리의 침해금지 등을 내용으로 하고 있다. 방송법은 방송 편성의 자유를 보장하는 대신 방송의 공적 책임을 부과하고 방송의 공정성과 공공성이라는 방송의 기본 원칙을 규정하고 있다.

일반적으로 '공공채널'이란 공공의 목적으로 사용하기 위한 채널을 말하지만, 사실 '공공채널'이라는 용어는 한국적 맥락에서 개념적 정의 없이 법적 용어로 사용되고 있다. 기존의 지상파 방송의 공공성 개념을 케이블과 위성 방송에 적용하여 공공의 목적으로 사용하기 위한 채널을 지칭하는 용어인 것이다. 유료방송인 케이블과 위성 텔레비전의 지나친 상업화로 불러올지 모르는 폐해를 극복하고 방송매체로서 지녀야 할 공공성을 담보하기 위한 장치라고 할 수 있다.

미국, 영국, 독일, 캐나다 등 주요 국가에서는 방송영역에서 공공성 유지를 위해 다양한 형태로 공공채널을 제도화하여 재정 등을 뒷받침하고 있다. 민주주의 발전에 기여하기 위한 목적이거나 아니면 시장에서 제공될 수 없는 공공 사안의 송출 창구 혹은 기존의 방송을 통해서는 자기목소리를 낼 수 없는 사회적 약자, 소수자의 참여 통로로서 공공채널을 운영하고 있다고 할 수 있다.

따라서 뉴미디어 영역에서 공공채널이 필요한 이유는 다음과 같이 제시하고 있다. 첫째, 국가 및 국민의 공공복리와 밀접한 관련이 있는 영역에 관련된 내용을 서비스하기 위해서이다. 둘째, 다채널 환경에서 시청자에게 필요하고 유익한 방송서비스를 제공하는 채널이 필요하기 때문이다. 셋째, 공공채널의 유지 발전에 필요한 지원 구조를 제도화할 수 있기 때문이다.

(4) 국내 공공채널의 현황

현재 공공채널은 구 종합유선방송법에 의해 지정된 3개의 채널이 재심사나 재지정 절차 없이 공공채널로 인정되어 운영되고 있다. 과거 정부(공보처)에 의해 지정된 공공 채널은 "이 법 시행 당시 종전의 법에 의한 행위는 이 법에 의한 행위로 본다"는 방송법 부칙 제7조 제1항의 경과규정에 의거, 방송법 시행령 제54조(공공채널 및 종교채널의 운용) 제1항의 방송위원회가 인정하는 공공채널로 인정되고 있다.

법조항(기존 종합유선방송법의 '공공채널' 관련 규정)

○ 종합유선방송법 제22조(채널의 구성과 운영)

② 종합유선방송국은 대통령령이 정하는 바에 따라 국가가 공공의 목적으로 이용할 수 있는 채널을 두어야 한다.

○ 종합유선방송법시행령 제22조(공공채널의 비치 등)
① 종합유선방송국은 법 제22조 제2항의 규정에 의하여 국가가 공공의 목적으로 이용할 수 있는 채널(이하 이 조에서 '공공채널'이라 한다.)을 1개 이상 두어야 한다.
② 제1항의 규정에 의한 공공채널을 이용하고자 하는 자는 총리령이 정하는 바에 따라 공보처장관과 협의하여야 한다.
③ 공보처장관은 공공채널을 통하여 송신되는 방송프로그램을 제작하는 기관 또는 단체를 지정할 수 있다.
④ 종합유선방송국은 공공채널을 통하여 송신되는 국가가 공공의 목적으로 제작한 방송프로그램에 대하여는 방송기술상의 문제 등 특별한 사유가 없는 한 그 내용을 변경하여 송신하여서는 아니 된다.
⑤ 공공채널을 통하여 송신할 수 있는 방송프로그램의 범위는 국가의 시책홍보를 위한 방송프로그램 기타 공공복리를 위하여 공보처장관이 특히 필요하다고 인정하는 방송프로그램으로 한다.

> 현행 방송법의 '공공채널' 관련 규정

○ 방송법 제70조(채널의 구성과 운용)
③ 종합유선방송사업자 및 위성방송사업자는 대통령령이 정하는

바에 의하여 국가가 공공의 목적으로 이용할 수 있는 채널(이하 "공공채널"이라 한다) 및 종교의 선교목적을 지닌 채널을 두어야 한다.

⑦ 종합유선방송사업자 및 위성방송사업자는 위원회 규칙이 정하는 바에 의하여 시청자가 자체 제작한 방송프로그램의 방송을 요청하는 경우에는 특별한 사유가 없는 한 이를 지역채널 또는 공공채널을 통하여 방송하여야 한다.

○ 방송법 시행령 제54조(공공채널 및 종교채널의 운용)

① 종합유선방송사업자 및 위성방송사업자는 법 제70조 제3항의 규정에 의하여 방송위원회가 인정하는 공공채널과 종교의 선교목적을 지닌 채널(이하 "종교채널"이라 한다)을 각각 3개 이상 두어야 한다. 이 경우 종교채널을 두는 경우에는 특정 종교를 위한 종교채널만을 두어서는 아니 된다.

② 종합유선방송사업자 및 위성방송사업자는 방송기술상의 문제 등 특별한 사유가 없는 한 공공채널 또는 종교채널을 통하여 방송되는 내용을 변경하여 송신하여서는 아니 된다.

현행 방송법은 구 종합유선방송법과 마찬가지로 여전히 공공채널의 이용 주체를 '국가'로 한정하고 있다. 그러나 현행 방송법은 공공채널을 지정하는 주체를 정부(공보처)에서 방송위원회로 이관하고 종합유선방송 사업자에게만 적용하던 공공채널 운영조항을 위성방송으로 확대 적용하고 있으며 공공채널 운영 채널수를 1개 이상에서 3개 이상으로 늘리고 있다.

<표 Ⅰ-3>는 공공채널의 지정에 대한 변화를 시대별로 살펴

보았다. 공공채널은 1992년 종합유선방송법 시행령이 제정되면서 "종합유선방송국은 국가가 공공의 목적으로 이용할 수 있는 채널 (공공채널로 칭함)을 1개 이상 두어야 한다"는 규정에 따라 의무편 성되었다(종합유선방송법 시행령 제22조제1항). 2000년에 개정된 방 송법과 동법시행령에서는 종합유선 방송사업자 및 위성방송사업자 는 국가가 공공의 목적으로 이용할 수 있는 채널과 선교를 목적으 로 하는 채널을 각각 3개 이상 두도록 규정했다. 2004년에는 아리 랑TV가 공공채널에서 공익채널로 이전되고, 대신에 OUN이 공공 채널로 선정되어 있다. 방송위원회는 행정부, 입법부, 사법부가 각 각 1개의 채널이 의무공공채널로 지정되는데, 사법부 채널이 신설 될 때까지는 OUN이 공공채널로 지정되는 것으로 정했다.

2000년 3월 이전에는 종교채널의 의무규정이 없었고, 2000년 3 월 개정에서 종교채널의 의무화가 명시되면서, 불교TV, CBS, 평화 방송, 기독교TV 등의 종교채널들 중에서 3개 채널을 선택하도록 했으며, 2008년 현재까지 유지되고 있다.

〈표 Ⅰ-3〉 공공채널의 변천

시기	관련 규정	공공 채널	종교 채널
1992.6 ~ 2000.3	공공채널 1개 이상	K-TV, OUN, 아리랑TV	없음.
2000.3. ~ 2004.7	공공채널 3개 이상 종교채널 3개 이상	K-TV, OUN, 아리랑TV	불교TV,CBS,평화방송, 기독교TV 등에서 택3.
2004.7. ~ 현재	공공채널 3개 이상 종교채널 3개 이상	K-TV, OUN, NATV	불교TV, CBS TV, 평화방송, 기독교TV, 증산도방송, 현대불교방송, C3TV, CGN TV 등에서 택3.

(5) 공공채널 운영기관4)

① K - TV(국립영상제작소)

ㅇ 지정일: 1993. 5. 29.

ㅇ 정부 유일의 영상제작기관으로 주요 정책관련 각종 영상물의
  제작·송출·배포 업무를 통한 국내외 홍보기능 수행

② OUN(한국방송통신대학교)

ㅇ 지정일: 1995. 8. 7.

ㅇ 국민일반에 대한 고등교육 기회확대 및 사회재교육 실현

③ 아리랑TV(국제방송교류재단)

ㅇ 지정일: 1996. 11. 8.

ㅇ 국내거주 외국인 및 방한외국인에게 한국에 관한 정보를 제공

ㅇ 공공채널 해제: 2007.

④ 국회방송(NATV)

ㅇ 지정일: 2004. 12. 24.

ㅇ 국회 의사 중계 및 의회에 관한 정보를 제공

---

4) KTV는 국정홍보처 산하 영상홍보원이 100억 원 규모의 국고와 방송발전기금으로 정부 정책
   을 홍보하는 채널이다. NATV는 국회사무처가 국고 및 방송발전기금으로부터 약 50억 원의
   지원을 받고 있다. OUN은 한국방송통신대 등 국가기관에서 운영하고 있으며 아리랑TV는 방
   송발전기금에서 지원받아 운영되며 문화관광부 장관이 사장을 임명한다. 방송법에선 아리랑
   TV 외에 3개채널을 공공 채널로 정해 케이블TV나 위성방송에서 의무적으로 방송하도록 규
   정하고 있다.

(6) 현행 방송법상의 공공채널 운영 관련 조항의 문제점

① '공공채널'의 개념

현행 방송법에서 규정하고 있는 공공채널의 개념은 공공의 목적으로 국가가 운영하는 채널로 규정되고 있다. 이는 미국의 정부접근채널(Government Access Channel)에 해당된다. 그러나 공공채널을 통해 시청자제작 프로그램의 방송을 강제함으로써 시청자 접근채널(Public Access Channel)의 개념을 부분적으로 도입하고 있다. 즉 우리나라의 공공채널은 정부 이용 채널과 시청자 접근 채널의 개념이 혼재되어 있다. 그러나 공공채널의 이용은 국가에 의한 공공의 목적을 위해 이용이라는 가치뿐만 아니라 시청자의 매체접근이나 공익적인 목적을 위한 이용 역시 중요한 가치로 취급되어야 한다.

② 공공채널의 운영주체

지역방송사업자를 공공채널의 운영주체로 하고 있는 미국과 달리 우리나라는 공공채널의 운영주체를 국가로 한정하고 있다. 즉 공공의 목적으로 프로그램을 제작하고 방송하는 채널을 국가가 직접 운영한다는 것이다. 이는 공공채널을 국가 이용 채널로 그 의미를 축소하는 것이다. 시청자의 매체 접근권과 표현의 자유를 보장하기 위한 시청자 접근채널과 다양한 형태로 운영 가능한 공익적 채널들을 국가가 모두 운영할 수 없을 뿐만 아니라 실질적으로 공공채널들은 비영리단체와 공익재단에 의해 운영될 수 있다.

우리의 경우, 과거 공공채널을 지정하면서 법조항은 운영주체를 '국가'로 한정하고 있었으나 이를 확대 적용한 사례가 있다. 구 종합유선방송법에 근거하여 공공채널들을 지정한 공보처는 공공채널의 운영주체에 대한 해석을 '공공복리'에 적합한 국가 이외의 공익재단, 특별법인 등 광의의 개념으로 해석하여 아리랑TV와 OUN을 공공채널로 지정하였다.

이같이 공공채널의 운영주체를 '국가'로 한정한 조항은 이미 그 실효성을 상실했을 뿐만 아니라 공공채널의 범주를 축소하는 조항으로 개정이 필요하다.

③ 공공채널의 성격

공공채널로 운영되고 있는 K-TV는 공익적 성격의 프로그램과 시민 참여 프로그램을 편성하고 있지만 전체 편성내용을 볼 때 정부 홍보채널의 성격이 강한 채널이라고 할 수 있다. 이는 K-TV가 국정홍보처 산하 기관으로서 국정홍보채널의 역할을 수행할 수밖에 없는 태생적인 한계 때문이기도 하다.

OUN(방송통신대학교)은 방송통신 대학생을 대상으로 통신교육을 실시하고 있다는 점에서 공익적인 목적을 가지고 있다고 할지라도 시청자가 보편적인 다수가 아니라는 문제를 가지고 있다. 아리랑TV(국제방송교류재단)의 경우, 공공채널로서의 성격에 대한 보다 본질적인 비판이 제기되고 있다. 구 종합방송위원회가 아리랑TV의 공공채널 지정과 관련한 자문내용에서 밝히고 있는 아리랑TV의 공공채널 지정 이유를 살펴보면 세계화를 추진하는 국가시책의 홍보를 주요이유로 설명하고 있다.[5] 또한 시청자를 주로 국내 재외외국인을 대상으로 하고 있다는 점에서 공공채널의 운영목

---

5) 방송위원회 내부자료, 공공채널 운영방안 검토. (2001. 4)

적에 부합하지 않는다고 할 수 있겠다.

현재 운영되고 있는 공공채널들은 운영주체와 그 내용을 볼 때 국가이용채널 중심으로 지정되어 있다고 하겠다. 이 같은 현상은 다수의 정부기관들이 채널의 필요성을 검토하는 근거가 되고 있는데, 국가이용채널로서 공공채널 증가는 공공성·공익성의 제고라는 공공채널의 운영목적에도 부합되지 않을 뿐만 아니라 국가이용채널보다는 공익성 채널의 필요성을 요구하는 사회적 정서와도 차이가 있다.

④ 공공채널 지정과 재지정 절차

방송위원회의 허가채널(쇼핑, 보도채널)의 경우 까다로운 심사절차를 거친 후 채널사용사업자를 허가하고 있다. 공공채널도 지정과 함께 의무 전송된다는 점에서 지정과정은 허가과정과 다를 바가 없다. 그러나 현행 방송법은 공공채널의 지정기준과 방식, 지정유효기간, 지정 만료 후 재심사를 통한 지정에 관한 규정이 없다.

일반채널 사용사업자들은 시장 내의 경쟁을 통해 진입과 퇴출이 일어날 수 있지만, 공공채널은 시청률에 관계없이 운영이 가능하다는 점에서 공공채널의 운영이 부실할 수 있다. 따라서 공공채널이 실질적으로 공익을 위한 충실한 방송서비스를 제공하도록 유도하기 위해서는 채널사용 승인유효기간이 만료되는 시점에 재심사 과정을 통해 재지정 혹은 새로운 공공채널의 지정이 이루어질 수 있도록 해야 한다.

3. 텔레비전과 의회 민주주의

1) 텔레비전과 의회 민주주의

민주주의 전당이자 민주정치의 요람인 의사당에서 진행되는 의
정 활동을 공개하는 것은 국민의 알권리를 충족하고 정치적 접근
과 참여를 도모하고 국민 정치 시대를 추구한다는 점에서 의의가
있다. 특히 텔레비전을 통한 정치커뮤니케이션의 수단으로서의 기
능과 역할은 다른 매체보다도 월등하다. 특히 텔레비전과 정치에
있어서 뉴스와 공공 프로그램이 여론 형성에 미치는 영향은 막대
하며 정치적 행위를 형성하기도 한다. 그런 관점에서 현대사회는
정치화된 사회이므로 다양한 공중의 의견을 수용할 수 있는 효율
적인 커뮤니케이션이 필요하다. 이때 가장 효율 적인 커뮤니케이션
을 수행할 수 있는 미디어로 텔레비전을 들 수 있다.

자유주의 정치 이론가인 달(Robert Dahl)은 대의 민주주의의 정
치가 올바르게 실현되기 위해서는 모든 시민들이 그들의 선호를
형성할 수 있어야 하며, 그들의 선호를 개인 및 집단 활동을 통해
정부와 다른 동료 시민들에게 표시할 수 있어야 하며, 그들이 표
시한 선호는 그 내용이나 원칙에 관계없이 정책 형성 과정에서 평
등하게 취급되어야 한다는 것이다. 그러나 현대 미디어 정치는 이
와 같은 조건들을 충족시키지 못하는 구조적 결함을 지니고 있다.
그 결함은 바로 앞서 언급했듯이 유권자 개개인이 뉴스를 통해 보
고 얻는 정보가 매우 불충분하다는 점이다. 이에 따라 가감 없이

국회의 상황을 보여 주고 입법과정이 올바른 인식을 심어 줄 수 있는 대안으로 제시돼 온 것이 국회방송이다. 더욱이 국회방송은 국회의 공개 정신과 국민의 알 권리 충족이라는 측면에서도 강한 지지를 받고 있다. 국회가 공개되어야 할 이유는 첫째, 국회는 공동체 문제의 논의마당이라는 것이다. 공동체 문제는 특정 개인 내지 집단의 문제가 아니라 국가 공동체의 구성원 모두에게 연관된다는 것이다. 국회가 모든 구성원들에게 관련되는 문제를 다루는 한 그것은 공개되어 구성원 모두의 관심을 집중시키고 문제 해결에 필요한 아이디어 내지 피드백을 얻어야 한다는 것이다. 두 번째 이유는 손다이머(Sontheimer)가 의회연설을 '대국민 창문'으로 규정하듯이, 국민은 의회의 논의를 통해 의견을 형성하고 정치의사를 조성한다. 의회가 민의를 수렴하는 장이라면 의회활동은 그 민의를 조성케 하는데 적극 기여한다는 측면이 있다. 그런데 의정활동을 공개하지 않고 국민에게 알리지 않는다는 것은 대국민 창문을 닫아 버리는 것과 같다. 따라서 국회방송은 민의의 전당인 국회 내에서 행하는 의원들의 말과 행동을 국민들이 직접 살펴봄으로써 공개정치를 할 수 있는 통로를 만드는 데 방송만큼 효과적인 채널이 없다는 점이다. 방송을 통해 국민들은 자신들로부터 일정 기간 위임을 받아 입법 활동을 수행하는 국회의원들이 진정으로 민의 정치를 위해 노력하는지 판단하고 심판할 수 있는 기회를 제공받기 때문이다. 또 국회활동에 관해 국민들은 지속적인 평가 기회를 제공해 줌으로써 다음 선거의 의사결정 과정에서 충분한 판단 자료를 제공하는 역할을 한다는 것이다. 이 같은 과정을 통해 최근 우리사회에 일고 있는 이른바 시민에 의한 선거혁명이 가능하게 될 수 있다. 더불어 간접 민주정치 제도가 안고 있는 국민의 정치적 무관심을 극복하고 국민들의 정치적 관심도를 높일 수 있다.

자유민주주의란 대의 민주주의 정치를 모체로 하고 있으며 대의 민주정치는 공개정치를 그 원칙으로 삼는다는 점을 생각할 때 국회방송은 민주발전의 견인차가 될 수 있다.

2) 디지털 시대의 국회방송 역할

국회 및 의원의 입법 활동을 방송을 통해 볼 수 있다는 것은 국민들이 더 입법 과정에 친숙감을 느끼고 이를 통해 관련 정보를 쉽고도 정확하게 얻게 된다는 것을 의미한다. TV의 경우 대량의 시청자를 상대로 시청각적 메시지를 신속하고 현장감 있게 전달할 수 있는 장점 때문에 특히 영향력이 크다.

국회의 TV 중계방송의 의미는 국민으로 하여금 간접적인 정치 참여를 가능케 하고 국정문제의 의사결정을 시청함으로써 합리적인 여론을 형성하고 위정 활동에 대한 국민적 합의를 도출 할 수 있다는 점이다. 권혁남(1991)은 다음과 같이 의정 활동을 중계한다는 의미를 설명하였다.

(1) 의회 정치의 발전과 활성화에 촉진제 역할을 할 수 있다.
(2) 의정 활동에 관한 국민의 인식을 교육적, 계도적 측면에서 새롭게 할 수 있다.
(3) 의정 활동에 대한 국민의 접근과 참여를 유도한다.
(4) 의정 활동에 대한 국민의 알권리를 충적 시킬 수 있다.

(5) 의정 활동에 있어서 국회의원들의 품위 향상과 제반 의정 질서 확립의 전기를 마련 할 수 있다.

(6) 의정 활동에 대한 감시 기능으로서 한 몫을 한다.

(7) 국민의 의회에 대한 이해와 신뢰감을 높혀준다.

(8) 의정 활동을 공개함으로써 비민주적인 권위주의 타파와 비리 부정을 배제할 수 있다.

(9) 국민 정치 시대의 공개원칙과 당위성에 기여할 수 있다.

텔레비전 디지털화의 의미는 첫 번째 매체경쟁력이 강화된다는 것이다. 다채널화와 고화질화가 진행되고 있는 지상파 및 위성방송 등 채널 간의 경쟁은 물론 통신영역의 방송영역 확산으로 동시에 고속 대용량 전송이 가능한 고도의 양 방향 서비스가 제공된다는 것이다. 이는 데이터방송, VOD, 전자상거래 등의 활성화를 통해 수익창출에 대한 경쟁의 가속화를 가져오게 된다는 것이다. 두 번째는 포맷의 변화인데, 뉴스, 다큐멘터리, 드라마 등 단순포맷에서 인포테인먼트(Infotainment), 에듀테인먼트(Edutainment), 드라마다큐(Dramadocu) 등 복합포맷으로 다양화한다는 것을 뜻한다. 이는 다양한 영역과 장르 그리고 새롭고 독특한 형식으로 포맷의 구분과 경계가 모호해지는 자유포맷의 형태로 확장된다는 것이다. 내용 또한 공익적이고 공공적인 차원에서 상업적이고 개성적 차원으로 변화를 보이고 있다. 세 번째로는 양 방향 서비스의 확산이 가능해진다는 것이다. 이는 능동적인 미디어 이용으로 자신이 필요로 하고 원하는 케이블이나 위성채널을 선택하여 가입하거나 주문하여 (VOD) 이용할 수 있고, 적극적인 미디어 참여로 단순한 시청자 혹은 방청객에서 주체적인 행위자로 제작과정에 참여한다는 의미를 가진다. 나아가 창조적 커뮤니케이터 역할로 제작과정의 일부분을 공유하며 수용하는 것으로 시청자의 형태가 달라진다는 것이다. 이는 현재 UCC 형태로 나타나고 있으며 시청자와의 양 방향 통신과 시청자의 요구에 따라 콘텐츠를 제공하는 형태로의 변화하게 된다는 것이다. 따라서 콘텐츠 또한 시청자 제작 참여가 용이한 디지털로의 변환이 진전될 것이다. 이와 같은 디지털 전환으로 대용량의 압축전송, 다중전송 등으로 인한 채널 증가는 상업적 논리의 지배가 성패를 좌우하기 때문에 공공성과 공익성 채널 서비스의 필요성을 더욱더 필요로 한다.

방송 산업을 둘러싼 이러한 변화들은 공익성에 대한 법적, 정책적인 문제를 체계적이고도 본격적으로 검토해야 할 필요성을 야기하고 있다.

국회방송(NATV)은 2008년 방송시설 이설 및 HD방송제작 시스템 구축 사업을 시행했다. 45억 규모의 이번 사업은 지상파, CATV, IPTV, DMB 출현 등 급변하는 방송환경 변화에 대응, 국회방송이 최선의 고품질 디지털 방송시스템 구축을 통해 향후 디지털 방송시장에서의 경쟁력 확보는 물론 시청자들에게 고품질의 방송서비스를 제공하기 위해 실시하는 것이다.

특히 국회방송이 24시간 무중단으로 방송되는 사업의 특성에 대한 이해를 바탕으로 국회방송이 신사옥(의정관)으로의 이전 된데 따르는 기존 방송시설 이설, 업그레이드 및 디지털 방송장비의 신설 그리고 현재 국회방송 내 구내방송, 각 방송사 및 케이블TV, 위성광단국, 각 정부부처 간의 음성 의사 중계라인 이전, HD 제작

시스템 구축, 안정적인 네트워크 기반의 송출시스템 구축 등이 포함된다.

이번 구축이 완료되면 국회방송은 HD 제작시스템 도입에 따라 고화질, 고품질의 디지털 방송제작 및 디지털송출 시스템을 구비, 고품질의 디지털 방송서비스가 가능케 됐을 뿐 아니라 향후 도입 예정인 네트워크 기반 디지털 방송제작시스템 및 기타 미래지향적 시스템에 대비한 설계를 바탕으로 추후확장성 및 연동성을 확보할 수 있게 됐다.

아울러 급변하는 디지털 미디어 방송환경의 변화에 대응하여 국내 최고의 디지털 송출시스템을 구비, 국민의 알 권리를 충족하는 맞춤방송 서비스 인프라를 확보할 수 있게 돼 대국민 이미지 상승효과를 기대할 수 있게 됐다.

공공성과 공익성을 대표하는 공공 채널로 입법부를 대표하는 의회방송이 있다. 대부분의 나라에서 의회방송체제를 갖추게 된 기본 취지는 의회활동을 영상과 음성으로 기록 보전한다는 실용적인 목적과 더불어 민주주의의 근간인 국민의 알 권리 차원에서 의회가 심의하는 모습을 국민들이 방송을 통해 볼 수 있게 하는 것이다. 다만, 그 내용이 의회의 권위를 실추시키지 않고 의회의 실제 모습을 왜곡시키거나 치장함이 없이 균형 있고 공정하게 전달해야 한다는 것이다.

이러한 취지로 오늘날의 의회방송 제도가 뿌리내린 것이다. 그리고 대부분의 나라에서 최근 몇 년 사이에 비로소 체계가 잡혔으며, 방송기술의 지속적인 발전과 더불어 계속해서 개선되고 확장될 것으로 보인다.

외국 의회의 중계방송제도의 법적 근거를 살펴보면, 미국의회는 의사중계방송에 관한 별도의 법규는 제정하고 있지 않지만 의사규칙의 일부로 이에 관한 규정을 두고 있고, 의사규칙 외에 이 규칙의 세부적인 사항을 규율하기 위한 「중계방송규정」과 「청문회 중계방송 및 사진취재규정」이 제정되어 있다.

일본의 경우, 일본국회법은 국회의 중계방송에 관한 명시적 조항은 없고, 국회 운영은 공개를 원칙으로 한다는 포괄적인 내용만 명문화되어 있다. 다만 국회중계는 의장의 허가권으로 국회중계방송에 대한 구체적인 규정은 중의원 선례집 제451조와 중의원위원회 선례집 제68조에서 명문화되어 있듯이 선례로서 인정되고 있다.

프랑스는 프랑스 국회법에 본회의를 생중계할 수 있다는 원칙만 규정하고 있다. 따라서 국회중계에 관한 세부적인 사항은 사무처의 시행규칙으로 언제든지 융통성 있게 조정할 수 있도록 하고 있다 (의회방송담당관실, 2003).

즉 의회방송을 실시하고 있는 주요 국가의 국회의사진행 중계방송에 대한 법적 근거와 이하 세부규정은 각국의 정치·사회적인 배경과 의사진행 방송의 역사적 배경과 맞물려 있다.

국내의 의회방송인 국회방송[6]도 1995년 3월 케이블TV 방송 개국과 함께 방송시설을 준공하고 공공 유선채널인 KTV를 통해 방송하기 시작했다. 그러나 행정부인 공보처 산하의 국립영상제작소가 중심인 KTV를 통해서 방송되는 국회 의사중계방송이 정부의 공공사항들과 함께 편성되어 있기 때문에 국민들이 혼란을 일으킬 수 있는 등의 문제가 발생한다는 우려가 있었다. 이에 학계를 중

---

6) 국내 의회방송은 국회방송(NATV)으로 해외 의회방송과 이름을 달리하였다.

심으로 미국의 C-SPAN과 같은 형식의 국회의사중계 전문채널이 마련돼야 한다는 의견이 제시되었다. 따라서 국회는 본격적인 국회방송의 필요성을 절감하고 2003년 9월 18일 운영위원회에서 「국회방송 전용채널 확보 승인의 건」을 통과시켰고, 2003년 12월에는 방송위원회로부터 공공채널로 지정, 방송발전기금 지원결정이 내려졌고, 2004년 5월 국회방송이 개국하였다. 이렇게 자체 방송채널을 가지고 국민의 알 권리를 충족시킨다는 차원에서 새롭게 국회방송이 탄생된 것이다.

우리나라의 경우 방송의 공정성과 객관성을 확보하기 위하여 필요한 사항을 규정한 국회방송의 법적근거를 가지고 있다. 국회에서의 중계방송 등에 관한 규칙 제65호가 그것이다. 제1조는 본회의 또는 위원회의 의사에 대한 녹음·녹화·촬영 및 중계방송의 절차·시설에 관한 사항과 방송의 공정성과 객관성을 확보하기 위한 필요한 사항을 규정하고 있고 제3조에서는 중계방송 등의 원칙이 제5조에서는 중계방송의 규정이 제6조에서는 중계방송 절차에 대한 시행령이 명시되어 있다.

그러나 올해 3년째를 맞고 있는 국회방송은 이러한 법적근거를 가졌음에도 공공채널로서 우려의 목소리가 나오고 있다.

첫째, 공공채널의 운영주체에 대한 문제이다. 지역방송사업자를 공공채널의 운영주체로 하고 있는 미국과 달리 우리나라는 공공채널의 운영주체를 국가로 한정하고 있다. 즉 공공의 목적으로 프로그램을 제작하고 방송하는 채널을 국가가 직접 운영한다는 것이다. 이는 공공채널을 국가이용채널로 그 의미를 축소한다는 것이다. 시청자의 매체 접근권과 표현의 자유를 보장하기 위한 시청자접근채널과 다양한 형태로 운영 가능한 공익적 채널들을 국가가 모두 운영할 수 없을 뿐만 아니라 실질적으로 공공채널들은 비영리단체와 공익재단에 의해 운영될 수 있다. 이같이 공공채널의 운영주체를 국가로 한정한 조항은 공공채널의 범주를 축소하는 조항으로 개정이 필요하다는 의견이 나오고 있다. 국회방송의 경우도 운영주체에 대한 검토가 필요한 시점이다.

둘째, 공공채널 운영의 문제점이다. 공익성 채널의 필요성을 요구하는 사회적 정서가 공공채널의 경우에 국가이용채널로서 운영됨으로써, 공공성과 공익성의 검토라는 운영목적에도 부합되지 않는다는 것이다. 국회방송의 경우도 공공성에 대한 검토가 필요한 시점이다.

셋째, 공공채널 지정과 재지정 절차의 문제이다. 방송위원회의 허가채널(쇼핑, 보도채널)의 경우 까다로운 심사절차를 거친 후 채널사용 사업자를 허가하고 있다. 공공채널도 지정과 함께 의무 전송된다는 점에서 지정과정은 허가과정과 다를 바가 없다. 그러나 현행 방송법은 공공채널의 지정기준과 방식, 지정 유효기간, 지정 만료 후 재심사를 통한 지정에 관한 규정이 없다. 일반채널 사용사업자들은 시장 내의 경쟁을 통해 진입과 퇴출이 일어날 수 있지만, 공공채널은 시청률에 관계없이 운영이 가능하다는 점에서 공공채널의 운영에 대한 문제점이 제기되고 있다. 따라서 공공채널이 실질적으로 공익을 위한 충실한 방송서비스를 제공하도록 유도하기 위해서는 공공채널의 지정에 대한 검토가 필요하다는 것이다.

넷째, 공공채널의 경우 현재 방송법 시행령 제54조에 따라 종합유선방송사업자와 위성방송사업자가 의무전송을 하고 있는데, 의무전송채널의 경우 지나친 사업자 규제라는 지적과 의무전송 규정을 두지 않을 경우 방송되기 어렵다는 한계를 지니고 있다.

결국, 국회방송도 공공채널로서의 문제점에 대한 재점검이 제도적으로 필요한 시점이라고 볼 수 있다.

그러나 국회방송을 활성화시키고, 존립근거를 마련해 줄 수 있는 정책적 지원이자 법제화는 현실적인 어려움이 있는 것이 사실이다. 당장 의회방송만을 위한 별도의 법안을 만들거나 방송법을 전면적으로 개정하는 것도 비용과 시간이라는 면에서 본다면 상당한 부담이 될 것이다. 그러므로 단기적으로 시행령과 시행규칙을 일부 수정하는 선에서의 점검이 필요하고, 궁극적으로는 의회 방송의 전반적인 규제와 정책방안 마련이 필요하다. 그러한 의미에서 해외 사례를 통해서 의회채널의 나아갈 방향에 대한 보다 새로운 정책과 법제가 절실히 요구되는 시점이라고 하겠다. 따라서 해외사례를 중심으로 제도와 운영현황을 분석하여 국회방송의 법제화 방향을 제시하고자 하였다. 주요내용은 해외 의회방송 제도와 운영현황은 어떠하며, 특성은 무엇인가와 국회방송의 제도와 운영현황은 어떠한가 그리고 국회방송의 제도적 지원방향은 무엇인가를 중심으로 구성하였다.

이들 국가들은 의회방송으로서의 뚜렷한 특성을 지니고 있었으며, 각국의 사회, 문화적인 특성에 따라 의회방송의 형태가 차별화된다는 점에서도 시사하는 바가 크다.

이상과 같이 공공채널로서의 문제점을 극복하고, 국회방송이 나아가야 할 방향을 뒷받침할 수 있는 것은 제도적 장치와 법제화이다.

우선 국회방송은 법, 제도에 의해 그 위상이 제도적으로 실질적인 공공채널로 자리잡혀야 한다. 그러기 위해서는 독립된 공공법인의 형태를 갖추어 나가는 것이 바람직하다. 국회방송이 사회적 공공채널로서의 위상을 확고히 하기 위해서는 국민의 입장에서 국회활동을 감시, 감독하는 역할을 수행해야 한다. 또한 보도의 원칙은 객관적이고 공정한 방송을 지향해야 한다. 국회방송이 특정 정당에 대해 편향된 보도태도를 지닐 때 공공채널 자체의 의미는 많이 희석될 수 있으며, 올바른 정치토론의 장으로서의 역할도 수행하기 어렵다. 즉 국가의 기금으로 운영되며, 국정기구 산하에 있는 방송채널로서는 민감한 사안에 대해 객관적이고 공정한 입장으로 비판할 수 있는 기능이 약화되기 쉽다.

다음으로 의무송신채널로서의 위상 외에도 위성 및 케이블 네트워크의 기본 서비스로 유지될 수 있어야 한다. 외국의 의회전문채널들이 안정성 있게 유지되는 것은 모두 기본 서비스이며, 호주 및 일본의 의회전문채널은 기본 서비스가 되지 못하여 많은 어려움을 겪고 있다. 이를 위해서 어느 정도의 시청률을 확보하는 노력이 중요하며, 이러한 어느 정도의 시청률은 공공채널 및 기본 서비스에 의해 가능하다.

이에 국회방송의 활성화를 위한 정책적인 지원과 법제화에 앞서, 우리나라 국회방송이 나아가야 할 방향을 제시하면 다음과 같다.

첫째, 국회방송은 일반 시민들을 위한 공론장 마련, 공개주의, 정치에의 국민 참여유도 등의 역할을 충실히 수행해야 할 것이다. 정치적으로 정책갈등을 빚는 이슈들이 많다. 이런 갈등을 해소하기 위한 논의의 장이 필요한데, 공공채널로서의 국회방송은 정부 정책과 관련한 여러 사안들에 대해 많은 정책 관련 당사자들이 참여할 수 있는 '공론장'으로서의 역할을 충실히 수행해야 할 것이다.

둘째, 현재 국회방송의 필요성에 대해 의문을 제기하는 사람은 거의 없다. 그리고 국회방송이 미국의 C-SPAN과 같이 국회 의정방송으로서의 역할을 충실히 수행해 줄 것을 기대하고 있다. 즉 국회방송의 존립 필요성에 대해서는 논의의 여지가 없는데, 재원을 어떻게 마련할 것인가에 대해서는 이견이 많다. 우선 국회방송은 국고와 방송발전기금으로 운영되고 있다. 국회방송을 공공채널로 운영하는 것이 사회적으로 바람직하다면 공적기금을 마련해 채널을 운영하는 것은 당연하다고 볼 수 있다. 현재 공공채널인 한국정책방송(KTV), 국회방송(NATV) 모두 공적기금으로 운영되고 있다. 그러나 국회방송도 장기적, 자체적으로 재원을 어떻게 마련할 것인가에 대한 고민을 해야 한다. 공공채널에 방송발전기금이 사용되는 것에 대해 비판의 목소리가 높다는 점을 고려할 때, 장기적으로 방송발전기금은 안정된 재원이 될 수 없다. 따라서 케이블TV 자체적으로 경영상태가 좋은 케이블로부터 사회 부담금 형식으로 공공채널 운영기금을 마련해 보는 방안이나, 국회방송 자체적으로 수입모델을 개발할 필요가 있다.

셋째, 국회방송은 단순히 국회활동의 감시, 감독차원을 떠나 의회민주주의를 실현할 수 있는 방향성을 시청자들에게 심어 주어야 한다. 즉 국회방송은 정치교육의 장으로서의 역할을 수행해야 한다. 일반 성인들을 위한 공론의 장으로서의 역할뿐만 아니라 일선 학교의 교육현장에서 방송을 통해 의회민주주의를 경험하고 느끼고 배울 수 있도록 기능해야 한다는 것이다.

넷째는 편성차원에서는 일반 시민의 참여를 독려할 수 있는 프로그램을 많이 개발해야 한다. 공공채널은 원래 매스미디어로부터 소외된 일반 대중에게 미디어에 자유로이 접근하고 또 그것을 이용할 수 있는 권리를 부여해야 한다는 주장에서 비롯된 것으로 채널시청자가 직접 참여하여 프로그램을 제작, 방송하고 자신 혹은 단체의 의견을 확실하게 표명할 수 있도록 하는 역할을 수행한다. 가장 이상적인 형태로 운영되는 미국 C - SPAN에서도 아직까지 일반시민들에게 실무지원 차원에서의 프로그램 제작, 교육과 장비, 시설, 인력 등을 제공함으로써 누구나 프로그램을 제작, 방송할 수 있도록 지원하는 순수 공영채널로서의 역할을 수행하고 있지는 않다. 그러나 시청자 참여 부분을 보완하기 위해 전체 프로그램 편성 중에서 시청자 참여 프로그램의 편성비율을 23%로 높였다. 단기적으로는 편성비율 측면에서 다양한 형태의 시청자 참여 프로그램을 개발하는 방안을 생각해 볼 수 있으나 장기적으로는 시청자가 직접 참여하고 제작하는 프로그램 포맷을 개발하는 것도 생각해 볼 수 있다. 이렇게 프로그램의 기획에서부터 제작, 참여에 이르기까지 일정 부분 시청자의 영역에 남겨 두어 진정한 의미의 공공채널로 자리 매김할 수 있도록 해야 한다. 이렇게 시청자의 직접 참여를 이끌어낼 때 자연히 시청률도 올라가고, 채널의 사회적 위상도 높아질 것이다.

Ⅱ. 의회방송의 제도와 운영

1. 해외 의회방송의 제도와 운영

의회활동에 대한 중계방송이 이루어지기 위해서는 우선 의회활동의 대국민공개, 즉 의회공개 원칙이 확립되어 있어야 하고 이에 근거하여 회의장 내 녹음, 녹화, 촬영 및 중계방송을 허용하는 법적근거나 관례 또는 선례가 정립되어 있어야 한다. 이러한 법적근거는 방송의 공공성이라는 이념에서 비롯되었다.

공공성의 근거는 방송에서 사용하는 전파는 국민이 소유주인 공적 차원으로서 공공성이 의무화된다는 공공재 논리와 주파수의 희소성 그리고 방송이 지닌 사회문화적 영향력과 국가와 국민의 이익에 사용되어야 할 의무가 있다는 것에 두고 있다.

미국을 비롯한 해외 여러 나라들은 공익조항을 법적으로 규정하고 있기도 하다. 해외 의회 중계방송제도의 법적 근거를 살펴보면, 미국의회는 의사중계방송에 관한 별도의 법규는 제정하고 있지 않지만 의사규칙의 일부로 이에 관한 규정을 두고 있다. 상원의 경우 상원규칙(Senate Rule) 제33조 제2항, 제40조 제6항, 제26조 제5항 및 상원령(Senate Order) 제79조 제28항, 상원규칙 제85조 제2항, 상원일반법(General and Permanent Laws) 제305조에 규정하고 있다.

상원일반법 제305조는 녹화 스튜디오, 관계직원 관리 등의 업무를 정하고 있다. 하원의 경우 하원의사규칙 제1조의 9항(의장의 직무), 제11조(위원회 의사규칙) 중 '회의 및 청문회 공개' 규정과 '청문회 방송' 규정 등의 관련 규정이 있다.

일본의 경우, 일본국회법은 국회의 중계방송에 관한 명시적 조항은 없고, 국회 운영은 공개를 원칙으로 한다는 포괄적인 내용만 명문화되어 있다. 따라서 국회가 방송활동에 대해 어떠한 제약도 가하지 않는 상태에서 중계방송이 이루어지고 있는 것이다. 다만 국회법 제19조의 의장의 질서유지권에 의거하여 TV중계문제는 의장의 허가사항으로 해석하고 있고, 국회중계방송에 대한 구체적인 규정은 중의원 선례집 제451조와 중의원위원회 선례집 제68조에서 명문화되어 있듯이 선례로서 인정되고 있다.

독일은 법령 및 내규 등에는 국회의사회의 중계방송에 관한 명시적인 규정이 없다. 다만 헌법 제15조와 제20조는 '모든 독일 국민은 공식적인 취재원으로부터 아무런 장애나 방해 없이 정보를 제공받을 권리가 있으며, 모든 국가기관과 공공기관은 최선을 다해 이를 도와주어야 하고, 특히 독일 연방정부는 가장 큰 책임을 진다'고 규정하고 있다. 이 법령의 정신에 따라 국회중계방송은 제한 없이 실시되고 있으나, 국회본회의에 대해서만 중계방송이 이루어지며 상임위원회나 청문회 등 다른 회의에 대해서는 중계방송이 허용되지 않고 있다.

프랑스는 프랑스 국회법에 본회의를 생중계할 수 있다는 원칙만 규정되어 있다. 따라서 국회중계에 관한 세부적인 사항은 사무처의 시행규칙으로 언제든지 융통성 있게 조정할 수 있도록 하고 있다.

즉 의회방송을 실시하고 있는 주요국가의 국회 의사진행 중계방송은 법적 근거와 이하 세부규정 또는 관련기관의 자율에 의해 운영되고 있다. 이들 규정은 각국의 정치·사회적인 배경과 의사진행 방송의 역사적 배경과 맞물려 있다. 미국의 경우 청문회의 중계방송이 국민들의 관심을 끌면서 의회방송이 시작되었고, 법적 규정에 청문회와 관련된 세부 조항들이 비교적 자세히 마련되어 있다. 의회방송을 뒤늦게 시작한 영국을 제외한 유럽의 국가들의 경우는 의회공개주의 원칙에 따라 운영하고 있다. 즉 의회방송을 진행하고 있으나, 세부적인 규정을 마련하기보다는 독일과 프랑스와 같이 방송국 혹은 중계방송의 담당기관에게 자율적으로 맡기고 있다.

세계 각국의 의회방송제도는 의회 전통과 방송문화와 산업의 발전내용에 따라 다양한 형태로 자리 잡아 오고 있다. 특히, 방송에 대한 의회의 개방적 또는 폐쇄적 태도와 방송채널의 다양성과 방송기술의 발달과 궤를 함께한다고 볼 수 있다.

영국 의회는 1980년대 말에 이르러서야 방송을 통해 의회를 공개하는 의회방송 제도를 갖게 되었다. 이 제도를 도입하는 과정에서 영국 의회는 많은 방송비용을 일반 방송사들이 부담하도록 하면서도 의회 측이 내세운 모든 조건들을 충족토록 했다. 반면에 50년대 후반부터 일반 방송사의 TV카메라가 비교적 자유롭게 의회를 드나들었던 일본 의회의 경우, 최근에 설치된 의회 자체 방송 시스템의 기능이 대내적 폐쇄회로 방송과 기록 보관에 국한되어 있으며, 대국민 방송은 아직도 일반 방송사가 전적으로 수행하고 있다.

의회방송은 의회활동을 영상과 음성으로 기록 보존한다는 실용적인 목적과 더불어, 국민의 알 권리를 존중하는 차원에서 의회운영과 의정활동을 직접 TV로 중계하는 데 있다. 의회공개원칙에 따른 국민의 커뮤니케이션을 보다 활성화시킬 수 있다는 것이 TV중계가 가지는 커다란 의미이고 기능이다(권광덕, 1998).

해외 각국의 법적 제도와 운영현황을 구체적으로 살펴보기로 한다.[7]

<표 Ⅱ-1> 중계방송 기본원칙

① **공정성(Fairness)의 원칙:** 정보 전달자가 사건에 대해 편견을 가지지 않고 객관적, 중립적, 비편파적으로 정확하게 보도한다.

② **등시간(equal time)의 원칙:** 미국에 유일하게 입법되어 있는 조항인데, 공직 출마자에게 동일한 기회를 가질 권리를 규정한 조항으로 공직에 출마한 입후보자가 방송을 할 때 동일한 기회를 가질 권리가 있음을 규정한 조항으로 그 적용범위는 선거방송에 국한한다.

③ **인신공격의 원칙(personal attack rule):** 미국의 FCC가 만든 규칙으로 토론의 대상이 되는 공공의 중요문제를 토론하는 과정에서 개인이나 집단의 정직성·성격·성실성을 공격하는 방송을 했을 때 방송국은 그러한 공격이 있은 후 일주일 이내에 공격을 당한 개인이나 집단에 이를 통고해야 하며 공격을 당한 개인이나 집단에 응답할 수 있는 합당한 방송기회를 제공해야 한다.

④ **객관성(objectivity) 및 중립성(impartiality)의 원칙:** 의회중계방송의 경우 사실 그대로 중계하고 기록보존을 하도록 한다. 또한 선거방송과 달리 정치적 또는 상업적으로 사용을 금지한다.

※출처:『국회방송의 운영 및 발전방향에 관한 연구』, 국회사무처, 2004.

1) 미 국

(1) 법적제도

미국의 경우에는 방송의 공적 기능을 위한 장치로 방송의 비상업적, 비영리적 이용을 위한 법률적 의무로 공익기준을 가지고 있으

---

7) 김종현(2006)『공공채널이 지향하는 편성방향에 관한 연구』, 권광덕(1998)『의회의 TV중계방송제도에 관한 연구』, 한국의회발전연구회(2004)『국회방송 상설화에 관한 연구』, 의회방송담당관실(2003)『국회방송의 활성화 방안에 관한 연구』를 중심으로 정리.

며, 케이블TV와 위성방송에 적용되는 공익 강제 조항(Public Interest Obligations)이 있다.

1984년 케이블 법에 의해 강제되는 공공접근 채널운영이 최소한의 공공 참여로 소수의 공익을 보장한다는 취지 아래 행해졌다. 그러나 케이블 TV는 CNN부터 5센트 영화관과(Nickelodeon) 법정 TV까지 새로운 형태의 도래를 알렸지만, 상업방송을 확산했고 소유권은 점점 집중되었다. 다만 소수 액세스 케이블 채널은 공공 범위를 강화하는 공공장소로 역할을 하고 있을 뿐이다.

이와 더불어 1992년 케이블텔레비전 이용자 보호와 경쟁법(Cable Television Consumer Protection and Competition Act of 1992)은 케이블사업자로 하여금 전체 운영의 채널의 4%는 공익적인 채널을 위해 남겨 두도록 강제하였다. 또한 이 법을 통과시킨 미국 의회는 공중파를 이용하는 직접위성방송(DBS: Direct Broadcasting Satellite)의 운영자들에게도 공익을 위한 의무를 수행해야 한다는 의견을 표명하였는데, 1998년에 미국 연방통신위원회(FCC: Federal Communications Commission)는 위성방송 사업자에게도 케이블 TV와 동등하게 전체 운영채널의 4%는 공익채널을 위해 남겨 두도록 강제하였다.

FCC는 공익채널을 교육적이거나 정보성을 가진 비상업 프로그램을 편성하는 채널로 규정하고 있다. 케이블 TV와 위성방송에서는 C-SPAN과 종교채널 그리고 교육적인 내용을 제공하는 채널들을 공익적인 채널로 편성하고 있다.

또한, 미국은 자본주의의 폐해로부터 공공의 이익을 보장하기 위하여 1997년 공공의 권한부여 법령을 제안했다. 이 법령은 정치적 체계와 경제적 체계에 영향을 미치는 결정을 시민들에게 더 많이 할애하도록 하기 위한 조치였다. 이 가운데 수용자 네트워크 법령은 국가적 비영리 단체로 청취자 네트워크를 만드는 것을 말한다. 즉 연방의 공인된 비영리 집단 기구를 만들고 라디오와 텔레비전 프로그램을 방송할 권리를 주는 네트워크이다. 16살 이상의 누구나 일 년에 $10이면 회원이 될 수 있는데 방송의 품질과 다양성을 위해 제한된 TV 접근과 라디오 시간과 시설을 제공함으로써 청취자들이 상업 채널에서 한 시간의 라디오 방송시간을 할애 받아 청취자 네트워크 공공 방송과 오락 프로그램으로 광고 없이 방송하도록 멤버십 제도이다.

의정활동 중계방송에 대한 별도의 법규는 제정되어 있지 않고 의사규칙의 일부로 규정하고 있다. 하원의 의사규칙 제1조 제9항에 의하면 의장은 하원이 의사를 시청할 수 있는 폐쇄회로 또는 다른 적절한 통신 수단을 설치하고 통제, 관리하도록 되어 있다. 또한 의장은 하원의 의사진행을 편집되지 않은 완전한 상태로 라디오 혹은 TV로 방송하거나 기록할 수 있는 시스템을 설치하고 이를 통제, 관리하도록 되어 있다. 하원 라디오, 텔레비전 기자실이 인정하는 모든 TV 및 라디오방송국, 네트워크 시스템(위성시스템 포함)과 언론기관에 속한 기자들은 하원의사를 생중계할 수 있는 접근권을 갖는다. 하원 의사규칙은 어떠한 녹음 및 규칙에 의하지 아니하고는 할 수 없도록 규정하고 있으며, 어떠한 뉴스 프로그램이 공공이슈에 관한 다큐멘터리 프로그램을 제외하고는 상업적으로 지원을 받아 방송해서는 안 되며, 방송국에서 의사진행을 방영할 때 광고를 수반한 방송을 해서는 안 되고, 어떠한 중계나 녹음,

녹화도 상업적인 목적에 사용되어서는 안 된다고 규정하고 있다. 또한 미국 의회는 상원 양원 모두 중계방송에 대한 규정과 청문회 중계방송에 대한 규정도 제정, 시행하고 있다.

(2) 운 영

① 의회방송 연혁

미국 의회에서는 1922년에 라디오, 텔레비전 중계방송을 해야 한다는 주장이 제기되었고, 1944년 페퍼(Pepper, C.) 상원의원이 기자실 설치 결의안을 제출하면서 상임위원회, 청문회 등의 방송중계가 비정기적으로 개시되었다. 그러나 실제적인 방송중계는 1947년 제80대 의회 개막식을 생중계하면서 시작되었다고 볼 수 있다. 1957년에는 의원들에 대한 녹음, 제작 서비스를 제공하기 위해 상원과 하원에 각기 스튜디오를 두게 되었는데, 이것이 오늘날 미국의회 방송시스템의 근간이 되었다.

1965년 상하 양원은 12명으로 구성된 합동위원회를 발족시켜 의회의 TV중계문제를 집중적으로 연구하기에 이르렀다. 1년여의 연구 끝에 '국가안보에 저촉되거나 증인의 인격이나 명예에 손상을 주지 않는 한 의회의 위원회와 청문회에 대한 TV중계가 허용되어야 한다'는 내용의 합동위원회 보고서가 상·하원에 제출되었다.

<표 Ⅱ-2> C-SPAN의 주요 연혁

연 도	주 요 내 용
1979년 3월	미국 하원의회 활동 350만 케이블 가입자에게 방송
1980년 10월	미국대통령선거방송과 시청자 참여 프로그램 실시
1981년 1월	C-SPAN 국회청문회 전 과정 방송 편성
1982년 9월	매일 24시간 프로그램 편성
1986년 6월	상원의회 활동을 위한 C-SPAN 2 설립
1987년 1월	C-SPAN 2 매일 24시간 프로그램 편성
1988년 11월	USIA 세계위성TV망을 통해 C-SPAN 세계 9개국 전송 시작
1989년 9월	C-SPAN 오디오 네트워크 개국
1989년 11월	영국 하원의회 활동 보도 시작
1991년 10월	미국대법원에서 재판관 Clarence Thomas 지명 청문회 128시간 보도
1991년 11월	미국 백악관에서 조지 부시 대통령 독점 인터뷰
1992년 1월	1월부터 11월까지 1,200시간 이상 선거방송 보도
1996년 5월	C-SPAN 2 주말 5시간 책에 관한 블록 프로그램 편성
1997년 9월	C-SPAN Extra 설립
1997년 10월	Washington과 Boltimore에 방송권을 둔 C-SPAN Radio 90 설립
2001년 1월	C-SPAN 3 방송시작, 8,000만 명 시청자 확보
2002년 3월	웹사이트 Beacon상 수상

　　상원은 이 보고서를 1966년 채택하였고, 하원은 1970년 채택함으로써 위원회와 청문회의 활동이 활발해졌다. 이때부터 '청문회 정치'라는 평이 나올 정도로 TV중계와 의회활동은 불가분의 관계를 맺게 되었다. 하원 본회의에 대한 라디오 생방송 중계는 1978년, TV생중계는 1979년 각각 개시되었다. 하원보다 한층 더 보수적인 상원은 훨씬 뒤인 1986년 2월에 본회의장에 대한 방송을 허가하는 결의안을 채택했다. TV중계방송은 같은 해 3월에 의사당 안에서 폐쇄회로 TV를 통한 시험방송을 거쳐 일반에게 몇 개월간의 시험 중계방송을 실시한 후, 의사중계방송이 의사절차에 어떠한 영향을 끼치는지 청문회를 개최하는 등 신중한 검토를 한 후 비로소 허용

되었다.

② C-SPAN (미국 의회채널)

미국의 의회중계 방송제도의 특징을 설명하는 데 필수적인 기구
가 C-SPAN(Cable-Satellite Public Affairs Network)이다. 1979년
케이블TV 사업자들의 공동투자로 설립된 의회채널인 C-SPAN을
들 수 있다. C-SPAN은 3개의 TV채널(C-SPAN, C-SPAN2, C-
SPAN Extra)과 1개의 라디오 방송국(C-SPAN Radio 90)과 인터넷
방송(Web Internet)을 운영하고 있다. C-SPAN1은 하원의 방송
프로그램을, C-SPAN2는 상원의 방송 프로그램을 무상으로 공급
받아 상·하원 본회의 전체를 생중계하고, 상임위, 소위 및 청문회
등은 자체 판단에 따라 직접 촬영하여 생중계 또는 녹화 중계한다.
C-SPAN의 목표는 TV를 통한 민주주의의 실현에 있으며, 어떤
종류의 기금도 받지 않으며 단지 케이블TV 가입자들이 내는 비용
으로만 운영된다. 미국 케이블 TV회사들이 공동출자하여 설립한
비영리 공영 유선방송 프로그램 제작사로서 국회의 본회의 및 상
임위, 청문회 등을 편집 없이 방송하고 있다. C-SPAN은 미국의
방송제도가 갖는 약점을 보완하는 데 기여하고 있다. 미국은 민영
방송체제를 근간으로 해 왔고 이를 보완하기 위하여 공공방송을
제도화하였다. 그러나 이들 양 체제 모두 의회의 의사진행이나 공
공이슈를 그대로 중계 방송하는 데에는 한계가 있다. 이를 잘 보
완하는 채널로 성공한 것이 C-SPAN이다.

〈표 Ⅱ-3〉 C-SPAN을 통한 미국 의회 TV중계의 특징

별도의 케이블 방송으로 매일 24시간 방송된다. 따라서 방송사 측에서 어느 한 회의만을 선택하여 생중계하되, 생중계되지 않는 다른 회의들은 밤늦거나 새벽 또는 휴일에 녹화 중계하는 것을 원칙으로 하고 있다.
의회의 TV중계는 편집이나 논평을 금지하는 것을 원칙으로 하고 있다.
C-SPAN은 의회중계가 주요 방송업무이지만 일반 공공활동에 속하는 강연회 등도 녹화 중계하거나 생중계를 할 수 있다.
TV중계는 광고방송을 하지 않고 케이블시청료와 녹화테이프 판매수입을 주요 재원으로 삼는다.

※출처: 『국회방송 전문채널의 운영방안에 관한 연구』. 21세기 방송연구소. 2004.

미 국민은 C-SPAN을 통해 의회의 활동을 가감 없이 시청할수 있으며, 일반방송사를 통해서는 편집과 해설이 가미된 화면을접할 수 있다. C-SPAN은 생중계를 원칙으로 하고 있으며, C-SPAN 채널로 동시에 방송하기 어려운 주요 일정에 대해서는 편집없이 녹화방송을 하는 것을 원칙으로 하고 있다.

C-SPAN은 국가 예산으로 보조금 등은 받지 않고 유선방송회사에 위성을 통하여 프로그램을 송신하고 지역 케이블 가입자 1인당 5센트를 매월 케이블 회사에서 받아 운영하고 있다. 직원은 약276명 정도이고 텔레비전 카메라는 17대를 소유하고 있다. C-SPAN은 2개의 채널을 소유하고 있는데 GALAXY Ⅲ 위성을 통하여 약 4천 개의 케이블 운영시스템에 프로그램을 보내면, 이 시스템이 5천4백만 가구에 이를 방송하게 된다. C-SPAN Ⅱ 역시GALAXY Ⅲ 위성을 이용하여 8백 개의 방송사에 프로그램을 보내면 약 2천5백만 가구가 이를 시청하게 된다.

C-SPAN은 케이블 방송에 의해 만들어지고 공영방송으로 제공된다. 시민들이 C-SPAN에 갖는 가치가 아닌 케이블 산업이 C-SPAN에 갖는 가치 그리고 그 필요성이 무엇인가의 의미는 미국

사회의 힘의 분배에 관한 것이다.

C-SPAN 사용자는 네트워크에 의해 그들의 필요한 것을 얻고 케이블 산업은 그 네트워크에 의해 그들이 필요한 것을 얻는다. 1970년대의 기술적 혁신이 없이는 C-SPAN은 있지 않았을 것이다. 더 싼 인공위성, 확장된 채널 용량 그리고 늘어나는 케이블 채널 수, 성장하는 프로그램 수요 그리고 공영방송 영역의 대중의 요구들은 업체의 비용을 덜어 주었다.

네트워크는 현재 3개의 케이블 채널을 운용한다. C-SPAN(미 하원)과 C-SPAN2(미 상원) 그리고 C-SPAN3(미국역사, 박물관 투어, 정치 지도자들의 정보 등의 교육 프로그램) 등 3개 채널과 워싱턴 지역의 라디오 방송국 90.1 FM이다. 이에 더해서 이 회사는 실시간 고속 인터넷 비디오 서비스를 제공하고 있다. C-SPAN 방송은 생방송으로 편집되지 않는 미 연방 입법회의, 위원회, 발언 회의, 언론 회의 그리고 정치적 모임 등을 보내고 있다. C-SPAN은 또한 현재 주목받는 작가들과의 인터뷰, 정치행동주의자, 정치 리더들, 대통령선거의 심층보도, 현대 미국 법정 시스템 그리고 영국 의회의 대수상 청문회까지 방송하고 있다. C-SPAN의 현재 18명의 멤버는 최고 25개 중 11개 케이블과 전자통신이나 미국의 MSO 회사들을 대표하는 임원들이 있다. 미국의 최고 5개의 MSO 회사들이 모두 대표가 되고 있다. 모든 회사들을 합친다면 MSO는 5천 6백만 이상의 가입자를 보유하고 있다.

미국의 케이블 가입자의 90%를 다루는 회사들은 산업의 무역 협회에 의해 의회에서 대표되고 있다. NCTA의 주된 임무는 케이블과 전자통신 산업에 영향을 미치는 하나의 통일된 이슈를 제공함으로 멤버들에게 강한 국가적 존재를 제공하는 것이다. C-SPAN은 정치적 과정에 관한 정보를 제공하기 때문에 사용 가치가 있다. C-SPAN은 약 5천만 달러의 97%를 케이블 산업에서 지원받는다. 남은 3%는 제작 프로그램 판매나 비디오, T-셔츠, 머그 잔 등의 기념품 판매로 충당한다.

③ C-SPAN의 편성원칙

C-SPAN의 편성원칙은 방송에서의 융통성과 시청자 참여가 가장 큰 특징이다. 이는 지상파방송이 제한된 채널과 방송시간으로 인해 형평성과 중립성의 틀에서 제한된 선거방송을 할 수밖에 없었던 단점을 보완한 것이라고 볼 수 있다. 내용은 ①공공성의 원칙 ②현장성의 원칙 ③중립성의 원칙 ④공공서비스(public service)의 원칙 ⑤사실의 원칙 ⑥참여의 원칙 등이 있다. 공공성 원칙의 주요 편성대상은 국회의 입법 활동이지만 정치, 사회, 문화적 문제 등 공익과 관련되어 있다고 판단되는 경우는 편성의 대상으로 삼는다는 원칙이다. 현장성의 원칙은 취재에 의한 보도보다는 공공사항이 진행되는 현장에 가깝게 그대로 전달하는 데 역점을 두는 원칙이며, 중립의 원칙은 철저하게 중립을 유지하면서 방송내용에 특정 의견이 개입되지 않는 원칙을 말한다. 공공서비스(public service)의 원칙은 편성을 공익 실천에 두는 것을 의미하고, 사실의 원칙은 취재에 있어서 카메라가 담은 화면을 여과 없이 전달하는 것이다. 참여의 원칙은 전달되는 공공주제와 관련된 당사자와 전문가를 출연시켜 표현의 기회를 충분히 제공함으로써 참여를 유도한다는 것이다.

이벤트가 공공의 문제일 것
현장성의 원칙: 주제가 전국적 중요성이 있는 문제일 것
중립의 원칙: 균형을 이룰 것
공공서비스의 원칙
사실의 원칙
참여의 원칙

※ 출처: 『국회방송의 운영 및 발전방향에 관한 연구』, 국회사무처, 2004.

④ C-SPAN의 주요프로그램 내용

C-SPAN 프로그램의 특징은 전체 스케줄의 12% 정도를 하원 본회의의 개회부터 산회까지를 중단이나 편집이나 해설을 덧붙임이 없이 모두 중계하는 것이다. C-SPAN 프로그램은 상하 양원 위원회의 생중계나 녹화중계, 대통령 및 각료의 기자회견, 캐나다 의회나 영국의회 등 외국의회에 대한 중계, 선거에 관한 이벤트, 시청자 참가의 CALL-IN 등을 포함한 24시간 운영프로그램으로 짜여 있다. C-SPAN의 최종편성은 하루 전 오후에 결정된다. 전체 편성 중 의회가 차지하는 비중은 약 10%에 달한다. 1982년부터 일주일 24시간 편성으로 변화하였고, 1986년 6월 C-SPAN2 채널을 신설하여 미국 상원의 의회활동과 현재 쟁점이 되고 있는 이슈와 사건에 대한 장시간 편성을 시작하였다.

C-SPAN의 '시청자 전화 프로그램(Viewer Call-In)'은 공공사항에 대해 시민의 참여로 이루어지고 C-SPAN이 독단적으로 여론의 방향을 설정하지는 않는다. 이 전화프로그램은 C-SPAN 대변인 레인 폴랙(Layn Polack)이 '국민적인 카타르시스'라고 표현한 것처럼 극적인 사건이 발생할 때 반향을 불러일으키고 있다. 특히

C-SPAN2에서는 금요일 저녁 <Business Block>, 토요일 아침 8시부터 월요일 아침 8시까지 48시간 동안 책에 대한 정보를 제공하는 <Book TV>를 편성하였다. 1993년에는 6,000만 명의 시청자를 확보하였고, 1997년에는 공공현안을 중점적으로 방송하는 C-SPAN EXTRA를 설립하여 시청자들의 공공업무에 대한 이해도를 높이고 있다.

C-SPAN의 주된 프로그램은 편집되지 않은 국회정치 방송이다. 시청자들에게 C-SPAN은 3개 방송 저녁뉴스의 요약된 뉴스나 스포츠를 보는 것보다 정치적인 사고로 그들의 정부가 하는 일을 볼 수 있도록 해 주는 방송이다. 저널리스트들만의 정보였던 것을 원하는 어떤 사람에게도 거르지 않고 시청자들과 나누는 것이 이제 가능하다.

C-SPAN 편성의 핵심은 미국 상원과 하원의 의회 중계와 국정 전반에 관한 사건에 대한 편집, 주석 또는 분석을 가하지 않고, 있는 그대로의 공정한 내용을 전국의 케이블 시청자들에게 방송하여 국가 정책이나 국정 수행에 대한 국민들의 관심과 이해를 높이는 역할을 하고 있다.

편성의 주요대상은 국회 중계가 되지만 공익과 관련된 정치, 사회, 문화 문제 등에 관해서도 편성하고 있다. 즉 시청자의 수에 연연하지 않고, 오직 가능한 많은 공공사항을 시청자들에게 효율적으로 전달하는 것을 목적으로 프로그램의 편성과 대상을 선정하고 있다.

<U. S. House of Representatives, and U. S. Senate Live daily>는 가장 대표적인 프로그램으로 하원과 상원에서 진행되는 의회를 생

중계하는 것이다. <The Washington Journal>은 매일 아침 방송되는 시청자 참여프로그램으로 그날의 이슈에 대한 시청자들의 질문과 의원, 정책입안자, 저널리스트들의 답변, 신문과 인터넷의 특별한 토픽 등이 다루어진다. <National Press Club>은 워싱턴의 기자협회에서 있는 주요 인사들의 연설을 중계하는 프로그램이다. <Congressional Hearings>은 의회 개회 기간에 상원과 하원에서 열리는 청문회를 모두 중계하고, <America & the Courts>는 대법원에서 구두변론이 열릴 때 한 주간의 대법관의 연설과 인터뷰와 연방법원의 심의와 연설을 방송하는 프로그램이다. <American Perspectives>은 토요일 저녁에 방송되는 주말 프로그램으로 역사적, 사회적, 문화적 이슈에 대해 다루는 특별 프로그램이다. 이 프로그램은 개회연설과 정치, 저널 포럼과 강의 시리즈와 시청회의 등을 포함하고 있다. C-SPAN2의 특징적인 프로그램인 <In Depth>는 3시간 동안 생방송으로 진행되는 작가와의 인터뷰 프로그램으로, 작가의 삶과 작품, 경력 등에 대해 작가와 얘기하고 전화와 이메일을 통해 시청자들이 참여할 수 있다.

<표 Ⅱ-5> C-SPAN의 주요 프로그램

주요 프로그램	프로그램명	프로그램 내용
의회중계 프로그램	U. S. House of Representatives, and U. S. Senate Live daily	하원과 상원에서 진행되는 의회를 생중계
	Congressional Hearings	하원과 상원 청문회 중계
콜인(Call-In) 프로그램	Washington Journal	그날의 이슈에 대한 시청자들의 질문과 답변(의원, 정책입안자, 저널리스트 출연), 신문과 인터넷의 특별한 토픽
미국과 법정	America & the Courts	대법원에서 구두변론을 청취할 때 한 주간에 대법원에서 있었던 판결 및 인터뷰와 연방 법원의 심의와 연설 중계
미국의 시각	American Perspectives	역사적, 사회적, 문화적 이슈에 대한 특별 프로그램
미국의 정치학/ 백악관으로 가는 길	American politics/ Road to the White House	한 주간의 국내 정치 이벤트 및 주요 정치인사의 동정 소개
Book TV	After Words	공공정책, 정치, 역사에 관한 책의 저저와의 인터뷰
	앙코르 북노트 (Encore Booknotes)	C-SPAN의 작가 인터뷰 시리즈 하이라이트를 방송
	인뎁스 (In Depth)	작가의 삶과 작품, 경력에 대해 3시간 동안의 인터뷰를 생방송으로 보여 주는 C-SPAN2 주요 프로그램, 시청자 참여(전화, 이메일) 포함
	북TV에서 역사를 (History on Book TV)	논픽션 역사책에 관한 토론
	British House of Commons	영국 의회의 "질의시간" 방송

⑤ 방송화면의 제작과 송출

의회의 중계방송시설은 상하 양원이 각기 관리하고 있으며 의회 직원이 기기를 조작하여 방송을 전담하고 있다. 중계는 본회의의 개회로부터 산회까지 중단 없이 방영되며 편집 없이 있는 그대로 방영하고 있다. 상원 스튜디오는 1950년대 말부터 규칙 행정위원회(Committee On Rules and Administration)의 감독과 지도 아래에 운영되는 상원 경위장(Sergeant-at-Arms) 직속 부서로 되어 있고,

하원은 하원의장(Speaker) 아래 사무총장(Clerk of House)으로 되어 있다. 의회방송실은 1986년부터 기록용과 대외방송을 겸한 영상, 음성신호 제작, 폐쇄회로 TV를 통한 대내방송, 그리고 제작된 신호를 각 방송사에 제공하는 기능을 담당했으나 현재는 의사중계 및 녹음, 녹화와 TV라디오 스튜디오 운영 등 중계방송 업무만 전문화되었다는 점이 특징이다. 조정실의 업무는 하원 중계방송 규정에 따라 특히 화면 구성의 원칙이 매우 엄격하다는 것이다. 즉 카메라의 앵글은 의원의 품위와 의회의 권위를 해친다고 판단되는 내용의 촬영을 금지하고 있다. 조정실 외에 별도의 TV스튜디오와 라디오 스튜디오가 있어서 TV스튜디오에서는 의원들의 개인인터뷰와 주요 정책 자료에 대한 대담 프로그램을 제작하여 의정 홍보활동으로 제공하고 있으며 라디오 스튜디오는 의원과 선거구민의 인터뷰를 입법, 정책 정보를 제공하고 민원을 청취하는 등 의원들이 실비만 내고 이용할 수 있도록 하고 있다. 스튜디오의 감독은 규칙행정위원회에서 하고, 모든 주요사항은 위원장의 허가를 요하나, 일상적 업무는 스튜디오의 실장과 위원회의 직원들이 협의, 처리한다. 현재 50여 명의 상근 직원이 PD, 기술 감독, 화면선택기사, 카메라 원격조정기사, 문자발생기사, 비디오 녹음기사, 오디오 녹음기사 등 13개의 직종에 근무하고 있다. 대내 신호전달은 상·하원 공통의 폐쇄회로 TV시설로 의원실, 사무실, 위원회, 직원실 등에 설치된 700대 내지 800대의 모니터를 통해 이루어진다. 이 폐쇄회로 TV시설로 볼 수 있는 채널은 모두 35개이며 그중 1개는 상원 본회의, 3개는 상원위원회, 1개는 본회의용이다. 대외방송(일반 방송사들에 대한 신호전달)은 스튜디오가 제작한 것을 C-SPAN이나 그 밖의 방송사들이 광케이블을 통해 무료로 제공받아, 자체판단과 필요에 따라 생중계, 편집, 녹화방송을 하고 있다. 의회 TV방송과 관련하여 의회와 C-SPAN, 기타 방송사와의 협조관계를 규정하는 규칙이나 합의서 등은 없다.[8]

방송된 내용은 전부 상세한 일지와 함께 VCR로 테이프에 기록하며, 일지는 다음날 모든 의원들과 직원들에게 배부한다. 방송된 테이프는 10일간 스튜디오에 보관하다가 국회도서관과 국립문서보관소에 영구 보존된다. 국회도서관의 시청각부는 색인된 자료들을 보관하고 열람이 가능하도록 개방되어 있다. 방송화면의 송출은 상하 양원의 방송제작시설에서 제작된 화면이 C-SPAN 또는 C-SPAN Ⅱ를 통해 유선방송망이나 공중파 방송을 타게 된다. 중계방송의 대상은 상·하원의 본회의이지만 상임위원회 또는 분과위원회도 본회의 시간과 중복되지 않는 한 중계되는 것이 보통이다. 상원과 하원 본회의에 대한 텔레비전 중계는 일반민간방송사에는 허용되지 않고 C-SPAN이 의회방송 통신실에서 제작한 화면을 받아서 전담 중계 방송하도록 하고 있으며, C-SPAN 이외의 방송사는 폐쇄회로로 중계되는 화면을 받아서 이용하도록 되어 있다. 다만 상하 양원의 합동회의에서 행해지는 대통령 연두교서 발표와 외국 국가원수의 특별연설에 대해서는 예외적으로 일반 민간방송사의 직접중계가 허용된다. 청문회를 포함한 상임위원회의 중계방

---

8) 스튜디오가 상원 본회의의 심의 모습을 방송신호로 제작할 때에는 ①의장과 발언자에게 초점 ②상반신의 화상 ③다른 의원의 반응이나 방청석을 촬영금지 ④발언자의 성명, 소속정당, 선거인 수, 심의 중인 안건 등 자막처리, ⑤투표상황은 전자투표 표시판을 직접 방영 ⑥회의 개회부터 종료까지 지속적으로 중계 ⑦기립 투표 시에는 본회의장 전체 모습 공개 원칙으로 적용된다.

송에 대해서는 위원장의 허가를 얻을 경우 C-SPAN뿐만 아니라 모든 방송사가 직접 생중계방송, 녹화중계방송, 편집방송 등을 할 수 있다. 여러 위원회에서 청문회 등 회의가 열릴 경우 어느 것을 중계할 것인지에 대해서는 국민적 관심도 등을 고려하여 C-SPAN 등 방송사가 독자적으로 판단하여 결정하고 있다.

C-SPAN Alert 서비스에 등록하면 시청자 개개인의 취향에 맞춘 프로그램 스케줄을 E-mail을 통해 받아 볼 수 있다.

〈표 Ⅱ-6〉 C-**SPAN** 주요 네트워크 현황

	C-SPAN 1	C-SPAN 2	C-SPAN 3
사업개시연도	1979	1986	2001
가입자(2004. 6 기준)	88,400,000	74,300,000	8,100,000
위성수신방법	SATCOM C-3, TR 7(to be AMC 11, TR 7).	AMC 10, TR 19.	SATCOM C4, TR 19 Galaxy 10R, TR 20.
방송시간	24시간	24시간	24시간
주요프로그램	미 하원 의사진행 및 청문회, 공공이벤트	미 상원 의사진행 및 청문회, 공공현안 프로그램, 책 관련 프로그램	전국적 이벤트 역사프로그램

* 출처: http://www.ncta.com/guidebook pdfs/cspan.pdf

⑥ 홈페이지 운영 및 활용 현황

C-SPAN의 편성목표 중 하나는 국민정치교육인데 20% 이상의 프로그램을 국민들의 정치교육을 위해 쓰고 있다. 대표적으로 역대 대통령에 대한 다큐멘터리를 보여 주는 것이다. 그리고 기존에는 홈페이지 좌측에 정부의 원칙(Principles of Government), 미국의 헌법(U. S. Constitution), 입법부(Legislative Branch), 행정부(Executive Branch), 사법부(Judical Branch), 정치 참여(Political Participation) 코

너를 클릭 한 후 관련된 자료를 동영상으로 볼 수 있도록 하여 국민들의 정치 교육의 대한 편성 이념을 지키려는 노력을 해왔다. 그러다가 최근에는 홈페이지 메인 화면을 가로형으로 새롭게 개편했다.

눈에 뜨는 변화는 메뉴바를 상단에 편성표와 사진으로 보는 토픽 그리고 C-SPAN 시리즈물과 C-SPAN의 웹사이트를 일렬로 배체해 놓았다는 점이다. 특히 웹사이트는 미국 대통령, 미국의 작가, 의회, 법원, 백악관등 정치 교육과 유관 기관을 링크해 놓았다.

이러한 변화는 육안으로는 보기에도 의회의 주요 이슈가 무엇인지 보다 빠르게 알 수 있다는 점이다. 그리고 메뉴바를 통해 관련된 사이트와 저장된 컨텐츠를 용이하게 접근할 수 있도록 하고 있다는 것이다.

하단에는 좌측에 최근의 C-SPAN 프로그램을, 우측에 한주간 소식을 소개하고 있다. 그러나 무엇보다도 좌측 상단에 생방송 TV와 RADIO를 방송함으로써, 기존의 Cable을 통한 국내 방송에서 웹사이트를 통해 글로벌 방송으로 가는 길을 확보하고 있다는 점이다. 그리고 비디오 라이브러리를 통해 C-SPAN의 컨텐츠를 활용하고 있다는 점이다.

〈그림 Ⅱ-1〉 C-SPAN 홈페이지 메인 화면

http://www.C-SPAN.org/

또한, 시민과 미국 정부를 위한 정보(자료)를 자유로이 제공하는 목적을 가지고 C-SPAN CLASSROOM을 운영하고 있다. 홈페이지를 통해 C-SPAN CLASSROOM의 모든 데이터베이스를 완벽하게 검색할 수 있으며, 키워드 검색으로 주요 프로그램을 다운로드할 수 있다. 또한 각 코너마다 토론 질문 방과 키워드, 간단한 프로그램 소개 글이 있다.

http://www.C-SPANclassroom.org/

C-SPAN은 이러한 웹사이트를 통해 비디오 자료나 교육 아이디어 등을 다른 사람들과 공유하고 교육하며 정치교육채널로의 기능을 수행하고 있다. E-mail을 통해서는 사회 과목과 관련된 교육 프로그램을 별도로 서비스 받을 수 있다.

한편, C-SPAN2에서는 토요일 아침 8시부터 월요일 아침 8시까지 48시간 동안 책에 대한 정보를 제공하는 Book-TV를 편성하고 별도로 웹사이트 메일링 서비스를 제공하고 있다.

그리고 YOUTUBE를 통해 BOOK TV 의 컨텐츠를 공유하고 있다는 점이다.

〈그림 Ⅱ-3〉 C-SPAN Book-TV

http://www.booktv.org/

지난 2007년 3월 7일, C-SPAN은 이른바 '완화된 저작권 정책'(Liberalized Copyright Policy)을 도입하여 C-SPAN이 보유한 국회 관련 동영상에 대해 누구나 자유롭게 퍼 가거나 수정해 쓸 수 있도록 하였다. 따라서 C-SPAN이 1970년대 후반부터 방송해 온 프로그램에 대해 비상업적인 복사, 공유 그리고 인터넷에 업로딩을 허용하는 것이다. 이는 C-SPAN의 방송물들 중 절반 정도를 포괄하는 규모이며, 이러한 변화는 블로거나 다양한 정치 웹 사이트들로 대표되는 '시민저널리스트들'(citizen journalists)에게 저작권 침해에 대한 걱정 없이 C-SPAN을 통해 방송되는 정치 프로그램들을 통해 다양한 인터넷 활동을 제공하고 있다.

이것은 원저작자 표기-비영리'(BY-NC) 규약을 지키는 조건으로 누구나 방송 동영상을 자유롭게 수정·공유·배포할 수 있으며, 이는 시청자나 네티즌들이 자유로이 C-SPAN의 콘텐츠를 이용할 수 있는 기회를 제공하는 것이다.

온라인 정보세계의 발 빠른 변화를 제때 반영한 이러한 완화된 저작권은 케이블 사업자들이 시민들에게 알권리를 제공하고 정부에 보다 많이 접근할 수 있도록 하기 위해 C-SPAN을 설립한 취지를 살리는 결과이며 시민들이 민주주의 발전에 활발히 참여하도록 도구를 제공하는 일이라는 의미를 가지고 있다.

(3) 프로그램 유형별 편성비율

미국의 C-SPAN이 운용하는 3개의 채널은 중계대상에서 차이가 있다. C-SPAN1은 주로 하원의 의사중계방송을 중심으로 편성하고 있으며, C-SPAN2는 상원의 의사 및 위원회 중계에 높은 비중을 둔다. C-SPAN3은 상·하원의 위원회 중계를 편성하고 있는데, 특히 하위 위원회 중계방송의 비중이 높다.

유의선(2007)은 미국의 의회가 개원 중이던 2006년 4월의 둘째 주 일주일동안 방영된 프로그램을 분석하였다. 프로그램을 의회중계, 뉴스, 공무, 정치, 교육의 5가지 유형으로 구분하였다. 의회중계 프로그램은 상·하원의 본회의와 상임위원회를 중계하는 프로그램이며, 뉴스 프로그램은 전통적 뉴스 프로그램과 해설, 논평 프로그램을 가리킨다. 공무 프로그램은 세미나, 심포지엄, 토론회 등의 중계 프로그램을 말하며, 정치프로그램은 정치인이나 후보자에 대한 프로그램, 교육 프로그램은 문화, 예술, 다큐멘터리 등의 프로그램이 포함된다.

<표 Ⅱ-7> C-SPAN의 프로그램 유형별 편성비율

구분	C-SPAN 1		C-SPAN 2		C-SPAN 3	
	편성시간 (%)	프로그램 수	편성시간 (%)	프로그램 수	편성시간 (%)	프로그램 수
의회중계프로그램	40.7	3	61.9	3	22.3	2
뉴스프로그램	23.7	3	7.8	3	5.0	3
공무프로그램	32.3	12	11.4	7	67.3	7
정치프로그램	3.2	2	-	0	-	0
교육프로그램	-	6	18.9	6	5.4	1
계	100.0	26	100.0	19	100.0	13

*출처: 김종현(2006) 재구성.

C-SPAN1의 경우, 프로그램 수에서 공무 프로그램이 26편 중 12편으로 가장 큰 비중을 차지하는 것으로 나타났다. 그 다음으로 교육 프로그램 6편, 의회중계와 뉴스 프로그램이 각각 3편을 차지했다. 그러나 편성시간을 기준으로 살펴보면, 의회중계 프로그램이 40.7%로 가장 높은 비중을 차지하고 있었다. 다음으로 공무 프로그램이 32.3%, 뉴스 프로그램이 23.7%를 차지했다.

C-SPAN2는 분석기간 동안 편성된 19편의 프로그램 가운데 공무 프로그램이 7편으로 가장 많았다. 다음으로 교육 프로그램이 6편이었으며, 의회중계와 뉴스 프로그램이 각각 3편이었다. 프로그램 유형별 편성시간을 살펴보면, 의회중계 프로그램이 전체의 61.9%로 가장 큰 비중을 차지했다. 두 번째는 교육 프로그램으로 18.9%이었으며, 공무 프로그램과 뉴스 프로그램이 각각 11.4%와 7.8%를 차지하는 것으로 나타났다. C-SPAN은 의회중계 프로그램의 비중이 다른 채널에 비해 압도적으로 높은 편성을 보였다.

C-SPAN3은 프로그램 수에서 다른 채널에 비해 공무 프로그램

이 상대적으로 많아 전체 프로그램 13편 중 7편을 차지하는 것으로 나타났다. 다음으로 뉴스 프로그램이 3편이었으며, 의회중계 프로그램은 2편에 그쳤다. 유형별 편성시간은 공무 프로그램이 67.3%로 압도적으로 많은 비중을 차지하고 있는 것으로 나타났다.

의회중계 프로그램의 편성량은 C-SPAN2가 가장 높은 비중을 차지하고 있는 것으로 나타났다. 세부적으로는 C-SPAN1은 하원 의사중계를 가장 많이 편성하고 있었으며, C-SPAN2는 상원의사 및 위원회 중계 비율이 높았다. 공무 프로그램은 C-SPAN3에서 가장 높은 비중을 차지하고 있는 것으로 나타났으며 정부전문가, 정계나 학계 인사들과의 토론, 연설 내지 심층 인터뷰를 60% 가까이 집중 편성하고 있는 것으로 나타났다. 정치 프로그램은 C-SPAN1에서 가장 높은 비중을 차지했으며, 유력 정치인의 동정 및 연설 등을 소개하는 프로그램이 많았다. 교육 프로그램은 C-SPAN2에서 가장 높은 비율을 차지했는데, 주말에는 공공정책, 정치, 역사에 관한 책의 저자 연설이나 관련 프로그램을 주말 연속 48시간 집중 편성하였다.

따라서 3개의 채널을 운영하는 C-SPAN은 채널별로 특화된 편성전략을 채택하고 있는 것으로 보인다. C-SPAN1은 의회중계 및 공무 프로그램을 중점적으로 편성하는 한편, 해설 및 분석을 포함하는 뉴스 프로그램을 비중 있게 다루고 있다. C-SPAN2는 상원의 회의 중계 및 교육 프로그램을 강화하는 채널로 포지셔닝 하였으며, C-SPAN3은 공무 프로그램을 집중적으로 편성하는 등 채널별 특성화를 추구하고 있는 것으로 나타났다.

C-SPAN RADIO에는 라디오 스케줄 안내가 주 단위로 구성되

어 있으며, 라디오는 홈페이지를 통해서 청취가능하며 또한 워싱턴 발트모아 지역에서 FM 90.1, 위성 라디오는 XM 132에서 청취할 수 있다. C-SPAN 라디오는 비상업적인 목적으로 대중들에게 24시간 방송된다.

C-SPAN은 광고단가 책정을 위한 시청률 측정이 필요없기 때문에 특별히 시청률 조사는 하지 않는다. 현재 C-SPAN의 가입자 수는 Discovery 네트워크에 이어 2번째 정도이다. C-SPAN 케이블 채널이기 때문에 지상파 네트워크와 달리 공공 프로그램을 편성하는 데 제약이 없어 정치적인 이벤트를 중계하고 있다.

최근에는 디지털 전환으로 인한 FCC의 "Digital Must Carry"의 규칙으로 이 법이 적용될 경우 케이블 방송사들은 지상파 디지털 다채널 방송과 HDTV 방송을 재송신해야 하므로 C-SPAN을 비롯한 많은 케이블 채널을 제외시켜야 한다. 따라서 C-SPAN은 정당성 확보를 위한 노력을 하고 있다.

2) 영 국

(1) 법적제도

영국의 경우에는 공공수탁제와 칙허장 제도를 통해 시장과 정부로부터의 자율성과 독립성을 확보하고자 하였다. 공영방송 제도의 선택은 처음부터 방송이 지켜야 할 보편적인 공동체 이익이 존재한다는 것을 전제로 하고 있다. 공영방송 BBC의 초대 사장이었던

리스(Reith)는 방송의 공공서비스가 공중(the public)에게 적절한 정보를 제공하고(inform) 그들을 교육하며(educate) 즐겁게 만들어 주는(entertain) 것을 그 의무로 한다고 정의를 내림으로써, 방송의 공공적 기능을 정보, 교육, 오락의 세 기준으로 분류하였다. 이러한 리스주의의 원칙은 방송과 통신을 통합하여 관리하는 법안인 커뮤니케이션 법(Communications ACT 2003)에까지도 여전히 반영되어 있어, BBC뿐 아니라 여타의 지상파 방송들이 모두 준수해야 할 기본적 지침으로 작용하고 있다.

1988년 2월 9일 하원을 통과한 의회방송규정안(FACT SHEET)에 따른 초기의 생방송 규칙안은 제한적인 규정이 너무 많아서 18개월 동안의 시험방송을 거쳐 많은 부분에 수정이 가해졌다. 이 시험방송 계획안에 따르면 하원의 TV중계는 BBC와 ITV의 규제 기구인 IBA가 설립한 합작회사가 하도록 되어 있다. 또 하원은 구체적인 TV중계의 조건으로 ①발언 중인 의원의 어깨 이상만 촬영 ②발언 중인 의원만 촬영 ③방청석 소요 촬영금지 ④장내 혼란 촬영금지 ⑤TV중계의 조건으로 의사진행상 관계없는 특정 위원이나 무능한 의원의 모습 화면보도 금지 및 의원 개인의 모습 보도 금지 등을 규제하고 있다.

최근 영국의 새로운 미디어 규제기구 Ofcom은 디지털 시대의 공익방송 모델을 제시했다. Ofcom(2004)에 따르면 이제 공급자를 중심으로 하는 아날로그 시대의 공익방송 모델은 변화할 수밖에 없고 공익방송의 의미를 재정의할 필요가 있다. 디지털 시대 공익방송의 목적은 <표II-8>과 같이 요약된다.

〈표 Ⅱ-8〉 디지털 시대 공익방송의 목적〉

뉴스, 정보, 시사문제와 아이디어 분석을 통해 세계에 대한 이해를 돕는다.
이용가능하고 정보 학습을 장려하는 콘텐츠를 통해 예술, 과학, 역사 등에 대한 관심과 지식을 고무시킨다.
전국적-지역적 수준에서 독창적인 프로그램 편성을 통해 그리고 수용자들의 공유경험을 통해 문화 정체성을 반영하고 강화한다.
다양한 지역 공동체의 삶을 반영하는 프로그램들을 통해 상이한 문화와 대안적 시각들을 알린다. 이를 위해서는 충분한 재원이 뒷받침되어 훌륭하게 제작된 고품질의 콘텐츠, 재방송보다는 새로운 영국을 담는 독창성, 새로운 아이디어나 재발견을 통한 혁신성, 시청자들이 생각하게 하는 도전성, 참여하게 하는 관여성, 폭넓은 이용가능성 등을 포괄할 수 있어야 한다.

※출처: The Ofcom review of public service broadcasting(PSB) television, by Ofcom, 2004.

이후 Ofcom(2005)도 디지털 시대 공영방송의 새로운 임무로서 자신과 타인에게 정보를 제공하고, 관심과 지식을 자극하며, 문화적 정체성을 반영, 강화하고 다른 문화와 대안적 관점을 인식하도록 하는 것을 설정하였다. 이러한 목적 아래 방송 공익성은 높은 질, 독창성, 혁신성, 도전성, 개방성, 보편성을 특성으로 하고 있다.

(2) 운 영

① 의회방송 연혁

세계에서 가장 오래된 의회 역사를 갖고 있고 방송역사 또한 앞서 있으면서도 의회방송의 시작은 오래되지 않았다. 의회방송은 1965년 5월 T. L. Iremonger에 의해 처음 제기되었으나, 이의 실현은 23년이나 지난 1988년 2월 하원에서 생방송 규정안이 통과하면서부터이다. 1989년 11월 21일 엘리자베스 여왕의 연두교서가 의회에서 발표되었을 때 시험방송을 실시했고, 실제적으로 생중계에 들어간 것은 1990년 6월 하원 TV중계 도입 투표를 통해 의회중계가 되면서부터이다.

한편, 1991년부터는 의회전문채널(TPC: The Parliamentary Channel)
이 설립되었다. TPC는 1992년 영국 케이블 업계가 하원의 의회 과
정을 가입자에게 독점적으로 제공하기 위해 설립된 것으로 이 채
널은 의회 의사결정 과정에 관한 왜곡되지 않는 자료를 전송하고 의
회 회기 중에는 언제나 방송한다. 소유와 재원은 영국의 주요 케이
블 회사(SO)에 의해 이루어진다. 주요 회사는 복수 케이블 시스템 사
업자(MSO: Multiple System Operator)인9) Cable & Wireless Commu-
nications(CWC), NTL/Comcast UK, General Cable, Telewest 등이다.

〈표 Ⅱ-9〉 영국의회 방송과 의회전문채널(TPC)의 주요연혁

연 도		주 요 내 용
1988년 2월		1988년 2월 하원에서 생방송 규정안 통과
1989년 11월		엘리자베스 여왕의 연두교서 의회 발표 시험 생방송
1990년		여름 하원 TV중계 도입 투표를 통해 의회중계가 시작
의회전문채널 (TPC)	1991년	의회방송 시험프로젝트 실시
	1992년	영국 케이블협회 주관으로 의회 채널 개국 MPP인 Flextech가 채널 운영 하원의 전 의회 과정을 일요일에서 금요일까지 케이블 통해 중계
	1993년	상원 의회 전 과정을 녹화 중계 시작
	1994년	8·11살 대상의 교육 프로그램 제작. 이 교육 프로그램에는 의회에 관한 책과 비디오가 포함되어 있으며, 전국 학교에 배포
	1995년	5월에 의회의 각종 위원회를 완전 녹화 중계 시작 100만 가입자 확보 자유민주당 컨퍼런스를 전체, 무편집으로 최초 생중계

---

9) 두 개 이상의 케이블시스템을 소유·운영하는 케이블 회사. 미국 최초의 MSO는 1965년 2
개의 시스템 Nutler Falls와 Shelburne Falls를 합병하여 탄생시킨 Pioneer Valley Cable-
vision이다. 미국에서는 케이블 텔레비전의 초기에 소규모 가족경영식의 시스템이 많았는데,
차츰 케이블 텔레비전의 보급이 확대됨에 따라 각 시스템의 매수와 통합이 거듭되면서 전국
각지의 케이블 시스템을 소유하는 대형 MSO가 등장하게 되었다

연 도		주 요 내 용
의회전문채널 (TPC)	1996년	전국 모토롤라 청소년 의회 위원회 최초 생중계 매주 일요일 3시간 동안 미국 C-SPAN으로부터 받은 미국의 공공정책에 대한 프로그램 방송 문자방송 개시(채널과 의회에 대한 정보제공) 웹사이트 서비스 개시
	1997년	방송시간 확대, 방송주제 확대 (질의시간 하이라이트, 상업연설, 의회연설, 유럽연합 이슈 등) 웹사이트를 통해 교육채널 제공 10월에 의회 채널의 첫 번째 자체 제작 프로그램 〈Laying Down the Law〉 방송

운영은 1997년까지 다채널 유로 TV사업자인 Flextech 회사가 주 주사를 대신하여 운영하였다. 재원은 케이블TV회사 주주들로부터 의 지원금과 가입자당 이용료(subscription fees)를 받아서 운영된다. 케이블 MSO들은 TPC에 의회채널을 전송하는 권리로 가입자 1명 당 1년에 8월과 9월을 제외하고 총 1파운드를 지불하고 있다.

② 의회방송 방식과 방송조직

영국 하원은 1991년 5월 1일 생방송에 따른 세부사항과 지침을 확정하고, 의회방송 운영위원단이 조직한 의회방송 주식회사(PARBUL) 를 운영주체로 했다.[10] 의회방송 주식회사는 BBC, ITV 등 각 방 송사가 연합하여 공동으로 운영하기 때문에 책임자는 하원과 상원 이 각각 3인씩 추천하고 방송위원회가 1인을 추천하여 모두 7인으 로 구성된 운영위원회가 운영을 담당하며, 위원회의 총책임자는 하 원의장이 지명한다. 의회방송주식회사는 스텝진과 기술진, 방송장 비, 재정 등 모든 것을 총괄하며 회사에 참여한 방송사가 이 모든

---

10) PARBUL(Parliamentary Broadcasting Unit, Ltd.) - 의회방송 운영위원단이 조직한 의회 방송주식회사.

것을 똑같이 분담하도록 되어 있다. 의회방송의 방식은 원칙적으로 케이블TV 형식이지만 어느 방송이든지 원하기만 하면 그대로 생중계를 연결할 수 있도록 되어 있다. 방송시간은 월요일에서 금요일까지는 오전 5:30에서 자정까지이고, 토요일과 일요일은 오전 5:30~오후 6:00까지이다. 연간 36주를 방송했는데, 115시간 동안 정치 프로그램을 방송하였다. 주요 방송 프로그램은 양원의 정기의회 기간 동안 전 회기 의회과정을 모두 무편집으로 중계하였고, 의회 위원회를 모두 녹화중계(정기 의회 기간 중 각각 7번의 주 의회)했으며, 미국과 유럽 정치의 하이라이트와 세 개 주요 정당의 토론회를 무편집으로 중계하기도 했다.

〈표 Ⅱ-10〉 영국의 의회방송

구분	개관	TV 중계 도입 시기	주 방송대상	제작 및 운영 주체	방송채널	운영주체 및 규모	감독기관
영국	BBC(공영방송)와 IBA(민간상업방송)가 공동출자 설립한 방송연합회사(Parliamentary Broadcasting Unit Ltd)가 의회방송의 스텝, 기술, 장비, 재정, 판매 등 모든 것을 총괄 직접운영	지상파방송 1985. 1 (상원) 1988. 2 (하원)	본회의, 위원회	방송연합회사(PARBUL)가 제작, 각 방송사에 제공	BBC (공영) ITN(민방) 등	PARBUL 운영위원회(상·하원 각 3명, 방송사 대표, 의회방송 감독관 등, 위원장은 하원의장이 시명)	방송특별위원회(상·하원)
	법적근거	방영권	생중계 전담 방송	전담 방송운영 형태	중계방송통제감독	의회의 관여 및 통제	비고
	1988년 2월 9일 하원을 통과한 의회방송규정안 (FACT SHEET)	방송사 자율	BBC와 IBA의 합작회사	공영	본회의 위원회	건전방송특별위원회(Select Cttee on Sound Broadcasting)가 각 원의 결의에 따라 지시를 함. 텔레비전 방송은 관례적으로 1985년에 상원에 도입되었음(상원, 하원)	방송사 주도형
	하원은 구체적인 TV중계의 조건 명시						

③ 홈페이지 운영 및 활용 현황

영국 의회방송은 BBC news channel을 통해 Parliament 웹사이트를 제공하고 있다.

상단에는 좌측에 BBC 전세계 뉴스를 메뉴바로 제공하고 있고 중앙에 The BBC Parliament 는 Watch BBC Parliament live on iPlayer를 통해 자체적인 미디어 플레이로(　　　)온라인 생방송을 전달하고 있다. 우측에는 방송 스케줄과 의회사이트를 링크하여 정보를 제공하고 있다.

하단에는 About Parliamentary programmes 소개와 의회정보, 의회뉴스, 정치인들의 블로그를 링크해 놓았다.

영국 의회방송이 BBC 뉴스 채널을 통해 방송되는 만큼 웹사이트의 컨텐츠 분량과 관련 사이트의 하이퍼링크는 엄청난 정보를 담고 있다. 게다가 다양한 플랫폼 예를 들면 휴대폰등과 같은 기기로도 의회가 제공하는 정보를 검색할 있도록 아이콘으로 연결해 놓음으로써 하나의 정보 포털과 방송이 결합한 형태의 웹사이트를 운영하고 있다.

<그림 Ⅱ-4> BBC parliament 홈페이지 메인 화면

http://news.bbc.co.uk/2/hi/programmes/bbc_parliament/default.s

다음 그림은 프로그램과 편성표를 나타내고 있다.

<그림 Ⅱ-5> BBC parliament schedules 화면

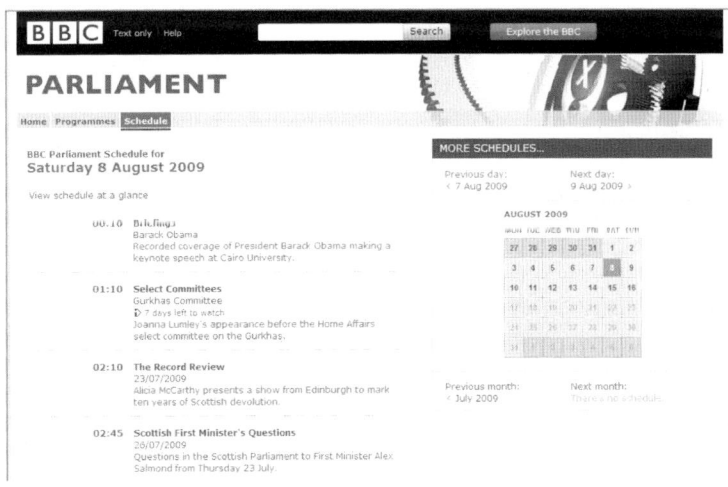

http://www.bbc.co.uk/parliament/programmes/schedules

3) 호 주

(1) 법적제도

① 의회방송 연혁

호주의 의회방송은 1946년 하원에서 라디오방송을 시작한 것으로 시작되었다. 기간공영방송인 호주국립방송(ABC)은 각 지정된 센터에 있는 대도시 라디오방송국에서 의회 의사 진행 과정을 법안에 근거하여 의무적인 방송과 함께 실시했고, 다른 라디오방송도 허가되었다.

호주 의회에 대한 텔레비전의 첫 번째 방송은 의회 의사진행 과정에 대한 방송 법안에 따라 양원의 공동 회기를 방송한 1974년이었고, 1988년 새로운 의사당으로 이전함으로써 의회에 대한 텔레비전 방송이 시작되었다. 그러나 정식으로 의회방송을 하기 시작한 것은 시험방송 기간인 1990년 8월 21일이었다.

〈표 Ⅱ-11〉 호주 의회방송의 주요 연혁

연 도	주 요 내 용
1946년 7월	하원에서 처음으로 라디오방송을 시작
1974년	텔레비전의 첫 번째 방송은 의회 의사진행 과정에 대한 방송법안에 따라 양원의 공동 회기를 방송
1990년 8월	의회 시험방송
1990년 10월	상원 의사진행 과정에 대한 생방송과 재방송 발췌 인가
1991년 10월	하원과 하원위원에 대한 생방송과 발췌 재방송 허가

상원에 대한 첫 번째 방송은 상원에서 승인한 방송국을 위한 가이드라인 아래에서 시험방송 기간인 1990년 8월 21일이었고, 상원

은 1990년 10월 18일에 의사진행 과정에 대한 생방송과 재방송을 위한 발췌 자료에 대해 상설 방송을 인가했다. 하원은 1991년 2월 12일부터 시험적인 조건으로 의회 텔레비전방송을 승인했고, 1991년 10월 16일에는 항구적인 조건으로 하원과 하원위원에 대한 생방송과 발췌 재방송을 허가하기로 결정했다. 또한, 방송국을 위해 시청각 기자재 운영을 위한 가이드라인도 설정하였다.

② 호주의 의회채널(Parliamentary Channel)

호주의 의회채널은 1995년 1월 26일 첫 번째 상업방송국인 Galaxy에서 유료 방송으로 시작되었다. 이에 의회에서는 유료 텔레비전을 통하여 의회방송을 하는 해외 사례에 대해 면밀하게 검토하였다. 캐나다, 영국 및 미국 의회의 위성과 케이블 채널은 호주의 공중파 채널보다 20년간 케이블과 인공위성 네트워크가 폭넓게 개발되었기 때문에 훨씬 앞서 있었다. 이들 나라는 의회채널을 유로로 방송하고 있지 않았다.

그러나 호주에서는 유료방송채널사업자인 Sky News Australia가 케이블 및 위성디지털 플랫폼인 Foxtel Digital을 통하여 2004년 3월부터 의회 전문 채널인 Parliamentary Channel을 시작한 것이다. 의회의 회기 중에 1일 24시간 방송되는 의회채널은 호주의 24시간 뉴스채널인 Sky News Australia 8개 채널 가운데 하나이다.

의회채널은 연방의회의 의회활동과 의사결정과정을 방송하는 채널로 상, 하 양원의 본회의를 생중계할 뿐만 아니라 주요 상임의 활동과 중요정책 전반에 대한 의사결정 과정을 방송한다. 의회채널은 미국 C-SPAN과 영국의 BBC Parliamentary Channel과 같이 공정하고 국제적인 기준으로 방송한다. 연방의회가 방송물의 판권을 가진다. 이 외에도 Sky News Australia와 Foxtel Digital은 선거채널 (Election Channel)도 신설하여 연방의회 선거를 비롯한 주요 선거들을 방송하고 있다.

(2) 운 영

방송은 의사당 모니터링 체제(House Monitorimg System)를 통해 의사당 내에 거주하는 모든 방송국에 공급된다.

양원 의사록에 대한 텔레비전 방송이 허가됐지만 실질적인 방송은 뉴스가치가 있고 관심사가 될 만한 것으로 보이는 자료에 집중하는 경향이 있다. 의사진행 과정의 생방송에 대한 유일한 정규방송은 상원 질의시간에 대한 호주 국영방송에서 내보는 것이다. 하원 질의시간은 매 회기일 저녁 늦게 ABC가 재방송한다. 예산안이나 예산안에 대한 야당 지도자의 반응과 같은 특별한 사건은 일반적으로 최소한 한 방송국에서 생방송한다. ABC는 토요일 저녁에 방송되는 <Order in the House>라는 프로에서 의회의 한 주간의 활동을 요약 방송한다. 다른 의사진행과정에 대한 방송은 뉴스와 시사프로그램을 위해 발췌된 것을 방송한다.

(3) 홈페이지 활용현황

의회 전문 채널인 Parliamentary Channel은 호주에서는 유료방송 채널사업자인 Sky News Australia가 케이블 및 위성디지털 플랫폼에 방송을 하고 있기 때문에 홈페이지 인터페이스에 선거광고라던

가 인신공격 또는 비방 그리고 의회채널 자체의 상업광고를 금지
하고 있다는 문구를 제시하고 있다. 호주의회 홈페이지에는 생방송
의회채널을 메뉴바로 상단에 제공하고 있다. 의회채널에 제공되는 프
로그램은 의정 중계와 관련된 것으로 각각 고화질(Play High Quality
Video), 저화질 (Play Low Quality Video), 음성방송(Play Audio Only)
등 3가지 형태이다. 각 프로그램은 위원회나 의정중계 타이틀 그
리고 방송시간등을 상세한 제목 소개롤 제공하고 있다.

〈그림 Ⅱ-6〉 호주 의회 홈페이지 메인 화면

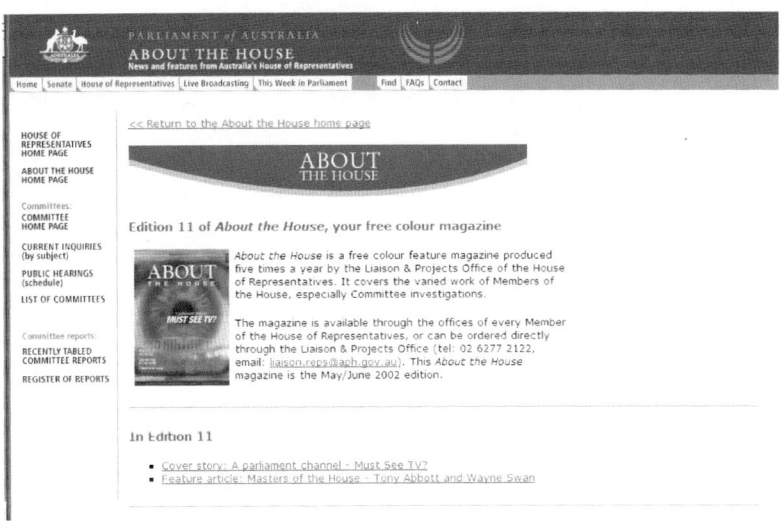

http://www.aph.gov.au/house/house_news/magazine/ATH_may_june_02.htm

호주 의회채널 방송은 뉴스채널인 sky news oneline에서 의회방
송을 메뉴바를 통해 블로그, 맞춤형 정보제공, 생방송을 검색해 볼
수 있도록 링크하고 있다. sky news oneline 웹사이트는 동영상이나

사진 그리고 그래픽 자료보다는 텍스트 위주로 매우 단순한 디자인을 하고 있다. 가장 큰 특성은 구글 검색 창을 통해 의회채널 검색이 가능하도록 sky news oneline에 메뉴바를 활성화하고 있다는 것이다.

〈그림 Ⅱ-7〉 sky news oneline 메인 화면

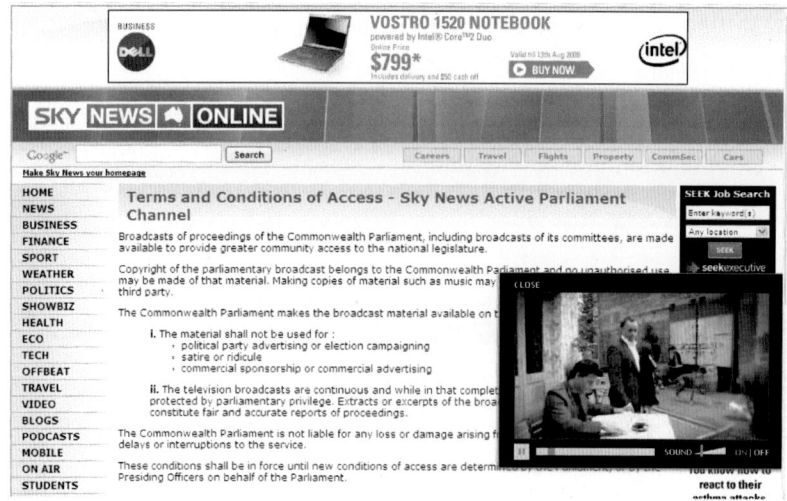

http://www.skynews.com.au/disclaimer/parliamentary.aspx

4) 캐나다

(1) 법적제도

① 의회방송 연혁

캐나다 의회는 1977년 2월 하원에서 본회의와 위원회의 의사진행 과정에 대해 라디오 및 텔레비전 중계방송을 허용한다는 내용

의 결의안을 채택하였다. 이에 따라 라디오, TV 및 케이블TV로 구성되는 캐나다 방송제도 전반과 공중을 위한 전기통신사업을 규제, 감독하는 캐나다 방송위원회(CRTC: The Canadian RadioTV and TeleCommunications Commission)는 케이블TV를 통해서 특별 프로그램에 해당하는 하원 입법 활동을 방송하도록 허용하였다. 이때 케이블TV에 제공된 자료는 의사진행 내용을 담은 비디오테이프 형태이다.

1977년 3월 캐나다 방송협회(CBC: Canadian Broadcasting Corporation)는 15개 대도시에 하원 의사 회동을 TV로 생중계하기로 하였고, CRTC는 임시 네트워크 형성을 인가했다. 이러한 인가가 독점적인 것은 아니었지만 1979년부터 CBC가 주체가 되어 의사방영을 하는 한편 위성통신을 통해 케이블TV 네트워크에 배급해 오고 있다. 물론 CBC도 일부 흥미 있는 내용을 발췌하여 방송하고 있는데, 이러한 중계방송이 의회를 홍보하는 데 기여한다고 판단한 주 의회에서도 1987년도부터 텔레비전 중계를 시작했다(이승훈, 1990).

한편, CBC는 공공현안 문제에 관한 프로그램을 24시간 종일 방송하는 전국의 유일한 채널이다(김난선, 2001). 하원 내에 텔레비전 원내방송국을 설치하여 촬영한 자료를 방영할 수 있는 면허를 획득한 네트워크인 CBC에 자료를 공급하기 때문에 하원은 사전에 방송을 규제하지는 않는다. 하원 내 방송국의 카메라에 대한 감독, 운영권은 하원의장이 가지고 있으며, 하원은 하원 텔레비전 및 라디오 방송특별위원회를 설치하여 의사활동의 생중계 운영방식을 보다 합리적으로 개선하고 있다. 일반적으로 중계방송 관련 규정은 의사제도, 원내 의사의 특성, 자국 내 다양한 정치적 이해관계 등을 고려하여 제정된다. 캐나다는 의원들의 원내 발언에 대해 면책특권을 부여하고 보도관계자를 법적으로 보호하고 있다. 캐나다는 비교적 일찍부터 케이블TV에 많은 관심을 기울인 결과, 케이블TV의 보급과 발전이 빨리 이루어졌다. 수년 전부터 케이블TV를 통해 캐나다 연방의회의 활동을 하루 2~3시간씩 정기적으로 방송하고 있다.

〈표 Ⅱ-12〉 캐나다 의회방송의 주요 연혁

연 도	주 요 내 용
1977년 2월	하원 의사진행 과정 라디오와 텔레비전 중계방송 허용 결의안 채택
1977년 3월	캐나다 방송협회(CBC)는 15개 대도시에 하원의사회 TV로 생중계
1979년	CBC가 주체가 되어 의사방영, 위성통신을 통해 케이블TV 방송
1986년	케이블 의회방송 협회(CPC: Cable Parliamentary Channel)설립
1987년	주 의회 텔레비전 중계 시작
1988년	전문 의회채널에서 CPAC 설립을 CBC와 케이블업계 합의
1990년	여야 CPAC 설립 합의
1992년	30개 케이블 컨소시엄 형태의 의회방송채널(CPC) 출범
1993년 9월	CPAC에게 단기 시험방송 면허발급
1995년 1월	CPAC 7년간 국회방송권 재교부, 국회의장과 국회회기 일정의 생방송과 재방송 합의, 비회기 시에는 공공연설, 입법과정 방송
1996년 10월	Cable Public Affairs Channel로 명칭변경(공공현안 방송 위함)
2002년	7년간 방송면허 갱신, 케이블과 위성방송에 2개 국어로 방송

하원은 의사활동 생중계를 위해서 원내방송국을 자체 관리하고 있는데, 한 세트의 TV카메라만 사용한다. CBC는 하원 원내방송국으로부터 자료를 공급받아 네트워크 면허가 있는 CBC 방송망, 가맹방송국, 조합방송국으로 보내며 CBC 위성 네트워크에 가입한 케이블 방송사로 보낸다. 의사활동 생중계는 CBC에 독점 권한을 부여한 것이 아니며 유선방송단체연합(CNC)에도 네트워크 면허를 허

가하고 있다. 한편 1996년에는 캐나다 의회방송채널을 Cable Public Affairs Channel로 명칭을 변경하였다.

(2) 운 영

① 케이블 의회방송채널(CPAC)

케이블 의회방송채널(CPAC)은 25개의 방송사가 참가하여 1992년 2월 설립한 협회이며, 캐나다 하원에서 제작한 의사진행 화면을 인공위성을 통해 지역 케이블 방송사에 공급하고 있다.

공공현안 프로그램을 24시간 편성하고 있는데, 98%가 캐나다와 관련한 내용이며, 3개의 오디오 채널을 통해 3개 국어인 영어와 프랑스어 그리고 방송되는 지역 언어로 방송되고 있다. CPAC의 재원은 케이블 업계로부터 연 5백만 달러 이상의 운영 자금을 지원받으며 가입자 추가부담은 없다. CPAC의 이사회는 케이블 TV 회사의 대표들로 구성되며 네트워크 전반에 대해서만 가이드하고 실제방송 및 편집권은 직원들에게 있다. 40명의 상주 직원이 수도인 오타와에 있고 전국 주요 도시에 프리랜서들이 활동하고 있다. CPAC는 3원 체제의 방송으로 제작은 전적으로 하원이 관장하고 송출은 CPAC에서 방송은 지역케이블사가 하는 방식이다. 즉 하원에서 독점 제작한 의사진행 화면을 제공받아 위성을 통해 각 지역 케이블에 공급하고 있다.

② CPAC의 편성방향

CPAC의 프로그램은 캐나다 국민의 이익에 관련되는 공공 정책과 정치 및 의회에 대한 기본적인 지식을 일반 시민에게 제공하기 위해 제작, 편성된다. CPAC는 편성에 있어서 주제별로 균형을 맞출 것과 다양한 목소리를 담을 것 그리고 모든 참가자들이 자신의 주장을 전할 수 있도록 기회를 제공할 것과 설명을 요구하기보다는 정확한 정보를 제공할 것과 같은 편성정책으로 다음과 같은 편성원칙을 가지고 있다.

가. 주요 의제의 보도에 있어 균형유지

나. 지역적으로 다양한 의견의 추구

다.모든 참가자들이 그들의 의견을 표현할 수 있는 기회의 제공

라. 논쟁을 만들기보다는 정보의 전달에 초점을 두므로 논설 없음.

〈표 Ⅱ-13〉 CPAC의 편성원칙

CPAC는 하원에서 진행하는 회의의 전 과정은 물론 하원과 상원이 CPAC에 제공하는 자료를 모두 (편집하지 않고) 생방송한다.
CPAC는 공급하는 어떤 프로그램에서도 방송국 자체의 입장을 나타내지 않는다.
CPAC는 다양한 관점을 균형감 있게 보도한다. 특히 캐나다의 여러 지역에 거주하는 캐나다 국민의 다양한 관점을 방송한다.
CPAC는 편성에 있어서 캐나다가 2개 국어를 사용하는 나라라는 점을 반영해야 한다. (모든 프로그램은 영어와 프랑스어, 2개 국어로 제작되어야 한다)
CPAC의 편성에는 어떤 광고물도 포함되어서는 안 된다.

※출처: 『국회방송 전문채널의 운영방안에 관한 연구』, 21세기 방송연구소, 2004.

③ CPAC의 주요 프로그램 내용

프로그램의 종류는 크게 세 가지로 나눠진다. 의회관련 프로그램, 정치관련 프로그램, 공공관련 프로그램 등이다. CPAC의 의회관련 프로그램은 캐나다의 의회 내의 가장 중요한 순간들을 연속 생방송으로 제작 편성하고 있다. 일일 프로그램인 질의시간(Question Period)에서부터 하원에서의 토론과 투표, 하원 및 상원 위원회와

조사에 관한 프로그램을 제작한다. 질의시간은 각 정당의 지도자들, 비평가, 하원의원들로부터 질문을 받는 시간이고, 하원의 위원회에서(Committee from the House of Commons)와 상원의 위원회에서(Committee from the Senate of Canada)라는 프로그램은 수상과 장관의 조언에 따라 38회 의회가 해산하던 2005년 11월 29일 발표된 성명서에 의해 제작된 프로그램으로 하원 및 상원이 열리는 회기 중에 방송된다.

정치관련 프로그램인 프라임타임 정치(Prime Time Politics)는 인터뷰와 분석을 통해 최근 정치 사회적 이슈를 소개하는 프로그램으로 주요 연설, 뉴스 회담 등을 편집하지 않고 방송 내용 전체를 제공하며 여러 인사와의 인터뷰를 방송한다. 프라임타임 폴리틱 위크엔드(Prime Time Politics Weekend)는 한 주간의 주요 정치 이슈들을 다시 훑어보는 프로그램이다. 레뷔 폴리틱(Revue Politics)은 최고의 게스트와 함께 그들의 솔직한 이야기를 들어 보는 프로그램으로 시청자들에게 정치에 대한 흥미와 관심을 유도하고 있다.

〈표 Ⅱ-14〉 CPAC의 주요 프로그램

주요 프로 그램	프로그램 명	프로그램 내용
의회관련 프로그램	Question Period	각 정당지도자들, 비평가, 하원 의원들로부터 질문을 받는 시간
	House of Commons Debates	의회에서 벌어지는 토론에 대하여 생방송으로 전달하는 프 로그램
	상원의 위원회에서	중요한 공공정책이 만들어지고 개발되는 상원, 하원 그리고 입법 위원회에 관한 프로그램
정치관련 프로그램	Prime Time Politics	인터뷰와 분석을 통해 최근 정치 사회적 이슈를 소개하는 프로그램
	Revue Politics	최고의 게스트들과 함께 그들의 솔직한 이야기를 들어 보는 재미있는 정치이야기
	Prime Time Politics Weekend	한 주간의 주요 정치 이슈들을 다시 훑어보는 프로그램
	Talk Politics	본격 정치 프로그램
	골드호크 라이브	진행자인 골드호크가 정치 주요 인사들과 직접 연결, 인터뷰 하는 프로그램
	아웃버스트	주요 정치 현안에 대해 시민들의 다양한 의견을 거리 인터 뷰하는 프로그램
	데토네이션	시민들에게 주요 현안에 대한 찬반 의견을 물어 보는 직격 인터뷰 프로그램
	CPAC 스페셜	캐나다 의회 관련 CPAC의 특집 프로그램
공공관련 프로그램	The Public Record	공공이익과 관련이 있는 패널 토론, 공공회의 등의 전 과정 을 중계
	A Public Life	공공사업에 헌신하고 있는 사람들을 취재하여 그들의 열정 이나 가치관 등을 살펴보는 프로그램
	Jurisprudence	캐나다의 중요한 법체계를 살펴볼 수 있는 프로그램으로 대 법원의 중요한 사건에 대한 중계 프로그램
	Focus	캐나다 국민에게 가장 중요한 문제들에 대한 심층 취재 다 큐멘터리 시리즈
	Podium	캐나다의 뉴스메이커, 재계 지도자, 사회 주요 인사들의 연설 을 통해 주요 현안에 대한 다양한 관점을 소개하는 프로그램
	The Prime Ministers	역대 캐나다 수상들의 개인적인 면을 들여다보고 그들의 꿈 과 가치, 생각을 발견하게 해 주는 프로그램
	Public Life	주인공이 말하는 공공생활에서의 삶의 가치, 원동력, 송공계 기를 들어보는 프로그램
	World Showcase	지구촌 곳곳에서 일어나는 정치 사회적 사건을 소개하는 프 로그램
	British Prime Minister's Question Time	영국 하원의 영국 수상의 질문 답변모습 중계

이상에서 살펴본 바와 같이 캐나다의 의회채널은 캐나다 하원의 의사진행 장면을 하원에서 제공받아 인공위성을 통해 각 지역 케이블사에 공급하고 있는데, 재원이 케이블 협회에서 공동 부담하는 특징을 가지고 있어서 공공정책을 세우는 기관과 의결 과정 그리고 프로그램 방송을 할 때 편파적이지 않고 다양하게 보도한다는 것을 중요시하고 있다.

〈표 Ⅱ-15〉 캐나다의 의회방송

구분	개관	TV중계 도입 시기	주 방송대상	제작 및 운영주체	방송 채널	운영주체 및 규모	감독 기관
캐나다	TV중계방송의 제작은 하원원내 방송국이 담당 대외방송은 CPAC(Cable Parliamentary Channel)가, 방영은 지역케이블 방송사가 담당 *92. 6월 이전에는 국영방송사인 CBC가 담당	의회자체 방송 1977.3 (하원)	본회의, 위원회	의회하원 원내 방송 국 제작	CPAC가 수신한 영상을 각 지역케이블 방송사에 공급	하원내방송 국이 운영 정규직: 41명 임시직: 10명	하원 의장 (TV 및 라디오 방송특별위원회 위원장)
	법적근거	방영권	생중계 전담방송	전담방송 운영형태	중계방송통 제감독	의회의 관여 및 통제	비고
	중계방송관련규정은 의사제도, 원내의사의 특성, 자국 내 다양한 정치적 이해관계 등을 고려하여 제정 하원은 사전방송 규제 없음	CRTC로부터 면허를 얻은 방송사 자율	CBS	공영	본회의 위원회	하원방송실이 공문서보관자료 규정을 포함한 책임 (상원, 하원)	의회 주도형

(3) CPAC의 프로그램 유형별 편성비율

미국과 마찬가지로 캐나다 역시 의회가 개원 중이던 2006년 4월의 둘째 주 일주일 동안 방영된 프로그램을 분석하였다. 프로그램을 의회중계, 뉴스, 공무, 정치, 교육의 5가지 유형으로 구분하였다. 의회중계 프로그램은 상·하원의 본회의와 상임위원회를 중계하는 프로그램이며, 뉴스프로그램은 전통적 뉴스 프로그램과 해설,

논평 프로그램을 가리킨다. 공무 프로그램은 세미나, 심포지엄, 토론회 등의 중계 프로그램을 말하며, 정치 프로그램은 정치인이나 후보자에 대한 프로그램, 교육 프로그램은 문화, 예술, 다큐멘터리 등의 프로그램이 포함된다.

〈표 Ⅱ-16〉 CPAC의 프로그램 유형별 편성비율

구분	CPAC	
	편성시간(%)	프로그램수
의회중계프로그램	23.1	2
뉴스프로그램	19.8	3
공무프로그램	47.7	12
정치프로그램	9.4	2
교육프로그램	-	0
계	100.0	19

CPAC는 19편의 프로그램 가운데 공무 프로그램이 12편으로 전체의 63.2%를 차지했다. 다음으로 뉴스 프로그램이 3편이었으며, 의회중계 프로그램은 정치 프로그램과 함께 각각 2편씩 편성되어 있었다. 편성시간으로 공무 프로그램이 47.7%로 가장 높은 비율을 차지하고 있었으며, 2편의 의회중계 프로그램이 시간으로 23.1%를 차지했다. 다음으로는 뉴스 프로그램이 19.8%, 정치 프로그램이 9.4%를 차지하는 것으로 나타났다. 또한 의회중계 관련 프로그램 중 의사중계 비율이 가장 높게 나타났다. 뉴스 프로그램은 인터뷰와 분석을 통해 정치 사회적 이슈까지 포괄하는 등 보다 심층보도에 주력하고 있는 것으로 나타났다. CPAC의 정치 프로그램은 최고의 정치게스트들과 최근의 정치 이슈에 대해 분석하는 프로그램

이 편성되었다.

(4) 홈페이지 운영 및 활용 현황

CPAC의 홈페이지는 가장 큰 특징은 캐나다가 2개 국어를 사용하는 나라라는 점을 프로그램 제작에 반영하여 영어와 프랑스어로 제작되어 있어서 이용자의 기호에 맞게 언어를 설정하여 활용할 수 있다는 점이다. 홈페이지는 4개의 행렬로 구분되어 있는데 먼저, 좌측에는 메뉴바를 배치하여 CPAC 뉴스, 비디오 온 디맨드, 스케줄등 홈페이지 맵을 제공하고 있다. 다음 행에서는 오늘의 CPAC 라는 뉴스를 제공하는 프로그램을 사진과 함께 소개하고 있고 우측에 실시간으로 방송되는 화면이 보인다. 실시간 방송도 마찬가지로 영어와 프랑스어 두 가지 언어와 고화질 저화질등의 버전으로 제공되고 있다.

CPAC를 시작 홈페이지로 설정하는 메뉴가 있으며, 특히 자체 제작한 프로그램(테이프)을 원하는 사람들에게 판매하고 있는데 방영된 지 3개월 이상 된 오래된 프로그램도 이메일이나 전화로 주문할 수 있다. 비디오 온디맨드로 제공되는 판매는 스크롤 바를 활용하여 쉽게 프로그램을 찾을 수 있도록 편의성을 제공하고 있다.

〈그림 Ⅱ-8〉 CPAC 홈페이지 메인화면

http://www.cpac.ca/forms/index.asp?dsp=template&act=view3&template_id=46&lang=e

CPAC는 C-SPAN과 마찬가지로 모든 캐나다 학교 교실의 교육
자료로 CPAC IN THE CLASSROOM의 모든 자료를 교육자가 교
단에서 캐나다의 정치와 정부에 대해 가르칠 수 있게 제공하고 있
다. 그리고 선거에 대해 가르치거나 정치와 관련한 숙제를 도와주
는 다양한 자료들이 제공되고 있다.

<그림 Ⅱ-9> CPAC IN THE CLASSROOM

http://www.cpac.ca/forms/index.asp?dsp=template&act=view3&section_id=192&template_id=192&lang=e

즉 CPAC는 아카이브를 통하여 다양한 공공 사건 프로그램을 비상업적으로 저작권을 명료하게 밝히는 조건에서 교실에서 활용할 수 있도록 학교 선생님에게 제공하고 있다. 그리고 링크를 통해 캐나다 정부와 의회, 정당, 국제기구와 온라인 백과사전 등을 링크하여 자료로 활용할 수 있게 하고 있다.

특히 홈페이지에 정치인들과 관련되는 퀴즈(CPAC Quizzes)와 퍼즐(Crossword Puzzles)을 풀어 볼 수 있는 프로그램이 있어 학생들이 정치적으로 중요 인물에 대해 쉽고 재미있게 정보를 습득하는 데 도움을 준다.

이렇게 CPAC는 홈페이지를 통해서도 캐나다의 정치 전문채널로서의 역할을 다하며, 캐나다 국민들에게 정치 및 공영 부분에서 최고의 프로그램을 제공하는 데 주력하고 있다.

〈그림 Ⅱ-10〉 CPAC Quizzes

http://www.cpac.ca/forms/index.asp?dsp=template&act=view3&section_id=192&template_id=1070&lang=e

〈그림 Ⅱ-11〉 Crossword Puzzles

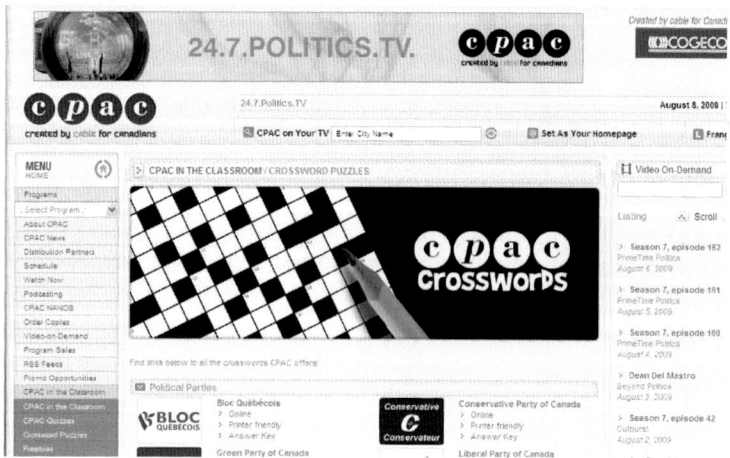

http://www.cpac.ca/forms/index.asp?dsp=template&act=view3&section_id=192&template_id=1071&lang=e

5) 프랑스

(1) 법적 규제

프랑스는 하원 본회의를 텔레비전으로 생중계 방송할 수 있도록 국회법에 허용하고 있다. 그러나 국회사무처는 텔레비전 중계 시행규칙을 별도로 만들어 매주 수요일 정례적으로 공영 3TV(FR3)만이 생중계 방송을 할 수 있도록 규정하고 있고, 기타 중요 안건을 다루는 본회의는 FR3가 국회사무처의 승인을 얻어 중계방송 할 수 있도록 규정하고 있다. 따라서 상임위원회나 특별위원회 등의 생중계는 국회법에서 허용하고 있지 않다.

프랑스 TV의 국회중계 규정은 국회법에 본회의를 생중계할 수 있다는 큰 원칙만 정해 놓고, 언제 얼마만큼 어느 채널로 중계를 하느냐 하는 문제는 국회사무처의 시행규칙으로 언제든지 융통성 있게 조정할 수 있도록 해 놓고 있다. 프랑스 국회법이 본회의만을 생중계하도록 규정한 것은 시청자들에게 알 권리를 충족시키기 위한 방법이다. 중요한 정책문제는 대체로 본회의에서 취급하고, 상임위원회나 특별위원회의 경우는 사안이 구체적일 뿐만 아니라 특별한 정책분야에 대한 세부적인 토의이기 때문에 전 국민에게 일반적인 관심사항이 될 수 없다는 판단에 따라 상임위원회의 활동상황은 텔레비전 기자들이 취재해서 정규뉴스 시간에 방송하고 있다.

(2) 운 영

① 의회방송 연혁

프랑스 의회TV 중계방송은 50년대 이후 주로 공영방송사 주도 하의 풀(pool)제 형식으로 방송되다가 1981년부터 공영방송 채널인 FR3에 이해 정기적으로 방송되고 있다(국회사무처, 2004).

1951년 프랑스 국영 라디오 텔레비전 방송기구(OIRT: Organismes International de Radiodiffusion et Television)가 생겼을 때 처음 국회 법에 하원 본회의 텔레비전 중계방송 허용 범위와 방법이 명시되 었었는데, 1971년 OIRT가 해체되면서 각 방송사, 제작사, 기술사, 시청각 자료사가 독립하게 되자, 국회법은 원래 골격을 유지하면서 다시 개정되어 국회중계 방송사를 전국 네트워크를 가진 1개사로 제한하는 조치를 취하게 되었다.

프랑스 의회는 일반 방송사 중계제도 외에 자체 방송 시스템도 가지고 있는데, 1992년 1월에는 국회TV방송 체제로 전환시켰고, 1992년 4월부터는 하원 본회의장과 부속건물에 있는 회의장을 6대 의 카메라로 원격조정 시스템으로 중계방송하고 있다.

〈표 Ⅱ-17〉 프랑스 의회방송의 주요 연혁

연 도	주 요 내 용
1951년	프랑스 국영 라디오 텔레비전 방송기구(OIRT)가 생겼을 때 국회법에 중계방 송 허용범위와 방법이 명시
1971년	국회중계 방송사를 전국 네트워크를 가진 1개사로 제한
1981년 11월	국회의장 국회 생방송 허가
1992년 1월	국회TV방송 체제로 전환
1994년 2월	자체방송 시스템으로 의사진행 녹화, 기록

② 프랑스 상원방송국(Public Sénat)

프랑스에는 현재 6개 채널이 있는데 제2채널인 Antenne2와 제3채널인 FR3만이 공영방송이다. FR3에게 국회 본회의 생중계권을 허용한 이유는 우선 전국방송망을 가진 공영TV방송이고, 각 지역 구민에게 가장 가까운 지역방송사이며, 광고방송에 크게 의존하지 않는 방송사이기 때문이다.

프랑스의 경우에는 두 종류의 국회 생방송이 있다. 하나는 하원 본회의 대정부 질문 중계방송인데 매주 수요일 오후 3시부터 4시 40분까지 100분 동안 본회의가 중계된다. 그리고 상원은 한 달에 한 번 중계되는데 목요일 오후 3시부터 4시 40분까지 역시 100분 중계된다. 또 하나는 국회사무처의 허가에 의해서만 가능한 중계방송인데 정부가 국회에 신임을 묻는다든지 혹은 국회의 대정부 탄핵안이 있을 경우에 한한다.

국회방송은 특별히 생방송을 해야 한다는 규정이 있었던 것이 아님에도 불구하고 철저히 생방송으로 방송되고 녹화중계나 편집 방송을 하지 않는다. 아주 드물게 회의의 주제가 매우 중요하거나 국민들의 커다란 관심을 끄는 경우에 녹화방송을 한다. 물론 국회를 생중계 방송했을 경우 엄청난 국고수입의 손실을 각오해야 하고, 국민들의 정치적 무관심으로 인해 프랑스의 TV방송사들은 국회의 생중계 방송을 자주하지는 않고 있다.

그러다가 무려 7년이라는 기간의 심사숙고 끝에 하원 채널과 상원 채널로 분리된 두 개의 독립적인 의회채널이 탄생했다.

즉 마침내 LCP - AN(La Chaine parlementaire - Assembl e nationale)이라는 명칭의 하원 채널과 Public Sénat라는 상원 채널이 공식적

국회 채널로 인가되었다. 그러나 채널 경영, 방송 내용의 일관성 등에서 문제가 큰 상·하원 이중 방송으로 인한 문제가 많다. 먼저 프랑스 정부는 하원 국회 채널의 사장에 이방 르바이(Ivan LEVA)를, 상원 국회 채널의 사장으로 장 피에르 엘카뱌슈(Jean – Pierre Elkabbach)를 각각 임명해야만 했다. 중복된 임무를 수행할 두 채널의 지출과 관련된 재정적 낭비도 상당했다.

국회 채널에 대해 제기되는 문제점은 이뿐만이 아니다. 새로운 국회 채널이 무료 헤르츠 방송에서 방영되지 않고, 케이블 방송을 비롯하여 TPS와 Canal Satellite 두 개의 직접위성 다발 방송을 통해 방송된다. 공영 텔레비전 방송사의 채널인 France3이 오후 방송 시간을 국회 토론 중계에 할애하고 있기는 하지만, 유료 방송을 통해서만 접할 수 있다는 점에서 많은 문제점을 안고 있다.

국회 방송은 주로 생방송으로 이루어지는 토론 중계방송과 법안 위원회의 업무에 대한 중계방송으로 구성하되, 두 채널의 개별성을 염두에 둔 방송을 추구하고 있다.

하원 채널은 국내외 정세를 소개할 두 편의 보도 프로그램과 공개 상영(Projection publique)이란 이름으로 영화나 다큐멘터리를 주제로 토론을 벌이는 토론 매거진을 비롯하여, 국회의원 인물 탐구 프로그램, 금지 없음(Sans interdit)이라는 정치 프로그램, 시민의 의문을 풀어 주는 응답권(Droit der ponse)이란 제목의 프로그램 등을 편성하고 있다.

비록 두 개의 채널로 갈라지긴 했으나 국회 방송이 추구하는 목적에 있어서만은 상원과 하원 모두 같은 의견을 공유하고 있다. 상원과 하원은 공히, '각종 국정 일과를 통해, 정치가와 정치를 구분하고 정략과 정치를 분별하는 데 기여함과 동시에, 국회의 역할을 올바로 인식시킴으로써 국회 위상의 재정립에 기여하는 시민의 정보 공간을 마련한다'는 국회 채널의 지향목표를 가지고 있다.

구체적으로 두 개의 채널을 살펴보면 다음과 같다.

프랑스 상원방송국(Public Sénat)은 1999년 12월 30일 법안 통과로 의회방송 설립근거를 마련했고, 2000년 4월25일 상원방송 Public Sénat가 출범했다.

프랑스 하원방송과 채널을 각 12시간씩 공공 사용하고 있어서 실제로 2개의 주식회사가 1개의 채널을 구성하는 것과 같다. 상원과 하원방송은 각각 상·하원이 100% 지분을 소유하며 재원은 국가예산으로 충당하고 있다.

하지만 상원방송은 편성내용과 제작에 관해 독립성과 정치적 중립성을 법적으로 보장받고 있다.

연간예산은 2004년도에 780만 유료(약 100억 원)였고, 2005년도에는 1020만 유로(약 130억 원)였다. 2005년 현황을 보면 인원은 보도제작을 포함해 40여 명으로 구성되어 있고, 편성은 12시간 중 생방송(의사중계방송 포함)과 녹화 또는 다큐물의 방송이 2대1의 비율(비회기 시에는 생방송 비중이 다소 낮아짐)이다. 송출은 케이블 TV와 위성 카날 플러스를 통해 400만 시청가구에 전송되며 2005년 3월 31일부터 디지털 지상파방송이 시작되어 의무전송(Must Carry) 채널로 편입되어 있다.

의회의 의사중계는 상원과 하원의 Communication Center(의회 방송과 별개의 조직)가 전담하며 의회방송은 이를 받아 전송하도록 하고 있다.

편성원칙은 3D, 즉 실황(Direct), 토론(Debate), 다큐멘터리(Documentary)라는 원칙을 가지고 프로그램을 제작하고 있다.

실황중계는 중앙의회 및 지방의회를 비롯해 유럽의회까지 폭넓게 다루며 생방송 또는 녹화방송으로 진행된다. 토론 프로그램은 각종 세미나, 심포지엄 이외 사회자가 등장하는 매거진식으로 진행된다. 다큐 프로그램은 정치, 역사, 교육 등 제반 문제에 대해 사회적 사건이나 인물들을 소재로 구성된다.

③ 프랑스 하원의회방송(LCP)

프랑스 하원의회방송은 1999년 12월 30일 법안통과로 설립근거를 마련했고, 2000년 3월 21일 하원방송이 개시되었다. 2001년 7월 17일에는 의무전송 채널로 확정되었다. 의회방송의 설립취지는 국민에게 의회활동을 제대로 알리고 국민에게 의회 민주주의를 교육시키고자 함이었다.

연간예산은 2004년도에 700만 유로(약 90억 원)였고, 2005년도에는 938만 유로(약 120억 원)였다. 제작인원은 총 45명(기자 17명, PD 16명, 편성 5명, 행정 7명)이며, 편성은 상원방송과 같이 일일 24시간 중 12시간 편성하고 있다. 편성비율은 의사중계 29%, 보도 16%, 토론회, 세미나 등 38%, 다큐멘터리 11% 정도이다.

편성원칙은 편성의 정치적 독립성 및 균형성을 바탕으로 5개 정당의 의석비율을 감안하여 적절히 형평성을 유지하고 있다. 예컨대 하원방송 이사회는 극우 집권당, 중도우파, 사회당 공산당 및 이사장인 국회부의장(집권당 측) 등 5인으로 구성되어 있다.

<표 Ⅱ-18> 프랑스의 의회방송

구분	개관	TV중계 도입 시기	주 방송대상	제작 및 운영 주체	방송 채널	운영주체 및 규모	감독 기관
프랑스	의회TV 중계방송은 국회방송(CATV)이 송출하던가 국회방송이 제작한 영상물을 무상으로 각 방송사에 제공하는 경우가 있으며 이와는 별도로 공영방송(민영포함)도 국회에 출입하여 직접 의사중계.	의회자체방송 1992. 4(하원) 1994. 2(상원) 지상파 방송 1981. 9(하원, 상원)	본 회 의 . 위원회	의회방송 : 국회방송 담당. 지상파 방송 - 공영 방송 FR3	국회방송 : CATV 지상파 방송 - 공영방송FR3 채널 이용	의회방송 공보국 소속 요원 지상파방송 - 공영방송인 FR3가 전담 (국회중계팀 15명)	사무처 공보국, 의장단의 위임을 받은 자에 의한 통제

구분	법적 근거	방영권	생중계 전담방송	전담 방송 운영 형태	중계방송 통제감독	의회의 관여 및 통제	비고
	국회법이 본회의만을 생중계하도록 규정 / 시청자들에게 중요한 국사를 알릴 필요가 있다고 판단	방송사 자율	FR3	공영	본회의	이사회가 의사절차의 방송을 승인함. 이사회는 방송을 직접 감독하지 않고 정부와 다수당, 소수당에 동등한 시간이 배정되도록 하는 데 있음. 회의장의 TV방송을 위해선 의장의 승인이 필요함 (상원, 국민의회)	방송사주도형

송출은 송출센터 아웃소싱으로 꼬냐제이 이마쥬라는 회사에서 전담하고 있으며, 기존에는 위성은 까날 플러스(35번), TPS(61번) 케이블 등 프랑스 텔레콤(55번), 뉴스(24번) 등을 통해 전송됐으나 디지털화가 진행됨에 따라 지상파 디지털TV(TNT) 채널 13번으로 송출되고 있다. 현재 가시청 가구는 400~450만 가구이며, 2008년까지 2100만 가구에 이를 것으로 전망되고 있다.

(3) 홈페이지 운영 및 활용 현황

프랑스 의회방송인 Public Sénat는 화면 중앙에 토론에 관한 프로그램을 생방송으로 보여주고 있다는 점이 가장 큰 특징이며, 홈페이지를 매거진 형식으로 구성하고 있다.

홈페이지 중간부분은 크게 3부분으로 나누어 매거진형식의 교양 프로그램과 다큐멘터리를 60분물 비디오로 제공하고 있다.

하단에는 주간 편성표를 큰 글씨와 작은 글씨로 나누어서 제공하고 있다. 이런 점은 고령화가 진행되고 있는 우리나라에서 시각이 약화되고 있는 노령층이나 일반인에게도 보다 시각적인 접근성을 높혀주는 방법으로 시사하는 바가 있다.

〈그림 Ⅱ-12〉 Public Sénat 메인화면

http://www.publicsenat.fr/

6) 독 일

(1) 법적 규제

ARD와 ZDF의 행사 중계 및 기록물을 위한 전문채널(Der Ereignis
-und Dokumentationskanal von ARD und ZDF)인 Phoenix의 법적
근거는 ARD와 ZDF에 추가로 두 개의 전문채널 신설을 허용하고
있는 제3차 개정국가방송협정이다. 주 총리들은 뉴스채널이 아닌
채널 구상에 관여한 모든 방송사의 방송위원회가 동의를 할 경우
에 한해서 승인된 예산 사용을 허용하겠다고 결의했다. ZDF의 텔
레비전위원회는 1997년 9월 ARD/WDR과 ZDF가 매년 교대로 경
영권을 갖는다는 기본 구도로 사건 및 다큐멘터리 채널의 구상에
합의를 보았고, 채널의 공식 명칭을 '피닉스: 사건 및 다큐멘터리'
채널(Phenix: Ereignis und Dokumentationskanal)로 결정했다.

(2) 운 영

① 의회방송 연혁

ARD와 ZDF의 공동 텔레비전 채널인 Phoenix는 순수한 정보채
널로 1997년 4월부터 방송되었고, ZDF의 텔레비전위원회는 1997
년 9월 ARD와 ZDF가 공동으로 추진 중인 사건 및 다큐멘터리 채
널로 승인했다.

2005년 5월 21일 독일 방송 및 의회정치 사상 최초로 의회 청
문회가 생중계되었다. 정치시민교육 전문 공영방송인 Phoenix는 요

시카 피셔 독일 외무장관 겸 부총리의 비자 발급 정책 문제점에 관한 연방하원 조사위원회의 청문회를 오전 9시부터 밤 11시까지 14시간 동안 연속 실황 중계했다. Phoenix의 생방송 중계는 1.6%의 시청률을 기록했으며 23만 명이 시청한 것으로 알려졌다.

〈표 Ⅱ-19〉 독일 의회방송의 주요 연혁

연 도	주 요 내 용
1997년 9월	ARD와 ZDF가 공동으로 사건 및 다큐멘터리 채널 승인
2005년 5월 21일	독일 방송 및 의회정치 사상 최초로 의회 청문회가 생중계

② 편성내용

ARD와 ZDF의 공동 텔레비전 채널인 Phoenix는 1997년 4월부터 방송을 개시한 이래 첫 4주간 동안 의회의 논쟁에서부터 회의, 강연, 심포지엄, 기자회견, 판결문 공표에 이르기까지 115건의 행사들이 중계되었다. 중요한 행사로는 BBC로부터 받은 영국 의회선거의 생중계, 독일연방 대통령 Roman Herzog의 베를린 연설, 베를린에서 개최된 대학살 기념비 관련 토론회, 교황의 사라예보 방문 등을 들 수 있다. Phoenix는 행사를 기록하고, 설명하고 분석할 뿐 논평은 하지 않는다. 이는 미국의 의회채널인 C-Span과 비슷하다. 그렇지만 Phoenix의 스펙트럼은 C-Span에 비해 훨씬 넓다. Phoenix는 정치적인 토론 외에도 1997년 5월 17일 베를린에서 개최된 Amnesty International의 연례 총회와 같이 사회적으로 의미 있는 단체들의 회의 모습도 중계한다.

이 채널은 3가지 영역에 중점을 두고 있는데, 행사 중계(방송시간의 43%), 기록(36%), 대담(14%)이 그것이다. 방송시간은 일일 16

시간으로 아침 8시부터 24시까지 방송된다. 문화적, 정치적, 역사적, 사회적인 사건들에 우선권을 두며 오락, 스포츠, 음악 프로그램들은 방송하지 않는다.

이 채널이 우선적으로 겨냥하는 시청자층은 독일인이다. 따라서 프랑스 총선과 같이 외국의 사건에 대해서는 독일에게 중요한 것인지를 보고 선별한다. 약 15건의 외국 사건이 첫 4주 동안 중계되었다.

Phoenix의 기술적 도달범위가 가장 큰 문제로 대두되었는데, 많은 케이블망을 통해서 수신하는 데는 시간적인 제약을 받고 있다는 것이었다. 그러나 1998년에는 약 1,000만 가구에 도달하는 Astra 1C로 전송되어 케이블 수신과 합하면 전 가구의 80%가 Phoenix를 수신할 수 있게 되었다.

채널은 2개인데 사건 보도와 다큐멘터리, 르포, 피처, 대담이다. 이를 위해 ARD와 ZDF 프로그램에서 'Morgenmagazin', 'Mittags-magazin', 'Tages – schau', 'heute – journal', 'Pressevorschau', 'heute nacht', 'Nachtmagazin'을 넘겨받았다.

재원은 시청료 중에서 이 채널에 할당되게 될 0.14마르크로 연간 5200만 마르크이다. Phoenix가 '이중구조의 교체되는 경영권'을 갖는다는 것은 ARD / WDR 측을 위한 프로그램사장과 ZDF 측을 위한 프로그램사장이 각각 존재하게 됨을 이미하고 회장직은 양사 사장이 1년씩 교대로 맡게 된다.

연방의회(Bundestag), 연방참의원(Bundesrat), 유럽 의회, 독일 주의회의 주요 회의들이 사건보도의 범주 안에 생중계된다. ZDF 측의 설명에 의하면 사회적으로 중요한 다른 사건들도 사건보도 범주에 포함되게 되는데, 기독교대회, 기업 및 노조, 연맹, 조직들의 행사 등을 예로 들었다. 다큐멘터리의 범주는 사회정치적인 르포와 인물 전기나 지리적인 정보와 관련한 다큐멘터리를 포함하여, 역사적이고 문화적인 다큐멘터리 등이다. 또한 전문가 대담과 같은 주요 사건을 심층적으로 해석한 내용을 포함하고 있다.

시청자 조사에서 국민의 50% 이상이 Phoenix를 알고 있으며, Phoenix 수신이 가능한 시청자 가운데 4분의 3이 이미 Phoenix를 시청한 적이 있고, 3분의 2는 자주 이용하고 있는 것으로 나타났다. Phoenix 시청자 중 64%가 Phoenix의 가치를 중요하다거나 매우 중요하게 평가했고, Phoenix의 성과에 대해 반 이상이 수 또는 우의 성적을 매겼다. 또한 라인-마인 지역, 라인-루르 지역에서 100명의 Phoenix 시청자를 대상으로 실시된 별도의 조사에서는 응답자의 92%가 정보 전달적이고, 89%는 매우 높은 신뢰를, 84%는 매우 객관적으로 느낀다고 답하였다. 한편 Phoenix 시청자의 전형은 고졸 이상의 학력을 지닌 서독 출신의 남성으로 나타났다.

시민의 정치적인 의견 및 의사 형성에 기여한다는 목적 아래 Phoenix는 주요 행사와 사건들의 배경을 설명하고, 감춰진 내부적 상호관계들을 드러내 밝혀 주는 것을 과제로 삼고 있다. Phoenix의 프로그램은 행사 중계와 기록물(Dokumentation), 그리고 대담이 중추를 이룬다. 이 중 행사 중계가 기본 프로그램으로 우선권이 있고, 나머지는 융통성 있게 편성된다. 행사로는 주로 연방, 주, 유럽연합 의회에서의 논쟁이 중계되며, 그 외 교회, 의사, 역사학자, 법률가들의 토론·발표회, 학술회의, 헌법재판소의 판결, 그리고 기업가 조직과 노동조합의 행사들도 중계된다. 역사적, 시대적, 문화사적, 사회정치적, 그리고 지리학적 주제들은 기록물과 기획물로 다루어지는데, 그날의 주요 행사 주제와 연결되어, 보충하고 심화하도록 제작·편성된다.

특히 대담 프로그램에는 시청자들이 전화로 직접 참여하여 전문가나 언론인에게 질문하거나 열띤 토론을 벌이기도 한다. Phoenix는 ARD의 저녁 8시 정기 뉴스(Tagesschau)와 ZDF의 저녁 뉴스 프로그램(heute journal)을 본방송과 동시에 방송하면서 청각장애인을 위해 수화로 통역해 준다. 그리고 3sat와 Arte, 그리고 ARD·ZDF의 본방송을 통해 편성되는 연극, 오페라, 음악, 스포츠, 정치 매거진, 문화 매거진, 오락 프로그램, 영화, 연속극, 상담 프로그램들은 원칙적으로 편성에서 배제된다.

24시간 방송하는 Phoenix는 오전 9시 15분의 배경 보도에 이어 10시부터 행사중계를 시작한다. 저녁 황금시간인 8시 15분에 그날의 주요 주제가 전문가들의 토론, 대담으로 다루어지는데, 시청자들도 전화로 참여한다. 바로 이어 21시에는 그 주제에 맞는 기록물이 방송되고, ZDF에서 방송한 프로그램들은 그날의 방송이 종료된 이후에 재방송된다. 월 672시간 이상의 정보 프로그램을 방송하고 있는 Phoenix는 공영과 민영방송을 막론하고, 그 예를 찾을 수 없는 독특한 방송이다. 다른 방송에서는 소외받는 다양한 정치적, 종교적, 학문적, 예술적 의견 및 성향들이 Phoenix를 통해 표현의 기회를 얻는다. Phoenix는 기본 프로그램인 현장 중계에서 진행자의 논평과 개입을 최소화한다. 이로써 시청자는 언론인에 의해 부정적으로 또는 긍정적으로 걸러지고, 조직되고, 논리적으로 정돈된 뉴스 외에, 대조해 볼 수 있는 '원본'을 접할 수 있게 되는 것이다. 덧붙여 중요한 것은 프로그램의 진지함과 무거움이, 그리고 매끄럽게 연출되지 않은 출연자의 조야함이 꼭 재미없는 것은 아니라는 점이다.

Phoenix의 의회논쟁 중계는 프로그램의 재미가 반드시 오락적일 필요가 없다는 사실을 보여 준다. 의원들과 정부 각료들은 너무나도 진지하고 격렬하여, 오락과는 거리가 멀다. 현실의 진지성 때문에 의회의 논쟁은 진지할 수밖에 없다. 이들의 진지성은 직업적 언론인들의 전문적 테크닉을 통해 정연한 논리로 미화됨이 없이, 자신들의 풍요와 빈곤, 갈등과 모순을 그대로 드러낸다. 이들의 진지한 논쟁은 시청자에게 현실적인 재미를 준다. 현실의 삶에서 멀어지면 멀어질수록 만들어지고, 꾸며진 것일수록 재미있을 것이라는 할리우드의 논리와는 달리, 그 프로그램은 진지하기 때문에, 그리고 현실적이기 때문에 재미있다.

이러한 재미는 현장 중계의 객관성에 대한 Phoenix 시청자들의 높은 가치 평가와 일치한다. 여론 지도자들의 엽서를 포함해, 지난 1년 동안 접수된 6400여 통의 편지, 팩스, 전화, 메일의 분석에 근거하고 있다.

〈표 Ⅱ-20〉 독일의 의회방송

구분	개관	TV중계 도입시기	법적근거	제작 및 운영주체	방송채널	운영주체 및 규모	비고
독일	ARD와 ZDF는 1997년 4월 7일부터 행사 및 기록 채널인 Phoenix를 방송	ZDF의 텔레비전 위원회는 1997년 9월 20일 ARD와 ZDF가 공동으로 추진 중인 사건 및 다큐멘터리 채널에 대한 구상 승인	법적 근거는 ARD와 ZDF에 추가로 두 개의 전문채널 신설을 허용하고 있는 제3차 개정국가방송협정	ARD/WDR과 ZDF가 매년 교대로 경영권을 갖는 구도	연방의회 (Bundestag), 연방참의원 (Bundesrat), 유럽 의회, 독일 주 의회의 주요 회의들이 사건보도의 범주 안에 생중계	재원은 시청료 중에서 0.14 마르크 할당된 연간 5200만 마르크	방송사 중계형

현재 위성 수신 가구는 Phoenix를 수신할 수 있지만, 많은 주가 케이블에 대해서는 Phoenix에 새로운 기종의 텔레비전에서만 수신이 가능한 주파수(Hyperband)를 배정하고 있다. 또한 전 가구의 15%가 위성이나 케이블에 연결되어 있지 않기 때문에, 실제적으로는 전 텔레비전 보유가구의 절반만이 Phoenix를 시청할 수 있기 때문이다.

③ 홈페이지 운영 및 활용 현황

독일 의회방송 Phoenix는 ARD · ZDF의 본방송을 통해 편성되는 장르의 프로그램을 편성하지 않기 때문에 행사 기록물이나 대담 토론등의 프로그램을 홈페이지를 통해서도 방송하고 있다. 즉 서비스를 실시간 스트리밍을 통해 TV를 인터넷으로 볼 수 있도록하고 있다. 이를 위해 주간 편성표를 pdf 파일로 상세히 제공하고 있다. 이를 위해 독일의 Phoenix는 팟캐스팅(Podcasting)을 지원하고 있다. 팟캐스팅은 인터넷을 통하여 시청하려는 사용자들이 원하는 팟캐스트를 선택하여 정기적 혹은 새로운 내용이 올라올 때마다 자동으로 구독할 수 있도록 함으로써 방송을 신속하게 전달하는 방법을 의미한다. Phoenix는 RSS 파일의 주소를 공개하는 방식으로 배포하며 개인형 맞춤 정보 서비스(Personal On Demand broadcast)와 결합하여 방송동영상 파일을 구독 방식으로 전달하고 있다.

<그림 Ⅱ-13> Phoenix 메인화면

http://www.phoenix.de/content/phoenix/start

7) 일 본

(1) 법적 규제

일본 국회 중계방송의 법적 근거는 헌법과 국회법에 명시되어 있다. 헌법에 '국회는 공개되어야 한다.'고 명시되어 있고, 국회법에는 '비공개라는 전제조건이 없는 한 누구나 들을 수가 있다'고 포괄적으로 명시되어 있다. 중의원 규칙에는 국회공개원칙에 따라 언론기관의 보도 담당자에 대해 국회방청의 허가절차를 규정해 놓고 있으나(73조, 223조, 232조) 중계에 대한 구체적인 조항은 없다. 그러나 법적으로 중계방송이라는 표현이 명시되어 있지는 않지만 공개되어야 한다는 것이 바로 중계를 의미하는 것으로 해석하고 있다.

국회중계에 대한 구체적인 규정은 중의원 선례집 451조와 중의원위원회 선례집 68조에서 명문화하고 있다. 중의원 선례집 제451조는 '의장은 라디오 중계방송 및 텔레비전 중계방송을 허가할 수 있다'고 밝히고 있고, 중의원 위원회 선례집 68조에서는 '위원회의 TV촬영, 녹화방송 등도 허가한다.'고 규정해 놓고 있다. 따라서 일본국회의 중계방송은 법적 구속력을 갖는 이 두 조항, 즉 선례에 의해 이루어지고 있음을 알 수 있다. 이러한 선례에 따라 방송사가 국회의사활동을 촬영하거나 중계방송을 하고자 할 때에는 회의 시작 전에 허가신청을 해야 한다.

일본 국회심의중계 관련 규정은 행정관청에의 방송의 근거법령은 유선텔레비전방송법 제31조 제1항 제5호, 동법 시행규칙 제39조 제1항 제1호, 우정성고시 1993년 제638호이고, 정당에의 방송은 유선텔레비전방송법 제31조 제1항 제5호, 동법 시행규칙 제39조 제1항 제1호, 우정성고시 1998년 제332호에 의거하고 있다.

(2) 운영현황

① 의회방송 연혁

일본의 국회 방송은 1952년부터 공영방송인 NHK가 라디오와 TV를 통해 국회심의 과정을 중계해 오고 있어서 반세기가 넘는 비교적 오랜 역사를 지니고 있다. 텔레비전 국회중계는 NHK가 텔레비전방송을 개시하기 직전인 1952년 10월 요시타 내각 총리대신 지명국회를 실험적으로 중계한 데 이어, 1953년 10월 임시국회의 정부대표연설과 중의원 예산위원회를 실황중계 함으로써 본격화하기 시작했다. 그러나 의회의 생중계를 하나의 원칙으로 확정해 실시한 것은 지난 1978년부터였다. 그 후 민간텔레비전방송이 속속 개국되면서 일본국회의 모습은 NHK와 민영방송들의 전파를 타게 되었다. 특히 1987년부터 회기 중에는 매일 낮 6시간씩 국회 생방송을 편성하는 등 국회심의 모습을 비교적 자세히 국민에게 전달하고 있다. 중의원과 참의원 등 양 의원은 의회중계방송 제도의 개편계획을 수립하고 1989년 11월 국회방송 전문 TV를 적극적으로 도입할 것을 결정했다. 이 계획은 자민당 정책개혁 추진본부의 정치개혁추진 중점항목으로써 영상을 통해 국회심의에 대한 이해를 돕고자 미국의 C-SPAN과 유사한 국회관리하의 TV채널을 도입하는 것을 검토한다는 취지에서 실시되었다. 그러나 국회는 1990년 중의원 개원 100주년을 계기로 여러 가지 국회 개혁을 시도하면서 일반방송사 중계팀과 별도로 국회 자체의 TV중계시스템을 도입했다. 참의원은 1990년 5월, 중의원은 1991년 1월에 국회 TV중계방송 제도를 도입, 개편했다. 즉 일본 국회가 이원제로 운영되고 있기 때문에 국회방송도 참의원과 중의원이 각각 중계방송 시스템을 구축한 것이다. 이에 따라 1991년 초 예산위원회에 대한 실험방송을 실시했고, 같은 해 4월에는 고르바초프 대통령의 연설에 대한 생중계를 시작으로 중의원 본회의장에 대한 TV생방송 실험을 완료했다. 이로써 1992년 3월 제122회 국회개원과 더불어 본회의 중계방송이 정식으로 출범했다. 이는 영상기록과 폐쇄회로를 통한 대내방송을 목표로 한 것이다.

한편, 1995년 6월에는 중의원 운영위원회가 국회TV 운영시안을 발표했는데, 중계사업주체가 정부나 정당 등의 간섭을 피할 수 있도록 주식회사 형태를 취하도록 한다는 점, 국회중계는 통신위성이나 유선방송을 통해 방송하고 국회 회기 중에는 모든 본회의와 위원회를 무편집, 무해설로 방송하며, 폐회 중에는 회견이나 토론, 강연 등을 생중계하도록 한다는 것이 골자이다. 또한, 채널은 중의원과 참의원에 각 한 개씩 배정하며 연간 4억 엔 정도의 경비를 양 의원에서 지원하고 광고는 출자 기업명 등을 화면에 자막으로 표시하도록 한다는 것이다. 즉 기존 NHK 방송국 중심의 중계형태를 유지한 가운데 별도로 국회가 자체방송시스템을 갖추고 의회중심 중계모델을 도입, 이원화된 시스템을 동시에 운영하는 형태를 갖춘 것이다.

국회에서 제작된 방송은 주로 정치방송 전문채널인 콕카이 TV 등에 실시간 또는 녹화본 등의 형태로 제공되고 있다. 콕카이 TV 는 이 자료를 받아 위성방송시스템을 통해 시청자들에게 전달했으나 현재는 인터넷망을 통해서만 방송을 송출하고 있다. 콕카이 TV 는 1989년부터 논의 없는 국회에 대한 문제를 제기하고 미국의 정치전문 채널인 C-SPAN을 모델로 채택하려는 시도를 펼쳤으나 운영주체를 놓고 시간을 끌다 1997년 콕카이 TV라는 명칭으로 통신위성방송 채널을 통해 정치전문 방송을 시작하게 되었다. 그러나 의회가 재원과 관련 구체적인 지원방안을 마련해 주지 않아 재원부족으로 2001년 방송중단 사태를 맞게 됐다. 콕카이 TV의 국회방송은 현재 소니 그룹 계열사 가운데 하나인 'ALL'이라는 인터넷 정보서비스 업체의 인터넷망을 통해서만 서비스되고 있다.

<표 Ⅱ-21> 일본 의회방송의 주요 연혁

연 도	주 요 내 용
1952년	라디오와 TV를 통해 국회심의 과정을 중계
1953년 10월	1953년 10월 임시국회 정부대표연설과 중의원 예산위원회를 실황 중계
1978년	의회의 생중계를 하나의 원칙으로 확정해 실시
1987년	회기 중 매일 낮 6시간씩 국회 생방송을 편성
1989년 11월	국회방송 전문 TV도입
1990년	국회자체의 TV중계시스템을 도입
1991년 1월	국회 TV중계방송제도를 도입, 개편
1992년 3월	제122회 국회개원과 더불어 본회의 중계방송이 정식으로 출범
1997년	정치전문 방송 콕카이 TV 개국
2001년	콕카이 TV 재원부족으로 방송중단 사태, 인터넷 서비스

① 중의원방송

1990년 6월 중의원 운영위원회는 「국회 심의 TV중계 기본 구상」을 공표했고, 국회가 영상을 제작, 국회 내 TV중계 및 비디오 등 기록을 보존하도록 했다. 또한, 공정한 영상을 확보하기 위해 발언자 중심, 무편집과 무해설, 개회부터 산회까지 중단 없이 중계하고 있다.

그리고 국회심의 텔레비전 중계의 기본적인 이념과 그 운영방침을 같은 해 11월 의회개설 100년 기념을 맞아 공표했다. 내용은 첫째, 국회가 영상을 작성해서 국회 내에 텔레비전 중계하는 것 둘째, 비디오 등에 기록하여 보존한다는 것과 공정한 영상을 확보하기 위해, 원칙으로써 발언자를 중심으로 하여 편집이나 해설을 덧붙이지 않고 개회부터 산회까지 있는 그대로 중계한다는 것 셋째, 영상은 국회의 허가를 얻어 보도기관 등이 이용할 수 있고 국민에게 공개된다는 것이다.

예산액은 텔레비전 중계의 경우에 중계방송업무에 연간 약 7,000만 엔, 중계기기 보수업무에 연간 약 7,000만 엔이고, 인터넷 중계는 중계업무 및 중계기기 보수업무 등 연간 약 2억 7,000만 엔이다. 관계 직원 수는 서무부 광보과 심의 중계계에 5명인데, 중계전반 1명, TV 중계담당 2명, 인터넷 중계담당 2명이다.

그러나 TV중계 방송업무, TV중계 설비보수 운용업무, 인터넷 심의중계업무 등은 위탁하고 있으며, TV중계 방송업무는 중의원 직원의 OB단체와 계약하고 업무를 위탁하다가 현재는 TV중계 설비의 보수운용 업무와 같이 민간기업과 계약하여 위탁하고 있다.

인터넷 심의중계·업무는 민간기업(NTT 동일본)과 계약하여 위탁하고 있다.

국회심의 텔레비전 중계 시설을 보면, 텔레비전 중계가 가능한 회의실이 본관 6실, 분관 8실로 모두 14회의실로 정비하였고, 텔레비전 중계 채널 수도 본회의장 1개와 13개 회의실 등 모두 14개 채널이다. 2000년부터는 텔레비전 중계 센터를 공용으로 사용하고 있다. 또한, 국회심의 텔레비전 중계를 유선 텔레비전(CCTV) 방송을 통해 1991년에는 국회 내에서 1994년부터는 수상 관저를 비롯한 모든 중앙행정관청과 최고재판소에 제공하고 있으며, 1999년부터는 자유민주당 민주당 및 일본공산당 본부까지 기관에 제공하고 있다.

방송국 등에는 「방송국에 대한 영상의 제공」 조항이 국회심의 텔레비전 중계에 관한 소위원회에 1997년 7월 결정되었고, 「통신 사업자에의 제공 범위의 확대에 대하여」에 대해서는 의원운영위원회 간사회가 1999년 5월 허가하였다. 이로써 <표 Ⅱ-22>에서 보는 것과 같이 방송국과 통신 사업체에 대해 영상이 제공되고 있다.

<표 Ⅱ-22> 방송국과 통신 사업체에 대한 영상의 제공

사 업	사업자의 분류	제공방송, 통신사업자의 명칭 등	수신 개시 시기
방송	공공방송국	일본방송협회(NHK)	2002년 4월
	민방 텔레비전국	일본텔레비전(NTV)	1998년 4월
		동경방송(TBS)	1998년 4월
		후지텔레비전	1998년 4월
		텔레비전 아사히	1998년 5월
		텔레비전 동경	1998년 6월
		동경 메트로폴리탄 텔레비전(MXTV)	2003년 9월
	민방 라디오국	TBS, FM동경 등 13국	1998년 7월
	CS방송국	국회TV	1998년 1월
		아사히 뉴스타	1998년 6월
		스카이퍼펙트, 커뮤니케이션즈	2001년 1월
통 신	통신사	공동통신사	1998년 7월
	통신사업자	자치 위성통신기구(LASCOM)	1999년 10월
		로이터, 재팬	2001년 1월
	인터넷통신사업자	아쿠아 캐스터	2002년 12월
전체		27개(국)	

※출처: 일본의 의회중계 제도(2005). 국회방송 내부자료.

② 편성

일본 의정중계 방송은 공영방송인 NHK와 민영방송 5개를 포함하여 모두 6개의 방송사와 6개의 채널이 있다. 이들 방송사들은 언제든지 국회중계가 가능하지만 현실적으로 민영방송은 광고를 이유로 국회중계는 거의 외면하고 있다. 다만 NHK는 시청료를 받고 있는 공영방송이기 때문에 본회의가 열릴 때면 아침부터 저녁까지 하루 종일 TV와 라디오를 통해 의회모습을 생중계하고 있으며, 미방송분은 심야 프로그램으로 녹화(녹음) 중계한다.

NHK는 참의원과 중의원의 본회의 또는 각 위원회를 선별적으로 중계 방송하는데 중계시간은 개회시간이 오전 9시부터 또는 10

시부터 11시 55분까지와 오후 1시부터 6시까지이다. 중계편성에 대한 판단은 NHK에서 자체적으로 하며 원칙적으로 본회의의 대정부 질문, 각 정당의 대표연설, 중의원, 참의원의 예산결산위원회, 기타 중요한 안건이 있을 때마다 열리는 특별 위원회 등의 순으로 중계방송 한다. NHK의 국회중계방송은 보도국내 편집센터의 정치담당 팀이 담당하고 있고, 본회의를 중계할 때는 본회의장에 3대의 중계카메라를 설치하고, 아나운서 2명, 중계감독 3명, 기술진 10명 등 모두 15명 정도의 중계팀이 구성된다. 그러나 위원회를 중계할 때에는 2대의 카메라가 설치된다.

한편, 제145회 정기국회부터 국회심의 인터넷 중계를 실시하고 있다. 생중계는 인터넷 중계에서도 객관적으로 공평 중립의 영상을 확보하기 위해서 원내의 텔레비전 중계와 똑같은 영상을 15개 채널에 동시에 중계하고 있다.

또한, 제147회 정기국회부터 VOD 시스템에 의한 비디오 라이브러리를 개시했다. 제공하는 영상은 생중계했던 본원의 과거 심의영상을 그대로 녹화하여 공개하고 있으며 통상 생중계되었던 당일 중에 공개를 개시하고, 공개 기간은 회기 단위로 행하며 완료는 회기의 종료일이 1년을 경과한 때까지이다. 제151회 정기국회부터 비디오라이브러리에서의 공개영상에 심의정보(안건명, 발언자명)를 첨가하여 이용자에게 더욱 도움이 되도록 심의정보의 발언자명(질의자명)에서 당해 영상의 시작 부분을 찾을 수 있는 기능을 추가했으며 브로드 바운드로 심의 영상의 화질과 음질이 향상시켰다. 통신회선도 2000Mbps급의 2회선으로 늘렸다.

<표 Ⅱ-23> 일본의 의회방송

구분	개관	TV중계 도입시기	주 방송대상	제작 및 운영주체	방송채널	운영주체 및 규모	감독기관
일본	국회방송(CATV)은 (양원)모두 무편집, 무해설이고 송출범위는 국회내, 수상관저, 행정부처(무상제공)에 국한되고, 대국민(외부송출)방송은 주로 공영방송인 NHK가 자체 제작 방영	의회자체방송 1990. 5(참의원) 1991. 1(중의원) 지상파 방송 1950년대부터	본회의, 위원회	의회방송 생중계(중의원, 참의원) 지상파방송 대국민방송 (NHK)	의회방송 -중의원 7개 채널 -참의원 5개 채널 지상파방송 공영방송 NHK(대국민 방송)가 전담	의회방송 -중의원: 서무부 문서과 홍보실(운영요원 48명) -참의원: 서무부 문서과 기획조정실에서 운영	국회심의 TV중계에 관한 양원 연락협의회(양원 각 3명)

법적근거	방영권	생중계전담방송	전담방송운영형태	중계방송통제 감독	의회의 관여 및 통제	비고
국회중계방송에 대한 구체적인 규정은 중의원 선례집 451조와 중의원 위원회 선례집 68조에서 명문화 / 방송사가 국회의사활동을 촬영하거나 중계방송을 하고자 할 때에는 회의 시작 전에 허가 신청	방송사 자율	NHK	공영	본회의 위원회	의장 또는 위원장이 방송을 승인(참의원, 중의원)	병합형

③ 홈페이지 운영 및 활용 현황

Kokkai TV는 1997년 정치전문 방송국으로 개국했으나 재원부족으로 방송이 중단되는 사태를 맞았다. 그러다가 2001년인 제145회 정기국회부터 국회TV를 인터넷으로 중계하고 있다. 제147회 정기국회부터 VOD 시스템에 의한 비디오 라이브러리를 개시했다.

먼저 Kokkai TV의 인터페이스는 국회TV의 생방송과 웹사이트 방송으로 구분하여 시청하도록 되어 있다.

생방송은 기준 약관에 동의한 후 회원가입을 하고 ID와 P/W를 부여받아 이용하도록 하고 있다. 다음으로 웹을 클릭하면 국회TV의 메인 화면이 나온다.

<그림 Ⅱ-14> Kokkai TV Intro 화면

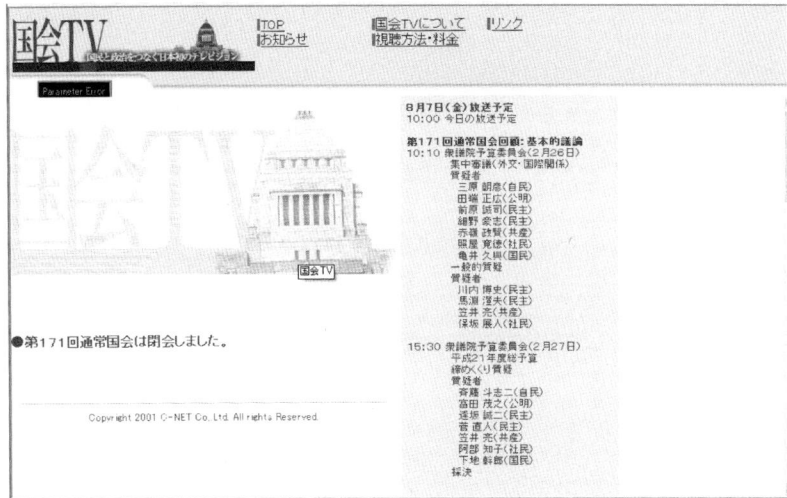

http://kokkai.jctv.ne.jp/index.html

메인 화면에서는 상단에 국회TV에 대한 소개가 있는데, 정치 경제 사회 문화에 걸친 각종 영화를 기획 제작 출판하여 인터넷으로 내보내고 있다고 한다. 이외에도 국회TV를 시청하는 방법과 요금 제도 등이 소개되고 있다. 그리고 메인 화면 첫페이지에 방송되는 첫페이지 우측에 편성 스케줄이 제시되어 있다.

〈그림 Ⅱ-15〉 Kokkai TV Intro 화면

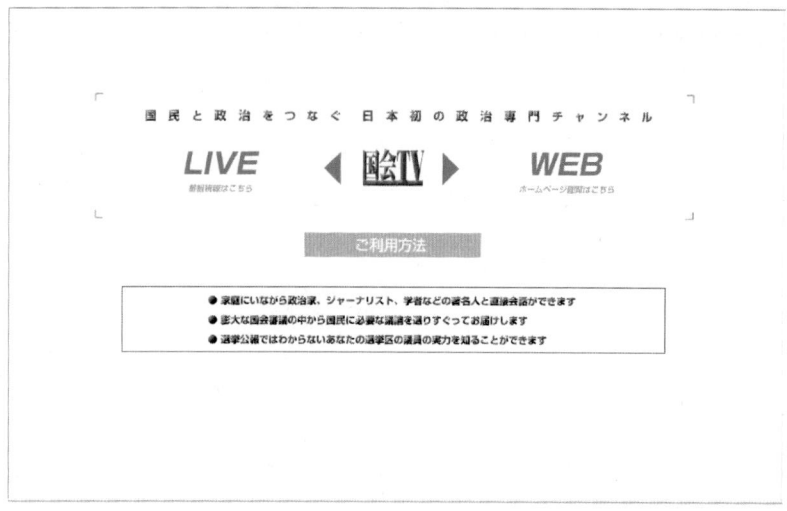

http://kokkai.jctv.ne.jp

일본 콕카이 TV는 인터넷으로 방송 되는 국회 TV이기 때문에
현재는 참의원과 중의원의 홈페이지로 링크가 되어 국회방송을 제
공하고 있다.

〈그림 Ⅱ-16〉 Kokkai TV-참의원 사이트 메인 화면

http://www.shugiin.go.jp/index.nsf/html/index.htm

〈그림 Ⅱ-17〉 Kokkai TV-참의원 사이트 메인 화면

http://www.sangiin.go.jp/

2. 국내 의회방송의 제도와 운영

1) 제 도

국내의 경우 방송의 공정성과 객관성을 확보하기 위하여 필요한 사항을 규정하는 국회방송의 법적근거를 가지고 있다(의회방송 담당관실, 2003). 헌법 제50조[11])에서 회의공개 원칙을 명문화하였고, 현행국회법 제75조[12])는 본회의 공개를 규정하고 있다.

〈표 Ⅱ-24〉 국회의 공개 원칙

헌법 제50조 1항은 의사공개의 원칙을 설명하고 있는 조항으로 의사공개의 원칙은 국회의 의한 심의과정 등의 모든 회의 절차를 공개하는 것을 원칙으로 하는 것인바, 이는 대의제의 핵심원리이며 민의에 따른 국회운영을 실현한다는 민주주의의 요청에서 나온 것이다.

국회중계방송에 관한 국회규칙의 제정은 여러 가지 사정으로 미루어져 오다가 13대 국회 말 지난 154회 임시국회에서 제25차 국회법 개정 시 중계방송관련규정을 보완하게 되었다. 보완된 규정의 내용 및 취지는 다음과 같다. 첫째, 앞으로 방송에 필요한 제도를 국회규칙으로 마련함에 있어서는 방송의 공정성과 객관성을 확보하기 위하여 TV카메라의 설치 등을 방송사 편의에 맡기지 않고 국회 스스로가 TV카메라의 설치장소·대수·앵글조작 등에 관한 사항을 정해 줌과 동시에 이에 필요한 시설의 보완과 기술적 검토를 하도록 하였다(국회법 제149조 제3항). 둘째, 방송사 측이 국회의 사중계프로그램을 방영하는 경우 정치적 목적이나 상업적 목적으로 사용하지 못하도록 함으로써 중계방송이 특정집단이 정치적 수선전단이 되거나 특정기업이 상업광고기회로 활용되지 못하도록 하였다(동법동조 제4항). 셋째, 국회운영위원회가 방송에 대한 기분원칙의 수립 및 관리 등에 필요한 사항을 심의하는 기능을 수행토록 하였다. 당초의 국회법 개정논의 과정에서 국회 내에 방송심의회와 같은 특별 전담기구를 두는 문제가 검토되었으나 최종 마무리 단계에서 국회운영위원회에 방송심의소위원회를 상설로 두기로 하였다.

---

11) ①국회의 회의는 공개한다. 다만 출석의원 과반수의 찬성이 있거나 의장이 국가의 안전보장을 위하여 필요하다고 인정할 때에는 공개하지 않을 수도 있다. ②공개하지 아니한 회의 내용의 공표에 관하여는 법률이 정하는 바에 의한다.

12) ①본회의를 공개한다. 다만 의장의 제의 또는 의원 10인 이상의 연서에 의한 동의로 본회의의 의결이 있거나 의장이 각 교섭단체 대표의원과 협의하여 국가의 안전보장을 위하여 필요하다고 인정할 때에는 공개하지 않을 수도 있다.

국회의 회의 공개주의는 헌법 제50조에 명시되어 있는 회의 공개주의, 국회법 또는 동법이 정하는 바에 따라 국회의원의 입법 활동이 국가적 안보나 불이익이 없는 한 공개되어야 한다는 원칙을 말한다(한국의회발전연구회, 2004).

이러한 회의공개의 원칙에 따라 의회중계방송에 대한 규정은 국회법 제142조에 명시된 후 제149조에 확립되어 있다.

〈표 Ⅱ-25〉 국회 중계방송에 관한 규정

국회법 제142조(중계방송 등)(1988. 6. 15)	국회법 제149조(중계방송 등)(2003. 7. 18)
본회의 또는 위원회의 의결로 공개하지 아니하기로 한 경우를 제외하고는 의장 또는 위원장은 회의장안(본회의장은 방청석에 한한다)에서의 녹음·녹화·촬영 및 중계방송을 국회 규칙이 정하는 바에 의하여 허용하여야 한다.	동일
제1항의 녹음 등을 하는 자는 회의장에서 질서를 문란하게 하여서는 안 된다.	동일
국회는 본회의 또는 위원회의 의사진행을 음성 또는 영상으로 완전한 상태로 방송할 수 있도록 하는 제도를 마련하여야 한다.	제3항의 규정에 의한 방송은 정치적 목적이나 상업적 목적으로 사용되어서는 안 된다. 국회운영위원회는 제3항의 규정에 의한 방송에 대한 기본원칙의 수립 및 관리 등 필요한 사항을 심의하며, 이를 위하여 방송심의소위원회를 둔다.

이러한 국회법 관련조항의 보완과 더불어 1991년 12월 16일 제156회 정기국회에서 '국회에서의 중계방송 등에 관한 규칙'을 국회규칙 제65호로 제정하게 되었다. 이는 국회법 제149조(중계방송 등)의 규정에 따라 본회의 또는 위원회의 의사에 대한 녹음·녹화·촬영 및 중계방송의 절차·시설에 관한 사항과 방송의 공정성과 객관성을 확보하기 위하여 필요한 사항을 규정함을 목적으로 제정된 것이다.

〈표 Ⅱ-26〉국회규칙 제65호(국회에서의 중계방송 등)(1991. 12. 28)

(출입기자의 등록 등) ①신문사·통신사·방송국 등으로부터 국회의 의사를 녹음·녹화·촬영 및 중계방송(국회의 활동을 취재하거나 보도하는 경우를 포함한다)을 할 목적으로 국회에 상근 배치되는 자(이하 '출입기자'라 한다)는 국회사무처에 등록하고 출입기자증을 발급받아야 한다.

(중계방송 등의 원칙) 국회의 의사에 대한 녹음·녹화·촬영 및 중계방송과 이에 따르는 편성·편집은 신문사·통신사·방송국 등의 자율적 의사에 따른다. 다만 중계방송은 생중계 또는 녹화중계로 하되 방송시간의 제약 등 방송국의 특별한 사정으로 녹화된 자료를 편성·편집하여 방송하는 때에는 방송법 제5조 제1항 및 법 제149조 제3항의 공정성과 객관성이 유지되도록 하여야 한다.

(녹음·녹화 및 촬영) ①제2조에 규정된 자는 이 규칙이 정하는 바에 의하여 국회의 의사에 대한 녹음·녹화 및 촬영을 할 수 있다. 다만 법 제75조 또는 제148조 제1항의 규정에 의하여 회의를 공개하지 아니하기로 하거나 국회에서의 증언·감정 등에 관한 법률 제9조 제2항의 규정에 의하여 증인 등을 보호하는 경우에는 그러하지 아니하다. ②제2조에 규정된 자 외의 자가 국회의 의사에 대한 녹음·녹화 및 촬영을 하고자 하는 때에는 의장 또는 위원장의 허가를 받아야 한다.

(중계방송의 절차 등) ①방송국은 국회의 의사를 텔레비전이나 라디오로 중계방송 하고자 할 때에는 미리 방송의 대상·일시 및 형태 등을 의장 또는 위원장에게 신청하여야 한다. 위원장이 신청을 받은 경우에는 의장에게 이를 보고하여야 한다.

(중계방송의 대상) ①중계방송은 본회의 및 위원회의 회의(공청회·청문회·국정감사와 국정조사를 포함한다)를 그 대상으로 한다.

(위원회의 중계방송시설) 의장은 위원회 의사의 효율적인 중계방송을 위한 위원회 회의장을 따로 마련하거나 위원회 회의장 중에서 수개를 지정하여 중계방송에 필요한 시설을 갖추고 각 위원회가 공동으로 사용하게 할 수 있다.

또한, 국회에서의 중계방송 등에 관한 규칙 제2조 근거하여 국회사무처 내규 제264호로 제정(1992. 4. 20)되어 시행되고 있다.

〈표 Ⅱ-27〉국회에서의 중계방송 등에 관한 규칙(1992. 4. 20)

중계방송은 본회의 및 위원회의 회의(국정감사·조사)를 그 대상으로 하도록 규정하고 있다(동 규칙 제7조 1항).

중계방송 등과 이에 따르는 카메라·조명장치 등의 설치는 의사진행에 방해가 되지 않도록 하고 그에 관한 기준은 사무총장이 정하도록 규정하고 있다(동 규칙 제9조).

중계방송의 경우 카메라 조작이나 화면선택은 국회와 국회의원의 활동상황이 공정하고 균형 있게 방영될 수 있도록 규정하고 있다(동 규칙 제10조).

의장은 국회 폐쇄회로 TV시스템을 연차적으로 개발·추진하여야 한다고 규정하고 있다(동 규칙 제11조).

중계방송에 따르는 국회와 방송국 간의 협조 및 의견조정, 운영·기술상의 문제 등에 한하여 의장 또는 방송심의소위원회의 자문에 응하기 위하여 국회방송자문위원회를 둔다고 규정하고 있다(동 규칙 제12조 제1항).

한편, 의회중계방송 규정과 인터넷 중계에 대한 규칙안이 2005년 11월 11일 운영위에 제출되었고, 2005년 12월 6일 운영위에 상정된 후 국회방송심의소위 회부되어 국회방송심의소위원회에서 결의된 내용은 다음과 같다.

⟨표 Ⅱ-28⟩ 국회방송 등에 관한 규칙안(제258회)(2006. 2)⟩

국회방송은 공정성·객관성·중립성 및 균형성 확보·유지 의무가 있다.
의사중계방송은 다음과 같다.
대상: 본회의 또는 위원회의 회의(공청회, 국정감사 등 포함)
원칙: 생방송 원칙, 의사중계방송 외의 방송에 우선하여 편성
절차: 국회방송이 중계하고자 하는 위원회를 정하여 알림
다른 위원회 요청 시 우선 방송(중복 시 먼저 요청한 것 방송)
의사중계방송 외의 활동은 다음과 같다.
내용: 국회의 입법 활동, 의원의 의정활동, 국회의 의정사 등
의정중계: 의원의 신청으로 토론회 중계
인터넷 중계는 국회사무처가 구축한 시스템을 이용하여 촬영한 본회의 또는 위원회의 회의 영상을 인터넷을 통하여 실시간으로 중계한다.
방송사에 의한 의사중계 절차는 방송사 신청 ➡ 의장(본회의), 위원장(위원회) 허가

현재 국회방송은 오랜 진통 끝에 2004년 5월 개국한 의회전문채널이다. 미국의 C-SPAN이나 캐나다의 CPAC과 같이 의회 민주주의 발전에 기여할 것을 기대하며 출범시켰다. 국회방송은 1991년 의사중계방송을 위한 법적인 근거를 마련한 이후 1994년 9월부터 국회 공보국 내 방송과에서 위원회 히이 실황을 음성 중계했던 것에서부터 출발하였다

2001년 6월부터는 인터넷으로 의사중계방송을 시작하였으며, 2003년 9월 국회 문화관광위원회에서 '국회방송 전용채널 확보의견서'를 채택하고, 2003년 10월 국회사무처가 국회방송을 방송법상 방송채널 사용사업자로 등록해 2004년 5월 24일 개국하기에 이르렀

다. 2006년 5월 현재 기준으로 전국의 케이블방송(SO) 95개와 디지털위성방송(스카이라이프 530번 채널)을 통해 방송된다. 이를 시청가능 인구로 환산하면, 케이블TV 가입인구 전체 1,200만 가구 중에서 1,150만 가구, 스카이라이프 185만 가구가 국회방송을 시청하여 총 1,335만 가구가 국회방송을 시청할 수 있다. 아울러 2006년 내에는 의무전송채널로서 케이블TV 전 가입가구를 확보함으로써 명실상부한 전국채널로 자리매김할 것으로 보인다(국회사무처, 2006).

〈표 Ⅱ-29〉 국회방송

구분	개관	TV중계 도입시기	주 방송대상	제작 및 운영주체	방송채널	운영주체 및 규모	감독기관
한국	우리나라는 현재 프랑스와 비슷한 이원적 방송중계 형태로서 국회방송(국회방송)은 무편집, 무해설로 국회구내와 대국민방송(CATV) 실시	의회자체방송 (1995. 5) 지상파방송 1978. 2 (제한 허용) 1988. 6 (전면 허용)	본회의, 위원회 (국회구내)	의회방송 : 국회방송 지상파방송 : 각 방송사 직접 제작 중계	국회방송 – 의사중계 방송채널 이용 지상파방송 – 자사방송국 방송채널 이용	국회방송 : 국회사무국 공보국 직원 (35인) 지상파방송 사: 각 방송사 사정에 따라 상이	국회방송 : 국회사무처 공보국 지상파방송 사는 의사 중계방송 시 국회의장의 허가 필요.

2) 운 영

(1) 국회방송 연혁

우리나라에서 국회 의사중계방송이 공식적으로 시작된 시점은 1988년 11월이라고 할 수 있다. 의정 사상 처음으로 실시된 5공화국 비리와 광주민주화 운동에 대한 국회청문회 TV생중계방송이 그것이다. 그 이전에는 국회가 사안에 따라 의회활동에 대한 TV중계를 제한적으로 허용해 왔으나 정치권의 인식검토와 국민들의 관심과 요구에 부응해 1988년 6월 국회법을 개정함으로써 법적 구성요건을 갖추고 TV중계가 실시되었다.

1988년 11월 국회 청문회에 대한 TV생방송 중계방송부터 시작해 1995년 9월 KTV를 통해 국회 본회의 실황이 대국민 중계되기까지의 시기는 국회방송에 있어서 최초로 방송이 가지고 있는 폭발적인 힘을 보여 주고 그 힘을 긍정적인 측면으로 소화하기 위해 전문적인 국회의사 중계방송의 틀을 잡아가는 기간이라고 볼 수 있다. 이 시기 동안 국회방송은 1992년 4억 9천여 만 원의 예산으로 본회의장에 조명 및 케이블공사를 완료했으며 1993년부터는 방송시설비 50억 원의 예산을 확보해 시스템 설계와 기자재 구입 등 시설비 투자를 진행했다. 또 방송운영과 중계방송의 공정성, 기술자문을 위해 국회방송자문위원회를 구성하는 등 국회방송을 위한 준비를 진행해 나갔다.

1995년 3월 케이블TV 방송 개국과 함께 국회방송도 방송시설을 준공하고 공공 유선채널인 KTV를 통해 방송하기 시작했다. 행정부인 공보처 산하의 국립영상제작소가 중심인 KTV를 통해서 방송되는 국회 의사중계방송이 정부의 공공사항들과 함께 편성되어 있기 때문에 국민들이 혼란을 일으킬 수 있는 등의 문제가 발생한다는 우려가 있었고, 학계를 중심으로 미국의 C-SPAN과 같은 형식의 국회의사중계전문채널이 마련돼야 한다는 의견이 제시되었다. <표 Ⅱ-30>의 국회방송 주요연혁에서 나타난 바와 같이 국회는 본격적인 국회방송의 필요성을 절감하고 2003년 9월 18일 운영위

원회에서 「국회방송 전용채널 확보 승인의 건」을 통과시켜 국회방
송국을 포함한 의회정치 전문 공공 채널로서 방송법 제9조 제5항에
의거해 2003년 10월 방송채널사용사업자(PP)로 등록하게 하였다.

<표 Ⅱ-30> 국회방송의 주요 연혁

연 도	주 요 내 용
1988년 11월	5공 특위 청문회 회의 실황 중계
1991년 5월	국회방송 설치 근거 마련(국회법 제149조 개정)
1991년 12월	국회에서의 중계방송 등에 관한 규칙 제정
1995년 5월	국회방송시설 준공
1995년 9월	본회의 실황 대국민 중계(KTV)
1996년 12월	위원회 회의실황 국회의사당 내 중계(CCTV)
1998년 10월	예결특위 회의실황 대국민 중계(KTV)
2001년 4월	KTV의 국회의사중계방송 방침변경(생중계→녹화중계)
2001년 5월	국회 인터넷 의사 중계방송 실시(www.assembly.wevcast.go.kr)
2001년 11월	국회방송자문위원회 재구성
2002년 4월	KTV 위성채널을 통한 국회의사중계방송(생중계)실시 및 케이블채널을 통한 녹화방송 병행
2003년 9월	국회운영위원회 「국회방송전용채널확보승인 건」 통과
2003년 10월	방송채널사용사업자(PP)로 등록
2003년 12월	방송위원회로부터 공공채널로 지정, 방송발전기금 지원결정
2004년 5월	국회방송 개국

※출처: 『국회방송의 운영 및 발전방향에 관한 연구』, 국회사무처, 2004를 바탕으로 연구자가 재구성.

이후 국회방송은 전국에 있는 종합유선방송사업자(SO)를 통해 방
송할 수 있게 되었으며, 방송위원회는 2003년 12월 11일 전체회의
를 통해 국회방송을 공공채널로 인정하고 방송발전기금을 지원하
기로 결정했다. 현재 국회방송은 2004년 5월부터 오전 9시부터 새
벽 1시까지 하루 16시간 방송되고 있다.

(2) 국회방송의 기능

국회방송이 갖는 가장 큰 의의는 국회의원들의 원내 활동 현장을 해설이나 논평 없이 사실 그대로 보여 줌으로써 유권자인 국민들이 의원들의 능력과 활동을 직접 측정해 볼 수 있다는 점일 것이다. 국회방송은 주요 기능을 살펴보면, 첫째, 국민의 알 권리(Right to know)를 충족시킨다. 현행 헌법 제50조 제1항에 명시되어 있는 국회회의 공개의 원칙을 적극적으로 실현함과 동시에 국정활동에 대한 국민의 알 권리를 충족시킬 수 있다는 점에서 가장 큰 의의를 찾을 수 있다고 할 수 있을 것이다. 둘째, 여론형성의 기초적 자료를 제공한다. 국회활동이라는 소스(source)를 통해 국회의원들은 자신들의 활동상을 메시지(message)화할 수 있게 되고, 이 메시지(message)들은 국회방송이라는 채널(channel)을 통해 국민들에게 전달된다. 국민들은 국회방송의 리시버(receiver)로서 자신들의 다양한 반응을 국회의원들의 입법과정에 다시 돌려보내게 된다. 이른바 환류 시키는 것이다. 이 과정에서 여론은 자연스럽게 형성될 수밖에 없으며, 국민의 여론이 의정활동에 재투입됨으로써 의정활동을 국민의 여론에 가장 근접시킬 수 있게 된다는 것이다. 셋째, 국민의 정치참여를 활성화한다. 입법 활동의 중계방송을 통해 정치의 공개화와 국민의 정치적 관심도를 검토하게 된다. 넷째, 책임정치를 제도화한다. 국민은 자신이 뽑은 대리인이 국회에 출석하여 국민의 의견을 잘 개진하고 있는지 감시할 수 있으므로 책임정치의 제도화를 꾀할 수 있다. 다섯째, 국회기능을 확장시킨다. 국회의원들은 입법 활동에 대한 국민의 평가가 계속되고 있다는 점을 의식하여 모든 사안에 대해서 많은 연구와 정보 수집을 하게 될 것이다. 여섯째, 일상적 정치 사회화의 기회를 부여한다. 국회의사중계방송을 통해 국민들이 국가의 현안사항들에 대한 의원들의 토론이나 의견을 보고 듣게 되면 현안에 대해서 나름의 주장과 비판을 할 가능성이 높아지게 된다. 이는 곧 국민들의 정치의식을 검토하는 데 기여하게 될 것이다. 이상 열거한 국회방송의 기능을 요약하면 다음과 같이 정리할 수 있다.

〈표 Ⅱ-31〉 국회방송의 기능

순기능	역기능
국민의 알 권리 충족	방송원칙의 유지곤란
국민의 정치참여 활성화	중계방송이 되지 않는 위원회 활동의 위축
여론형성의 기초적 자료	당 지도부의 통제력 강화
책임정치의 제도화	인물주의 정치현상 팽배
국회기능의 확장	텔레비전에의 예속화
의원들의 자질 향상	오락적인 속성
국민의 정치교육기회 부여	형식적인 질의와 토론
국회활동에 대한 인식의 검토	부정적인 이미지 형성
성숙된 의회상의 구현	공정성과 객관성의 지나친 강조

(3) 국회방송 편성원칙

국회방송의 편성 내용은 다음과 같다. 첫째, 국민의 알 권리를 충족시키는 공공방송: 입법정보에 대한 충실하고 심층적인 분석으로 국민의 알 권리 보장을 최우선으로 한다. 둘째, 국회의 참모습을 보여 주는 열린 방송: 일하는 국회, 생산적인 국회의 활동성을 알리는 투명한 방송을 지향한다. 셋째, 민주적 여론형성에 기여하

는 국민방송: 정책 현안 및 국민제안에 대한 객관적이고 공정한 방송으로 국민과 함께한다.

국회방송이 방송을 편성하는 원칙은 네 가지로 구분할 수 있다. 첫째, 사실성의 원칙에 따라 국회의 회의중계는 무편집, 무해설로 방송한다. 둘째, 공정성 및 객관성의 원칙으로 방송의 기획, 편성 및 제작 등이 공정하고 객관적으로 이루어진다. 셋째, 특정교섭단체 또는 특정 의원에 치우치지 않는 정치적 중립성과 균형성 유지한다. 즉 정치적 중립성 및 균형성의 원칙 특정교섭단체 또는 특정 의원에 치우치지 않는 정치적 중립성과 균형성을 유지한다. 넷째, 공공성과 다양성의 원칙을 준수한다. 입법부의 공공적 기능과 역할에 관한 다양한 프로그램 편성을 원칙으로 한다.

국회방송의 편성목표는 다음과 같다. 첫째, 의회 전문채널로서의 위상 정립 및 국회의 회의와 입법 활동에 관한 다양한 프로그램을 편성하여 채널의 전문화를 확보한다. 둘째, 채널의 독자성과 차별성을 확보하여 특화된 순수 공공프로그램을 편성하고 나아가 지상파 방송사 및 다른 공공채널과 차별화된 독자성을 강화한다. 셋째, 국회와 국민의 가교역할을 강화하고 국민여론을 수렴하는 프로그램을 편성하여 국회와 국민의 친밀감을 제공한다. 넷째, 국민 교육적 기능을 강화하여 입법 과정 및 의회민주정치 과정에 관한 심층 프로그램을 편성하고 이를 통해 의회관련 교육기능을 수행한다.

(4) 프로그램 편성

국회방송 프로그램 생중계, 녹화중계의 의사 중계 프로그램, 상임위원회, 의정뉴스 등의 입법정보를 제공하는 입법정보 프로그램, 정책개발을 위한 세미나 및 토론회를 내용으로 하는 시사토론 프로그램, 마지막으로 생활정보, 교육, 문화예술을 내용으로 하는 일반교양 프로그램으로 분류할 수 있다.

<표 Ⅱ-32> 국회방송의 프로그램(2007. 8. 27～9. 2)

구분	정의	분류	프로그램 예
의사 중계	국회회기 동안 국회의 활동과 정책, 본회의, 위원회, 청문회 등 주요회의를 편집, 가감 없이 생중계 또는 녹화중계 하는 프로그램	생중계	본회의, 상임위원회, 특위, 공청회 등
		녹화중계	
입법 정보	입법정보를 제공하기 위한 프로그램	입법정보	신율의 법률이야기 나라살림 우리살림
		의정뉴스	의정뉴스
시사 토론	정책개발을 위한 토론회, 세미나, 시사에 관한 속보 또는 해설을 목적으로 하는 방송프로그램	토론	좋은 세상 열린 토론
		시사해설	길종섭의 시사프리즘, 시청자제안 함께하는 세상
일반 교양	국민의 교양향상 및 교육을 목적으로 하는 방송프로그램과 어린이·청소년의 교육을 목적으로 하는 형식상 다큐멘터리, 생활정보, 교육·문화예술 프로그램	생활정보	대한민국 푸른 국회
		다큐	국내외 우수다큐멘터리
		교육/ 문화/ 예술	이제는 문화예술교육이다 세계명곡으로의 초대

(5) 프로그램 제작 및 수급 현황

국회방송 프로그램의 제작 및 수급 현황을 보면, 회기 중 의사중계 프로그램을 포함한 자체제작 프로그램이 프로그램 개편여부와 관계없이 전체 프로그램 가운데 가장 높은 비중을 차지한다. 즉 프로그램개편 전에는 73.1%, 개편 후 역시 71.8%로 비슷한 수준이다. 자체제작 프로그램 가운데 의사중계 및 토론회의 비중은 본방송과 재방송을 합하여 개편 전에는 58.5%, 개편 후에는 54.4%로 전체 자체제작 프로그램의 2/3를 차지하고, 의사중계 및 토론회의 재방률은 개편 전에는 32.6%, 개편 후에는 15.2%로 개편 전이 높게 나타났다. 이는 유의선(2007)에 따르면 편성전략의 변화라기보다는 국회 회기 일정에 따른 변화에서 기인하고 있다.

유의선(2007)은 국회방송 활성화 방안에서 프로그램 수급 현황을 11월 5일부터 11월 11일까지와 11월 12일부터 11월 18일까지 분석하고 있다. 그 결과에 따르면, 자체제작 프로그램 가운데 의사중계 프로그램을 제외한 일반 프로그램은 개편 전, 후 모두 8편이며, 개편 후 새롭게 제작된 프로그램은 없는 실정이다. 자체제작 일반 프로그램의 경우, 개편 전에는 14.5%, 개편 후에는 17.4%로 편성 비율이 비슷한 수준을 유지하고 있다. 일반 프로그램은 개편 전 본방송 편성 비율이 전체 프로그램 가운데 13.9%이고, 재방송 편성 비율이 0.6%이며 개편 후 본방송 편성비율이 9.2%, 재방송 편성비율은 8.2%로 나타났다. 개편 전에는 본방송 편성 비율과 재방송 편성 비율이 비슷한 수준을 유지하였다. 개편 전과 비교하여 본방송 편성 비율은 줄어든 한편 재방송 비율은 큰 폭으로 증가하였다. 개편 후 높은 재방송 편성 비율은 각 프로그램당 최소한 1회씩 이상 재방송되었음을 말해 준다.

개편 전 외주제작 프로그램은 총 4편으로 <현장탐방 지방이 경쟁력이다>, <생생법률 완전정복>, <NATV 희망나눔캠페인>, <대한민국 푸른 위원회>가 있다. 개편 후 외주제작 프로그램은 3편 증가하여, 총 7편으로 <시청자제안 함께하는 세상>, <예감 여의도문화갤러리>, <스페셜특강 비전21 희망코리아>가 추가되었다.

개편 전 외주제작 프로그램은 전체 프로그램 가운데 5.5%를 차지하였고, 모두 재방송이었으며, 본방송 프로그램은 없었다. 개편 후 외주제작 프로그램은 11.9%로 본방송이 3.7%, 재방송이 8.2%로 개편 전보다 외주제작 프로그램에 편성된 시간이 확대되었다. <현장탐방 지방이 경쟁력이다> 프로그램을 제외하고는 최소 1회 이상 재방송된 것을 알 수 있다.

구매 프로그램은 해외 구매 프로그램과 국내 구매 프로그램으로 나뉘며, 개편 전에는 각각 총 9편, 총 6편이 편성되었고, 개편 후에는 해외 구매 프로그램의 경우 1편이 늘어난 총 10편이, 국내 구매 프로그램의 경우, 총 편수는 6편으로 동일하였다. 구매 프로그램의 편수에는 큰 변화가 없으나, 신규 프로그램들을 다수 확인할 수 있다. 해외 구매 프로그램의 경우 <역사를 바꾼 세계의 지도자>, <영원한 제국의 꿈>, <꿈의 거리 브로드웨이>, <지구촌사막횡단 1,000일의 기록> 등이며, 국내 구매 프로그램은 <古書 지혜의 문>, <김용범의 대륙탐험>, <한국의 축제와 음식>이 새롭게 수급되었다. 해외 구매 프로그램들의 경우 일본, 미국, 중국, 영국, 독일 등 다양한 곳에서부터 프로그램들이 공급되었다. 또한 모두 문화, 교양 프로그램에 속하는 비슷한 성격의 프로그램들이 수급되었다는 특징을 지닌다. 이는 향후 국회방송의 정체성을 고려한 프로그램 수급이 필요함을 시사한다.

한편, 유의선(2007)은 구매 프로그램들의 본방송 및 재방송의 편성 비율도 분석하고 있는데, 개편 전의 경우, 해외와 국내 구매 프로그램 모두 본방송이 아닌 재방송되는 프로그램들이었으며, 각각 12.9%, 8.8%로 해외 구매 프로그램의 편성 비율이 높게 나타났다.

개편 후, 해외 구매 프로그램은 본방송이 5.2%, 재방송이 4.2%를 차지하였으며, 국내 구매 프로그램은 본방송 4.4%, 재방송 2.4%로 이 역시 해외 구매 프로그램의 편성 비율이 높은 뿐만 아니라 재방송 비율 역시 국내 구매프로그램보다 높다. 또한 이러한 수치는 개편 후 해외 구매 프로그램은 평균적으로 1회 이상 재방송되었음을 시사한다.

〈표 Ⅱ-33〉 프로그램 수급 현황(2007. 11. 12∼11. 18)

구 분			편성시간	편성비율
자체제작	본방 (생중계)	일반프로	10시간 15분	9.2%
		의사중계 및 토론회	44시간	39.2%
	재방 (녹화중계)	일반프로	9시간 10분	8.2%
		의사중계 및 토론회	17시간	15.2%
		총계	80시간 25분	71.8%
외주제작		본방	4시간 10분	3.7%
		재방	9시간 10분	8.2%
		총계	13시간 20분	11.9%
구매	해외	본방	5시간 50분	5.2%
		재방	4시간 45분	4.2%
		총계	10시간 35분	9.4%
	국내	본방	4시간 55분	4.4%
		재방	2시간 45분	2.4%
		총계	7시간 40분	6.9%
	총계		10시간 35분(본방) 7시간 40분(재방) =18시간 15분	16.9%

※ 출처: 유의선(2007).국회방송 활성화 방안 연구

이러한 분석 결과를 종합해 보면, 국회방송의 프로그램은 전체 프로그램 가운데 자체제작 프로그램의 비율이 가장 높다. 이는 의

사중계 및 토론회 프로그램이 큰 비중을 차지하기 때문이다. 또한, 자체제작 프로그램 가운데 일반프로그램보다 의사중계 및 토론회의 재방률이 높으며, 개편 후에는 일반프로그램의 재방률 역시 높다. 자체 제작된 일반프로그램과 해외 구매프로그램의 재방률은 한 프로그램당 평균 1회 재방되는 수준이고 외주제작 프로그램의 재방율이 상대적으로 높은 편이다. 이는 편성의 경제성 원칙이 작용한 결과로 볼 수도 있고,, 자체 제작에 비해 외주제작의 경우 다큐멘터리등으로 장르별 특성에 따른 편성의 용이성이 작용한 결과라고도 볼 수 있다.

(6) 시청률

국회사무처(2007)에 따르면, 2007년 9월 기준으로 케이블 채널 103개 가운데 국회방송의 평균 시청률은 0.09%로 48위이다. KTV는 0.06%로 56위인데, 국회방송이 KTV보다 0.03% 정도 높은 시청률을 보이고 있다. 시간대별로는 밤 9시에서 12시까지 시청률이 높은 편이며, 밤 9시대는 0.16%로 가장 높은 시청률을 기록하였다. 이 시간대에 방영되었던 프로그램으로는 <NATV 다큐멘터리스페셜>, <이 땅의 꾼>, <생생 법률 완전정복>, <해양탐구 365일>, <한국음식문화원류>, <나라살림 우리살림> 등이다. 장르별로 문화, 교양 프로그램과 일부 입법 정보 프로그램들이다.

한편, 성별과 연령별에 따른 시청률을 살펴보면, 남자의 경우 0.031%, 여자의 경우 0.032%로 큰 차이가 없다. 연령대별로는 남자 40대와 50대 이상에서 국회 방송이 각각 35위(0.046%)와 37위

(0.055%)로 높은 순위이다. 주목할 만한 것은 여자 20대에서 국회방송의 시청률이 높게 나타난다는 것인데, 전체 케이블방송 채널 가운데 국회방송이 32위를 나타내고 있고, 0.030%의 시청률을 기록하였다. 다음으로 여자 50대 이상이 40위를 차지하며 0.058%의 시청률을 보였다.

직업별로는 미취학아동 남녀 4세에서 9세의 시청률이 0.026%로 25위를 차지, 그 다음은 학생이 0.024%로 35위, 서비스 / 기능 / 생산직이 0.031%로 46위를 차지 하고 있다. 이러한 결과는 전문가 집단보다는 일반 집단에서 국회방송에 대한 시청률이 높게 나타난 것으로 국회방송 프로그램 편성에 반영되어야 할 결과로 보여진다.

지역별로는 부산에서 국회방송의 시청률이 0.165%로 38위를 차지하며 가장 높은 순위를 기록하고 있다. 그 다음 서울이 0.102%로 40위, 인천 / 경기 지역이 0.070%로 51위를 차지하였다.

2006년도 1월부터 9월까지의 월별 시청률을 살펴보면, 회기 시청률(0.034%)이 비회기 시청률(0.021%)보다 0.013% 높은 것으로 나타났다. 회기, 비회기 모두 낮 14시대가 가장 시청률이 높으며, 그 다음이 오전 11시대, 밤 시간대는 11시대 시청률이 양호한 것으로 조사되었다. 성별, 연령대별로는 50대 남녀 시청률이 가장 높게 나타났다.

또한 프로그램 장르별 인지도와 시청경험을 조사한 결과, 국회회의 및 공청회에 대한 인지도(85.5%)와 시청경험(87.4%)이 가장 높게 나타났으며, 그 다음이 국내외 우수 문화 / 교양 다큐멘터리가 3.53점으로 가장 높은 만족도를 보였다. 또한 국회방송 프로그램 가운데 향후 편성 증대와 시청 의향을 조사한 결과, 국내외 우수

문화/교양 다큐멘터리에 대한 편성 증대와 시청의향이 가장 높게 나타났다.

국회방송 개국 후 매년 12월 평균과 2005년은 9월 자료, 분석지역은 서울/인천, 경기/부산/광주/대전/대구 지역에서 전국 1550가구 중 케이블 유료가입가구 730 가구 대상으로 한 닐슨 리서치 자료에 근거하면 국회방송 시청률은 2004년(0.005)과 2005년(0.034)로 증가 추세이다. 시간대별로는 2006년에는 낮 12시가 가장 높은 시청률을 보였지만 2007년 9월에는 오후 3시에 시청률이 가장 높게 나타났다. 또한 2006년에는 50대 남자와 여자가 국회방송을 많이 시청하는 것으로 나타났으나, 2007년에는 남자의 경우, 40·50대, 여자의 경우 20대의 시청률이 높은 것으로 나타났다. 이는 2006년과 2007년 사이 시간대별 시청률과 연령대별 시청률이 상이한 결과가 나타난 것으로 프로그램 편성에서 원인을 파악해 볼 수 있다. 즉 2007년 시간대별로 의사중계물이 주로 편성되어 있는 낮 12시와 오후 3시대를 제외하면, 밤 9시부터 12시 사이가 시청률이 높은 것으로 집계되었는데, 이때는 주로 문화/교양 프로그램이 편성된 시간대이다. 연령별로도 남자의 4.50대와 여자의 20대가 주 시청자층이었다는 점에서 TV 시청 행태에서 보여지는 정보추구동기가 작용한 것으로 파악 할수 있다.

이는 프로그램 만족도 측정 결과에서도 문화/교양 프로그램의 만족도가 높은 결과와 같은 맥락이다. 즉 밤 시간대에 국회방송을 시청하는 주 시청자층은 문화/교양 프로그램을 시청하고자 하는 것이며, 이 프로그램에 대한 만족도가 크므로, 다양한 문화/교양 프로그램 제작과 편성이 필요함을 시사한다.

한편, 공공채널의 시청률 추이를 살펴보면 <표 Ⅱ-34>와 같다.

〈표 Ⅱ-34〉 공공채널 시청률 추이(2001~2005)

채널명	2001	2002	2003	2004	2005
KTV	0.14	0.07	0.051	0.049	0.059
NATV	- - -	- - -	- - -	0.005	0.034
OUN	0.01	0.03	0.027	0.028	0.020

※출처:방송통신 위원회(2008).

(7) 운영 및 예산

국회방송의 운영조직의 특성은 운영주체와 재원에 따라 달라진다. 우리나라는 국회방송중계를 위한 조직편성과 인원으로 이루어져 있으며, 효율적인 운영을 위해 팀별로 구성되어 있다. 예산은 국고와 방송발전기금에서 충당하고 있다.

〈표 Ⅱ-35〉 국회방송의 예산편성(단위: 천 원)

구 분		2005년도	2006년도	2007년도
일반회계	기본 경비	35,000	70,200	83,453
	기본사업비	238,409	270,538	310,000
	주요사업비	-	-	
	소 계	273,409	340,738	393,453
방송발전기금	제 작 비	3,500,000	3,375,500	3,576,000
	기 타	2,206,000 (시설장비: 1,019,000) (채널운영: 1,187,000)	3,124,500 (시설장비: 2,066,000) (채널운영: 1,058,500)	3,224,000 (시설장비: 2,044,000) (채널운영: 1,180,000)
	소 계	5,706,000	6,500,000	6,800,000
계		5,979,409	6,840,738	7,193,453

※출처: 국회방송(2007) 국회방송 운영현황 내부자료.

(8) 프로그램 심의기준

국회방송은 공정성과 객관성 그리고 중립성을 확보하기 위해 국회 운영위원회에서는 방송 심의 소 위원회를 운영하고 있다. 여기서는 국회방송의 운영 원칙 수립 및 관리에 대한 심의를 담당하고 있다. 이와 함께 국회방송 자문위원회를 국회, 학계, 언론계 15인으로 구성하여 운영하고 있는데, 여기서는 프로그램 편성 및 개편시 편성 위원회를 개최하여 개별 프로그램를 평가하고 그 결과를 반영하고 있다. 이외에도 시청자 참여라는 취지로 시청자 모니터 위원회를 운영하고 있고, 프로그램 심사 및 선정을 위한 심사위원회를 별도로 운영하고 있다.

이상과 같이 국회방송은 방송 프로그램에 대한 자체 사전 사후 심의제도를 운영하고 있으며 자체 심의기준은 <표 Ⅱ-36>과 같다.

〈표 Ⅱ-36〉 국회방송 방송프로그램 심의기준

구분	심의기준
1. 기획	· 공정성 · 객관성 · 정치적 중립성 · 균형성이 잘 지켜지고 있는가? · 프로그램 주제가 명확하고 공익성이 있는가? · 프로그램 주제가 국회의 주요 관심사항과 부합하는가?
2. 편성	· 편성에 있어서 공정성, 객관성, 정치적 중립성, 균형성이 잘 지켜지고 있는가? · 전체적 편성이 국회방송의 이미지를 충분히 살리고 있는가? · 시청자를 고려한 편성이 이루어지고 있는가? · 전후 프로그램의 연계성이 적절하고 운행의 흐름이 자연스러운가?
3. 내용	· 국회방송 관련 제 법규 및 방송목표를 준수 · 구현하고 있는가? · 방송윤리에 어긋남이 없는가? · 소재가 입법정보보다 교양으로써의 가치가 충분한가?
4. 구성	· 프로그램의 목적 및 취지를 잘 살리고 있는가? · 프로그램 전체의 조화 및 순서의 배열은 적절한가? · 시청자가 이해하기 쉽도록 구성되어 있는가?
5. 제작	· 화면구성, 카메라 앵글 등이 프로그램의 주제와 조화를 잘 이루고 있는가? · 정확한 발음, 생생한 어휘로 진행 및 해설을 하고 있는가? · 자료가 효과적으로 제시되고 있는가? · 불성실한 편집은 없는가? · 번역은 정확하고 자막작업은 잘되어 있는가? · 무대장치 및 소도구, 대도구의 사용은 적절한가?
6. 기술	· 잡음이 없는가? · 화면의 콘트라스트(명암)는 적절한가? · 오디오와 비디오는 조화가 잘 되는가? · 조명은 적당한가?
7. 송출	· 부자연스런 공백 또는 프로그램과 프로그램의 절체는 적절한가? · 방송 도중 정파는 없는가? · 편성된 방송내용과 다르게 방송되지 않았는가?

: ※출처:국회운영위원회 보고서(2004).

(9) 국회방송 시청률 제고 및 콘텐츠 활용

국회방송은 인터넷 의사중계시스템을 구축하여 본회의, 예산결산특별위원회 회의 등을 생중계한다. 이 외 일반프로그램 가운데 프로그램 다시 보기(VOD) 서비스를 제공하고 있는 프로그램은 입법정보 / 시사 프로그램 가운데 '생생법률 완전정복', '시청자제안 함께하는 세상', 'NATV 희망 나눔 캠페인 함께 가요 우리', '투데이 의정뉴스' 등이 있고, 문화 / 교양 프로그램에는 '미지의 세계', '유네스코 세계문화유산을 찾아서'가, 그 외 특집 프로그램 2편, 종영 프로그램 2편이 있다. 그러나 공공채널의 특성상 인지도가 높지 않는 것이 현실이다.

TNS 미디어 코리아(2006)에서는 국회방송의 인지도를 조사한 결과 2004년 5월 개국 이후 케이블 TV 가시청 가구 확대 및 홍보등으로 시청 환경이 개선되고 있다고 조사하였다.(2004년: 38.6% 2005년 49.2%, 2006년 67.7%) 채널 인지도를 상승시키기 위해서는 활발한 PR 및 온라인 마케팅등의 적극적인 홍보방안이 필요하다. 즉 채널 이미지 제고를 위한 채널 컨셉을 전달 할 수 있는 ID, SB의 효과적인 활용 및 사랑의 미아찾기와 같은 지속적인 공익 캠페인의 전개. 국회방성 주력 프로그램에 대한 매체 홍보, 주요 회의에 대한 고비 및 수시 예고, 그리고 온라인 마케팅을 통한 적극적인 홍보전략이 필요하다. 이와함께 온라인을 통한 VOD 서비스와 같은 컨텐츠를 활성화 방안도 필요하다.

현재 기존의 방송사들은 프로그램의 다시 보기 서비스를 일반화하고 있는데 국회방송의 전문성과 특수성을 살린 VOD 서비스를 점차적으로 확대해 나갈 필요가 있다.

또한 국회방송은 홈페이지에 '시청자 참여'란을 마련하고 이를 통해 시청자의 참여를 유도하고 있으나, 이용하는 사람들이 한정되어 있다. 따라서 이용자들은 의견 제시에서 나아가 진정한 공론장으로 활용할 수 있도록 홈페이지 운영 방식을 블로그를 제공한다거나 하는 방식으로 인테넷 활용을 점차 확대할 필요가 있다.

http://www.assembly.go.kr/

예를 들면 국회방송은 채널 특성이 있으므로 충실한 시청자를 확보할 수도 있다. 따라서 매주 섹션별 이슈를 제시하여 시청자들의 의견을 보다 적극적으로 개진 할 수 시청자들이 요구하는 자료를 미리 파악하여 업데이트 해 놓거나 시청자 맞춤형 위젯을 제공하여 온라인에서도 관심 이슈를 공론장으로 활성화 할 수 있도록 하는 방안 마련이 필요하다.

현재 국회빙송의 홈뻬이시는 난순할 뿐만 아니라 활용도가 미미하므로 의회 관련 정보도 데이터베이스화를 통해 시청자 알 권리를 충족시킬 필요가 있다.

3. 국내외 의회방송의 비교 및 시사점

1) 이 념

지상파 텔레비전에 적용되던 방송의 공공성 개념은 방송 자원의 소유적 근거, 전파자원의 제한성 근거, 국가 이익적 근거, 국민의 이익적 근거, 사회 문화적 근거에 의해 생겨난 것으로 해석되고 있다.

이를 간단히 살펴보면 첫째, 국민이 소유하고 있는 재산의 일부인 전파를 방송국이 대여, 사용함으로써 공공성이 의무화된다는 것이다. 둘째, 방송이 제한되어 있는 전파자원을 이용하여 운용되기 때문에 공공성이 발휘되도록 규제되어야 한다는 것이다. 셋째, 정부에게는 방송을 국가와 국민의 이익을 위해 사용해야 하는 의무가 있다는 것으로, 궁극적으로 방송을 성립케 해 주는 재원이 국민으로부터 나온다는 사실 때문에 방송은 국민의 이익을 적극적으로 모색하여 충족시켜 줄 의무를 진다는 것이다. 마지막으로, 방송에 접하는 시간이 생활의 일부가 되고 있기 때문에 방송의 내용은 필연적으로 공공성에 부합해야 한다는 것을 의미한다.

이 같은 근거들에 바탕을 둔 방송의 공공성은 각 나라의 역사적, 사회 문화적 맥락에 따라 조금씩 다른 형태로 구현되고 있으며 매체의 특성에 따라 공공성을 적용하는 기준이 다른 것도 사실이다. 그러나 이 같은 구현방식과 적용방식에서의 차이에도 불구하고 방송의 공공성은 여전히 방송이 지녀야 할 중요한 가치로 인식되고 있다.

방송제도연구위원회 보고서(1990)에는 공익성의 의미를 헌법에 명시된 국민주권주의와 방송법에 나타난 ①공공복지 증진 및 방송강령에서의 공정성, 다양성, 균형성의 실현 ②제도 면에서 성별, 연령별, 계층별, 지역별 이익의 균형적인 반영 ③시청자 차원에서 시청자의 접근권과 청구권이 제도적으로 구체화됨을 의미한다고 했다.

케이블TV의 경우, 케이블TV가 케이블망을 통해 방송되기 때문에 지상파방송에 적용되어 오던 전파의 희소성이라는 개념을 적용할 수 없다는 기술적인 차이를 가지고 있음에도 불구하고 오히려 다채널이란 특성으로 인해 공공의 매체 접근 가능성을 제공해 준다는 측면에서 방송의 공공성이 공공의 매체 접근이란 개념으로까지 발전되어 적용되고 있다.

위성방송의 경우, 본질적으로 공중파를 이용한다는 측면에서 공공성 혹은 공익성의 가치가 적용되고 있는데 미국의 경우, 케이블TV와 마찬가지로 공익채널의 전송을 위해 전체운용 채널의 4%를 남겨 두도록 강제하고 있다. 그러나 케이블TV와 위성방송에서 공공채널을 운영하는 방식은 각국의 특성에 따라 상이하기 때문에 공공채널의 일반적인 운영형태를 논의하는 것은 쉽지 않다.

국내 방송법에는 방송법에 규정된 방송이념으로 '방송이 공적 책임 준수'를 통해 ①시청자 권익 보호 ②민주적 여론형성 ③국민 문화의 향상을 가져오고 궁극적으로는 ④방송발전과 ⑤공공복리의 증진이라고 규정하고 있다.

UNESCO(2005)에서는 방송의 공익성이 중요한 이유는 공공의 삶에 접근하도록 하고 참여하게 한다는 것이다. 즉 공익 프로그램들은 세계와 다른 사람들을 더 이해함으로써 지식을 발전시키고, 범위를 넓히며, 사람들로 하여금 그들 스스로 더 이해할 수 있게 하며, 모든 시청자들을 환영하고 동등한 것으로 여기는 만남의 장소로써 각자의 사회적이고 경제적인 상태가 무엇이든지 간에, 공공이라는 이념으로 모두에게 접근 가능한 정보와 교육을 제공한다는 것이다. 따라서 공익에 기초한 프로그램들은 상업 방송과 구별되는 특성으로 상상력에 호소하고 즐거움을 줄 수 있어야 한다는 것이다. 비록 공익을 강조한 방송이 이익률에 영향을 미치지 않더라도 공익 방송은 대담하고 혁신적이며 위험을 무릅써야만 한다고 한다. 그리고 눈에 띄는 장르와 아이디어를 발전시키는 데 성공할 때, 그 높은 공익기준을 비로소 가치를 지닌다고 한다.

공익방송의 역할은 각 나라마다 특성이 있는데 공통적으로 교육과 문화로의 접근을 촉진하고, 지식을 발전시키며, 시민들 사이에 상호작용을 일으키는 데 도움이 되는 것이다. 유네스코(2005)에서는 공익 실천을 위해 다양한 타깃 청취자들의 필요와 관심과 기대를 반영하는 다양한 콘텐츠와 특성의 개발을 강조해 왔으며, 정보와 지식에 일반적으로 접근하도록 하는 독특한 서비스로써 공익방송의 역할을 강화하는 방안을 제시했다.

첫째, 보편성인데, 공익 방송은 전 세계에 걸쳐 모든 시민들에게 접근 가능한 평등하고 민주적인 목표에 충실한 개념이다. 즉 공익은 가능한 전체 인구에 초점을 맞추도록 하고 가장 많이 가능한 수에 의해서 사용되도록 한다는 것이다.

둘째는 다양성으로 공익방송에 의해 제공되는 서비스는 프로그램이 제공하는 장르, 타깃 수용자, 논의되는 주제가 다양해야 한다는 것이다. 모든 프로그램에서 뿐만 아니라 논의된 주제의 다양성을 통해서, 공익방송은 공공의 다양한 관심에 반응하도록 하고 현재 사회에서 제기되는 전체적인 이슈를 다양한 시청자층에게 모두 어필할 수 있도록 해야 한다는 것이다. 이는 다양성과 보편성이 상호 보완의 관계를 가진다는 것과 같다.

셋째는 독립성인데, 공익방송은 정보와 의견과 비판이 순환될 수 있고, 아이디어가 자유롭게 표현되는 토론장이 되어야 한다는 것이다. 이것은 공익방송이 상업적이거나 정치적인 영향으로부터 자유로울 때 가능하다. 따라서 재원의 독립성과 함께 운영의 독립성과 관련이 있다.

넷째는 독특성으로 공익 방송에 의해서 제공된 서비스는 다른 방송 서비스와는 구별되어야만 한다. 공익 프로그램 편성과 그 프로그램의 질 그리고 특정한 특성에서, 공공은 다른 서비스와 구별되어야 한다는 것으로 공익 방송은 새로운 장르를 창조하고, 늘 쇄신하여야 한다는 것을 의미한다.

한편, 유럽의 텔레비전 위원회 회의(2004, 유네스코, 2005 재인용)는 공익방송 채널의 이념을 다음과 같이 설명했다.

〈표 Ⅱ-37〉 유네스코 공익채널의 이념 기준

다양한 종류의 취향과 관심에 영합하고 스케줄링을 고려하는 넓은 범위의 프로그램
제대로 된 자원, 혁신과 독특성, 그리고 텔레비전의 교육적 역할을 뒷받침하기 위해 새로운 미디어를 충분히 사용을 하는 근거로써, 고품질의 기술적이고 제작적인 표준
소수의 인구와 다른 특별한 필요와 관심, 특히 학교를 위한 프로그램과 장애인들을 위한 준비를 포함하는 특별한 교육에 대한 문화적, 언어적, 사회적 고려
지역적 관심과 관심의 공동체에 영합하고 서로 그 지역을 반영하는 것
국가의 목소리가 되는 국가적 정체성
독창적인 제작
창조적인 위험을 감수하려는 의지, 시청자들을 자극, 다른 공익방송 채널과 순전히 시장에 의해 움직이는 채널들을 보완
독립성과 공평성에 대한 강한 분별력, 신뢰할 만한 뉴스, 공공의 논의를 위한 토론장, 다수의 의견을 보장, 정보에 밝은 유권자
보편적인 유효 시청 범위
제한된 정도의 광고
방대한 대다수 사람들에게 접근 가능한 비용이나 전달 순간에 자유로운 알맞음

※출처: UNESCO(2005). Public Service Broadcasting a best practices source book, ch1 Definition of Public Service Broadcasting.

이상에서 살펴본 바와 같이 각국에서는 방송에 대한 공익성에 대해 방송 관련법과 규칙 등 강제조항으로 필요성과 당위성을 강조하고 있다.

공익실현의 영역 또한 시청자가 직접 권리를 행사하는 옴부즈맨 제도와 방송사가 자체적으로 심의를 하도록 하는 제도 그리고 각계각층의 대표성을 지닌 외부로부터의 공익실현을 위한 제도와 법률 중재 및 구제들을 위한 제도 등 각 나라의 실정에 맞게 공익성을 구현하고 있다.

구분	주요 내용
미국	방송 산업의 상업적 논리와 함께 국민의 공익에 부합하는 방송 규제보다는 방송사의 정보공개, 자율적 규제, 공공의 이익 추구에 대한 산업적 경제적 논리 보완
영국	방송 산업의 경쟁력제고와 함께 소비자 권리보호 강조 공공서비스 채널에 대한 시청자의 접근권 강조 디지털 시대에도 지속적인 공익기준 강조 다양성을 바탕으로 한 사회문화적 국제적 가치 강조
독일	다원주의에 따른 의견의 다양성 고려 공익방송에 대한 새로운 기술적인 참여 보장
일본	보편적인 생활에 필요한 정보 제공과 전문방송의 다원성 강조 전국시청을 강조한 보편적인 접근권 강조 소프트와 하드웨어의 분리를 통한 시청자 접근 용이성 향상
한국	민주적 기본질서와 방송의 공공성 강조 방송 산업 육성을 위한 소유규제 완화 영상 산업 발전을 국내제작 및 외주제작 일정비율 명시 공익 및 공공채널의 의무전송 명시 시청자 권익 강조

※출처: 기존연구를 바탕으로 연구자가 재구성.

2) 제 도

현행 방송법상의 국회방송 운영 관련 조항의 문제점은 공공채널의 개념에서 찾아볼 수 있다.

공공채널은 공공의 목적으로 국가가 운영하는 채널로 규정되고 있다. 이는 미국의 정부접근채널(Government Access Channel)에 해당된다. 즉 국내의 공공채널은 정부이용채널의 개념으로 볼 수 있다. 그러나 공공채널의 이용은 국가에 의한 공공의 목적을 위해 이용이라는 가치뿐만 아니라 시청자의 매체접근이나 공익적인 목적을 위한 이용 역시 중요한 가치로 취급되어야 한다. 국회방송은

KTV와 더불어 대표적인 공공채널로서 제도적 보완이 필요하다고
본다.

이를 위해 해외 의회방송은 법적 근거와 세부 규정을 살펴본 결
과 다음과 같이 관련기관의 자율에 의해 운영됨을 알 수 있다.

〈표 Ⅱ-39〉 해외 의회방송의 법적 규제 내용

국가 · 의회	의회의 관여 및 통제
미국 (상원, 하원)	관련 세부규정 없음. 본회의 방송은 하원이 승임 및 감독. 위원회 방송은 본회의 및 위원회 규칙에 의 하여 제한됨. 평론 및 해설은 제한 안 됨.
캐나다 (상원, 하원)	하원방송실이 공문서보관자료 규정을 포함. 책임을 지고 있음.
호주 (상원, 하원)	의회법에 방송에 대한 권한 규정. 의사절차 방송합동위원회가 방송에 대한 통제권 행사.
프랑스 (상원, 국민의회)	이사가 의사절차의 방송을 승인함. 이사회는 방송을 직접 감독하지 않고 정부 와 다수당, 소수당에 동등한 시간이 배정되도록 하는 데 있음. 회의장의 TV방송 을 위해선 의장의 승인 필요함.
영국 (상원, 하원)	건전방송특별위원회(Select Committee on Sound Broadcasting)가 각원의 결 의에 따라 지시를 함. 텔레비전방송은 관례적으로 1985년에 상원에 도입되었음.
일본 (참의원, 중의원)	의장 또는 위원장이 방송을 승인.
한국	의회법, 방송법

※출처: 기존연구를 바탕으로 연구자가 재구성.

또한, 해외의회방송은 자국의 역사와 전통 그리고 정치 환경 등
에 알맞은 형태로 의회의 중계방송제도를 발전시켜 왔다. 물론 프
로그램 제작이나 질서유지를 위한 감독·통제, 방송관련위원회 구
성여부, 중계방송관련 규정 유무, TV카메라 대수 제한여부 등의
세부적인 차이는 존재하지만, 의사중계를 중심으로 무해설, 무편집
에 의한 생중계라는 공통점도 가지고 있다. 이에 법적근거를 비롯

해서 방송권의 소재, 전담방송 운영형태, 중계방송 대상, 중계방송 통제감독, 의회의 관여 및 통제 등을 중심으로 각국 의회의 텔레비전 중계제도를 비교해 보면 몇 가지 특징을 살펴볼 수 있다. 첫째, 의사활동에 대한 생중계 프로그램은 방송사 주도형과 의회주도형 방송사가 각각 담당한다. 둘째, 생중계 방송 여부는 방송사의 자율에 맡기는데, 미국의 경우는 C-SPAN을 통해 거의 모든 것이 생중계되고 있다. 셋째, 방송대상은 본회의, 위원회 모두를 대상으로 하고 있으나 프랑스는 광고문제와 국민의 정치적 관심 여부 등으로 위원회의 생중계를 제한하고 있다. 넷째, 생중계는 주로 공영방송사를 통해 이루어지며, 민간방송사의 경우에는 광고수입 등을 고려하여 생중계를 거의 하지 않고 있다. 다섯째, 대부분의 국가에서는 본회의 생중계는 사전 허가 없이 무해설, 무편집으로 이루어지고 있다. 여섯째, 의사활동 중계방송을 위해 영국과 캐나다는 의회 내 특별위원회를 구성하고 있지만 다른 나라는 특별위원회를 구성하고 있지 않다. 일곱째, 의회주도형 방송사의 경우 방송관련 규정을 두고, 의회의 운영에 대한 품위유지, 의사방해 방지 등을 위해 제작 송출 등을 엄격히 규제하고 있다.

3) 운 영

지역방송사업자를 공공채널의 운영주체로 하고 있는 미국과 달리 우리나라는 공공채널의 운영주체를 국가로 한정하고 있다. 즉 공공의 목적으로 프로그램을 제작하고 방송하는 채널을 국가가 직접 운영한다는 것이다. 이는 공공채널을 국가이용 채널로 그 의미를 축소하는 것이다. 시청자의 매체 접근권과 표현의 자유를 보장하기 위한 시청자 접근채널과 다양한 형태로 운영 가능한 공익적 채널들을 국가가 모두 운영할 수 없을 뿐만 아니라 실질적으로 공공채널들은 비영리단체와 공익재단에 의해 운영될 수 있다.

우리의 경우, 과거 공공채널을 지정하면서 법조항은 운영주체를 국가로 한정하고 있었으나 이를 확대 적용한 사례가 있다. 구 종합유선방송법에 근거하여 공공채널들을 지정한 공보처는 공공채널의 운영주체에 대한 해석을 '공공복리'에 적합한 국가 이외의 공익재단, 특별법인 등 광의의 개념으로 해석하여 아리랑 TV와 OUN을 공공채널로 지정하였다.

이같이 공공채널의 운영주체를 국가로 한정한 조항은 이미 그 실효성을 상실했을 뿐만 아니라 공공채널의 범주를 축소하는 조항으로 개정이 필요하다.

이러한 특징을 중심으로 각국의 의회방송운영을 비교하면 <표 Ⅱ - 40>과 같이 정리할 수 있다.

구분	미국 C-SPAN	영국 BBC Parliament	호주 TPC	캐나다 CPAP	프랑스	독일	일본 콕카이 TV	한국
설립	1979	1992~1998	2004. 3	1986	1981	1997	1998	2004
운영 형태	케이블 TV주체의 공공채널	공영방송 BBC	상업방송 MPP 스카이 뉴스 오스트레 일리아	케이블TV 주체의 공공채널	의회방송: 국회방송 담당, 지상파방송 -공영방송 FR3	ZDF와 ARD 2원제제 방송사 운영	민영PP와 C-Net의 공공채널	국회방송: 국회 사무처
가입 자수	8,840만	70만~80만 정도	미미함	220만 정도	400~450 만 가구	1,000만 가구	5,000명 정도	CATV와 위성방송 가입자
특징	〈BOOKTV〉 등 책 관련 프로그램 많음	의회보도 매우 까다로움. BBC의 다른 채널 프로모션 활발	지상파 위주의 의회보도. 디지털 쌍방향 서비스	사법관련 프로그램 많음	상·하 양원 채널	사건 및 행사 다큐멘터 리 채널	〈정치 핫라인〉 등 정치인신 변잡기 프로그램으로 흥미유발	외주제작 프로그램 이 다수
재원	케이블업계 투자 + 베이직 서비스 요금	BBC 수신료	베이직 서비스 요금	케이블업 계 투자 +베이직 서비스 요금	국가예산	시청료	가입자 요금	방송발전 기금
비고	디지털 의무재송신 으로 위기	상업방송으로 부터 영역독점 비판	회기 중에만 운영		지상파 디지털TV(TNT) 채널 13번으로 송출		경영난으로 방송 중단	

※출처: 선행연구를 바탕으로 연구자가 재구성.

이러한 운영 특징 외에도 해외 의회방송 채널들의 편성 특징은 단순 의사중계 프로그램의 편성에서 나아가 공공정책 현안을 다루는 토론과 연설 심층인터뷰 프로그램의 특징을 가지고 있다. 그러나 국회방송은 공공 정책에 대한 토론 프로그램의 기능이 많지 않은 실정이다. 미국의C-SPAN과 캐나다의 CPAC의 경우 인터뷰와 분석을 통해 정치, 사회적 이슈까지 담아내는 등 보다 심층 보도에 주력하고 있다. 2006년도 4월 구체적인 편성량을 보면, 국회방송의 공공 프로그램의 경우 45.9%, 의회중계 프로그램 41.2%, 교육 프로그램 11%, 뉴스 프로그램 2%의 순이다. C-SPAN1의 경우에는 의회중계 프로그램이 40.7%로 가장 많고 공공 프로그램이 32.3%, 뉴스 프로그램이 23.7%이다. C-SPAN2의 경우에는 의회중계 프로그램이 61.95로 높은 비중을 차지하고 있고, 교육 프로그램이 18.9%이며, C-SPAN3의 경우에는 공공 프로그램이 67.3%이다. CPAC의 경우에는 공공 프로그램이 47.7%로 가장 높고 의회중계 프로그램은 23.1%이고 뉴스 프로그램이 19.8%, 정치 프로그램이 9.4%의 순으로 나타났다(김종현, 2006). 그러나 C-SPAN의 전체 프로그램에서 의회중계가 차지하는 비율은 15%가 넘지 않으며 나머지는 세미나, 인터뷰, 시청자 참여프로그램, 연설 등 공익을 위한 정치, 사회, 문화적인 문제를 다루고 있다.

한편, 국회방송은 양국의 의회정치 및 의회방송에 대한 상호 이해증진과 국회방송과 C-SPAN과의 우호협력 관계를 강화하고 C-SPAN을 통하여 한국의 국가 이미지를 검토하려는 효과를 위해 C-SPAN과 2004년부터 프로그램 교류 협정을 체결하고 있다 (<표 Ⅱ-41> 참고).

<표 Ⅱ-41> C-SPAN의 방송 프로그램 교류협정 주요내용

내용	년도		
	2004년 5월 21~ 11월 20일 (서명으로부터 6개월)	2005년 6월 9일~ 2006년 6월 8일 (서명일로부터 1년)	2007년 7월 4일~ 2008년 7월 3일 (서명일로부터 1년)
C-SPAN→ 국회방송 (6건)	존 케리, 대통령 후보 수락 연설 조지 부시, 대통령 후보 수 락연설	라이스 미 국무장관 지 명자 인사 청문회 김원기 의장 CSIS 초청 강연회	미 대통령 연두교서
국회방송→ C-SPAN (3건)	노무현 대통령 제 17대 국 회 개원 연설 2005년도 예산안 시정연설	국군부대의 이라크 파견 연장 동의안 본회의 처 리	
협정서 내용	2개	4개	4개
	상대가 선택하는 교환 프로그램(상영시간 90분 이내)		
협정 체결 효과	양국의 의회정치 및 의회방송에 대한 상호 이해증진 국회방송과 C-SPAN의 우호 협력관계 강화 C-SPAN을 통한 한국의 국가이미지 검토		
비고	C-SPAN과 국회방송의 인적교류추진 C-SPAN 실무 담당자 초청 및 국회사무처 고위급 인사 C-SPAN 방문 한미 FTA 체결동의안 종군 위안부 관련 결의안 등 프로그램 교환 협의		

※출처: C-SPAN의 방송 프로그램 교류협정 내용(2007). 국회방송 내부자료 재구성.

위의 현황에서 보듯이 지금까지 국회방송의 편성은 명실상부한 정치 전문채널의 위상이라기보다는 의정중계 기능이 강한 방송이 었다. 따라서 국회방송의 향후 편성 방향은 정치적 역할과 기능을 강화하고 뉴스와 분석 프로그램의 편성을 보완할 필요가 있다. 또 한, 시청자 접근권을 보장하는 시청자 참여의 능동적인 프로그램의 편성과 사회 교육적 기능을 담은 특화된 프로그램의 개발이 필요 하다.

4) 각국 주요 의회채널의 SWOT 분석 및 국내적 함의

(1) 미국 C-SPAN

각국의 의회채널도 미디어 기업 운영에 대한 강점과 기회요인 그리고 약점과 위협 요인들을 분석함으로써 시사점을 찾아볼 수가 있다.

먼저, C-SPAN의 가장 큰 장점은 시청자 참여프로그램(call in program)의 제작에 많은 공을 기울여 시청자에 의한 직접 민주주의를 실현하는 매개체가 되고 있다는 점이다. 이는 방송프로그램에 대한 정치적, 상업적 압력을 일체 배제하고 국민들이 의정활동을 직접 시청하고 감시할 수 있는 매개체의 역할이 되고 있다는 점에서 의미가 있다. 즉 케이블TV 산업이 미국에서 대중화되어 지상파 방송이 갖는 전파 자원의 한계성을 극복하고 공익채널을 통한 방송의 공공성과 공익성을 실현하며 의회정치의 소식을 중계함으로써 민주주의를 실천하는 장으로 활용하고 있다는 것이다. 다음으로는 인터넷 홈페이지를 통해서도 실시간으로 시청 가능하여 미국내 뿐만 아니라 전세계에도 미국 의회정치 소식을 실시간으로 시청할 수 있다는 점이다. 게다가 C-SPAN2에 <BOOK TV>라는 영역을 개척하여 의회영역과 유관한 공공현안 및 교양으로 채널영역을 확대하고 있으며, 일반 방송사도 C-SPAN을 통해 영상을 받아 방송하고 있다. 이는 C-SPAN이 단지 의회채널에서 영역을 확대하여 명실상부한 정치채널로서의 역할을 충실히 하고 있다는 증거이다. 또한, C-SPAN에서 제작되는 프로그램이나 기념품 판매를 통해 재정 확보를 위한 수입창구를 확대하고 있어서 케이블 협회에서의 재정적인 지원으로 인한 정치적 독립을 위한 재정 자립 방안으로 시사하는 바 크다. C – SPAN의 기회요인은 무엇보다도 <Book TV>라는 별도의 채널을 통해 브랜드 개념을 도입하는 등 경영면에서 다른 상업채널에 뒤떨어지지 않는 다는 점이다. 즉 전체예산의 25%를 마케팅 분야에 지출하고, C – SPAN2에 <BOOK TV>라는 영역을 개척하여 의회영역과 유관한 공공현안 및 교양으로 채널영역을 확대하였다는 것이다. 또한, C – SPAN은 케이블 / 위성 채널이기 때문에 지상파 네트워크와는 달리 공공 프로그램을 편성하는데 제약이 없다. 그리고 케이블채널의 베이직 서비스로 제공되어 재정적인 측면에서 안정적이라는 점이다. 그러나 약점요인은 채널 자체의 비즈니스 역량을 강화하여 비즈니스 모델을 끊임없이 추구해야 하기 때문에 운영에 있어서 공익성을 추구하면서도 수익구조를 모색해야 한다는 점이다. 위기요인은 디지털 전환으로 인한 FCC의 'Digital Must Carry'규칙 즉 방송의 디지털 의무전송제도로 인하여 의무 전송채널에서 빠질 위기에 처해 있어서 이에대한 대응방안의 일환으로 웹사이트에 의무전송 규정에 대한 입장을 표명하고 있다.

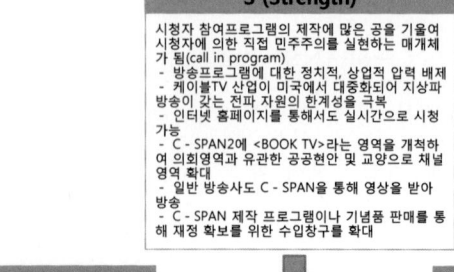

S (Strength)

시청자 참여프로그램의 제작에 많은 공을 기울여 시청자에 의한 직접 민주주의를 실현하는 매개체가 됨(call in program)
- 방송프로그램에 대한 정치적, 상업적 압력 배제
- 케이블TV 산업이 미국에서 대중화되어 지상파 방송이 갖는 전파 자원의 한계성을 극복
- 인터넷 홈페이지를 통해서도 실시간으로 시청 가능
- C-SPAN2에 <BOOK TV>라는 영역을 개척하여 의회영역과 유관한 공공현안 및 교양으로 채널 영역 확대
- 일반 방송사도 C-SPAN을 통해 영상을 받아 방송
- C-SPAN 제작 프로그램이나 기념품 판매를 통해 재정 확보를 위한 수입창구를 확대

W (Weakness)

차후 <Book TV>는 별도의 채널로 분사할 수 있도록 브랜드 개념을 도입하는 등 경영면에서 다른 상업채널에 뒤떨어지지 않음
- C-SPAN은 케이블/위성 채널이기 때문에 지상파 네트워크와는 달리 공공 프로그램을 편성하는데 제약이 없다
- 케이블채널의 베이직 서비스로 제공되어 재정적인 측면에서 안정

W (Weakness)

채널 자체의 비즈니스 역량을 강화하여 비즈니스 모델을 끊임없이 추구해야 함

미국 C-SPAN

T (Threat)

디지털 전환으로 인한 FCC의 'Digital Must Carry'규칙(방송의 디지털 의무전송제도로 인하여 의무 전송채널에서 빠질 위기에 처해 있음)

(2) 영국 BBC Parliament

영국과 같은 유럽의 의회전문채널은 미국 및 캐나다의 의회전문채널과 설립형태 및 운영방식이 다르다. 영국의 의회전문채널은 1992년 케이블업계에 의해 비영리공공채널로 시작되었지만, 경영난 등의 이유로 1998년부터 공영방송인 BBC가 운영을 맡고 있다.

강점요인은 BBC가 운영을 맡고 있어서 수신료 재원이라는 안정성이 있다는 점이다. 그리고 BBC1,2 와 뉴스 채널들에서도 방송되어 비교적 활용도가 높은 편인데 채널들끼리 교차 홍보효과를 꾀할 수 있다. 현재 BBC Parliament는 지상파 디지털에서 무료로 채널 45에서 시청이 가능하고 케이블 TV와 위성 방송에서 채널 508

을 통하여 시청할 수 있다. BBC는 의회전문 채널 서비스를 스코틀랜드, 웨일즈와 북 아일랜드 의회로 확장하고 있다. 기회 요인으로는 BBC가 운영하는 주요 채널들을 이용하여 BBC Parliament 프로그램 예고할 수 있어 다양한 홍보전략을 세울 수 있다는 점과 BBC 브랜드 가치와 명성으로 인한 신뢰도 부수적 효과를 누릴 수 있다는 점이다. 반면에 BBC가 디지털 채널로 운영되어 아날로그 가입자들에게 시청 기회가 제한되었고, 영국 의회가 권위적이어서 방송보도가 매우 까다롭다는 것이다. 따라서 객관적이고 공정한 보도는 보장되지만, 상대적으로 프로그램 흥미가 반감 될 우려가 있다. 예를 들면 카메라 보도 방향에 대한 엄격한 규제가 있어서 토론 프로그램이 지루하다는 시청자 반응이 나오고 있다거나, BBC Parliament 프로그램은 사운드와 자막 규정이 엄격해서 의회채널로서 효과가 반감될 우려가 있다. 위협 요인으로는 ITC와 상업방송사들로 부터 BBC가 의회전문 방송 서비스를 하는 것은 불합리하다는 비판이 나오고 있다는 것이다.

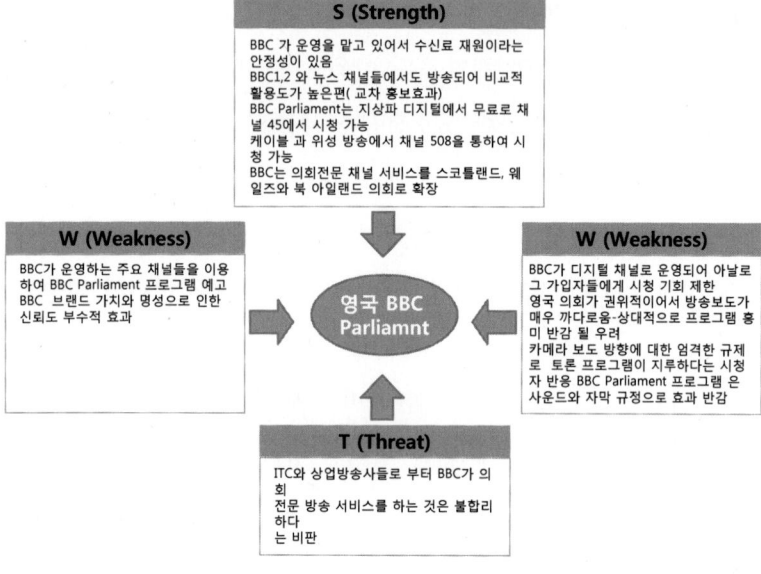

〈표 Ⅱ-43〉 영국 BBC Parliament SWOT 분석

S (Strength)

BBC 가 운영을 맡고 있어서 수신료 재원이라는 안정성이 있음
BBC1,2 와 뉴스 채널들에서도 방송되어 비교적 활용도가 높은편(교차 홍보효과)
BBC Parliament는 지상파 디지털에서 무료로 채널 45에서 시청 가능
케이블 과 위성 방송에서 채널 508을 통하여 시청 가능
BBC는 의회전문 채널 서비스를 스코틀랜드, 웨일즈와 북 아일랜드 의회로 확장

W (Weakness)

BBC가 운영하는 주요 채널들을 이용하여 BBC Parliament 프로그램 예고
BBC 브랜드 가치와 명성으로 인한 신뢰도 부수적 효과

영국 BBC Parliamnt

W (Weakness)

BBC가 디지털 채널로 운영되어 아날로그 가입자들에게 시청 기회 제한
영국 의회가 권위적이어서 방송보도가 매우 까다로움-상대적으로 프로그램 흥미 반감 될 우려
카메라 보도 방향에 대한 엄격한 규제로 토론 프로그램이 지루하다는 시청자 반응 BBC Parliament 프로그램 은 사운드와 자막 규정으로 효과 반감

T (Threat)

ITC와 상업방송사들로 부터 BBC가 의회
전문 방송 서비스를 하는 것은 불합리하다
는 비판

(3) 호주의 TPC

호주의 의회전문채널은 2004년 3월에 시작하여 다른 국가에 비해 상대적으로 늦었다고 할 수 있다. 이는 호주가 미국, 영국에 비해 케이블이나 위성 인프라가 상대적으로 발달이 저조하였기 때문이지만, 호주의회에서 보편적 접근을 이유로 유료방송을 통한 의회전문채널보다는 지상파 방송을 선호하였기 때문이다. 호주 의회채널의 강점은 호주의 대표적인 유료채널사업자인 Sky News Australia 와 Foxtel Digital이 디지털 위성/케이블 가입자를 대상으로 서비스하기 때문에 쌍방향서비스가 뛰어나다는 점이다. 게다가 신규 뉴미디어 플랫폼들이 등장하고 있어서 인터넷과 모바일 까지 서비스 영역 확대가 가능하다.

따라서 기회 요인은 디지털 방송은 양방향 서비스가 가능하여 다양한 부가 서비스 제공이 가능하다는 측면에서 시청자 맞춤형 의회 정보를 제공 할 수 있다는 것이다. 약점 요인은 호주의 의회전문채널인 Parliamentary Channel은 아직 까지는 의회 회기 중에만 운영되고 있어서 불안정적이며, 의회관련 정보제공이 미흡하고 양방향 서비스가 가능하지만, 방송 시간이 많지 않기 때문에 시청자 참여의 기회가 줄어든다는 것이다. 위협요인은 상업방송사의 형식적인 공공채널로 운영되어 뉴스가치가 떨어지면, 채널 운영이 파행적으로 갈 수도 있는 가능성이 있다.

〈표 Ⅱ-44〉 호주 TPC 의 SWOT 분석

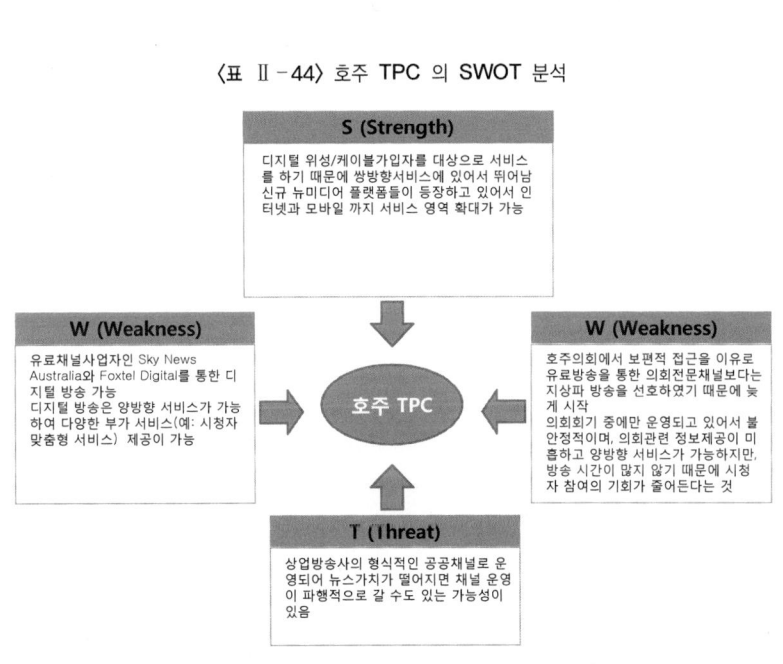

S (Strength)

디지털 위성/케이블가입자를 대상으로 서비스를 하기 때문에 쌍방향서비스에 있어서 뛰어남
신규 뉴미디어 플랫폼들이 등장하고 있어서 인터넷과 모바일 까지 서비스 영역 확대가 가능

W (Weakness)

유료채널사업자인 Sky News Australia와 Foxtel Digital를 통한 디지털 방송 가능
디지털 방송은 양방향 서비스가 가능하여 다양한 부가 서비스(예: 시청자 맞춤형 서비스) 제공이 가능

호주 TPC

W (Weakness)

호주의회에서 보편적 접근을 이유로 유료방송을 통한 의회전문채널보다는 지상파 방송을 선호하였기 때문에 늦게 시작
의회회기 중에만 운영되고 있어서 불안정적이며, 의회관련 정보제공이 미흡하고 양방향 서비스가 가능하지만, 방송 시간이 많지 않기 때문에 시청자 참여의 기회가 줄어든다는 것

T (Threat)

상업방송사의 형식적인 공공채널로 운영되어 뉴스가치가 떨어지면 채널 운영이 파행적으로 갈 수도 있는 가능성이 있음

(4) 캐나다 CPAC

캐나다의 CPAC은 운영 형태와 내용에 있어서 미국의 C-SPAN
과 거의 유사한 형태를 지니고 있다. 상업적인 케이블회사들의 투자
에 의해 설립 운영되지만, 비영리적 공공채널의 성격을 띠고 있다.
먼저 강점으로는 전국으로 공공 현안 프로그램을 방송하는 유일한
매체기능을 하고 있다는 점이다. 프로그램 내용에 있어서도 중요한
사안에 대한 법원 판결들을 심층적으로 분석하는 프로그램이 많아
시청자들의 궁금증을 해소해주고 있으며, 3개의 오디오 채널을 운
영하여 3개 국어(영어, 프랑스어, 방송 지역 언어)로 방송하고 있
다는 점이다. 참여 프로그램에는 <Public Life>, <Roundtable>등이
있어서 시청자 참여 폭이 크다는 것과 자체 제작한 프로그램을 판
매하여 수익 창출을 하고 있다. 기회 요인으로는 CPAC와 네트워크
를 맺고 있는 외국의 주요채널들이 미국의 C-SPAN, 프랑스의 Public
Se'nat, 독일의 Phoenix 가 있어서 프로그램 교환 수급이 원활하다
는 점과 현안 문제에 대한 다양한 의견을 반영하며 타 언론매체에
정보를 제공하고 있고, 각국 의회채널과 다른 매체와의 교류가 활
발하여 프로그램 수급 원활과 프로그램의 다양성이 가능하다는 것
이다. 그러나 약점으로는 무편집 중계로 인한 객관성은 있으나 시
청자들은 지루하다는 반응이다. 위협요인은 가입자가 220만 정도
이고 직원도 50명 정도로서 미국의 C-SPAN 보다 상대적으로 적
은 규모이므로 제작 여건이 열악하다는데 문제가 있다.

〈표 II-45〉 캐나다 **CPAC** 의 **SWOT** 분석

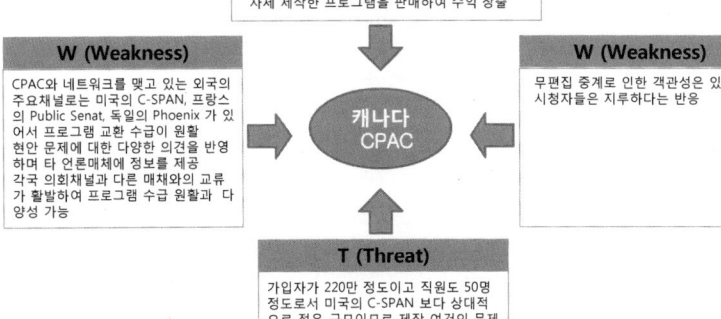

S (Strength)
전국으로 공공 현안 프로그램을 방송하는 유일한 매체기능
중요한 사안에 대한 법원 판결들을 심층적으로 분석하는 프로그램이 많음
3개의 오디오 채널을 운영하여 3개 국어(영어, 프랑스어, 방송 지역 언어) 로 방송
참여 프로그램에는 <Public Life>, <Roundtable>등이 있어서 시청자 참여 폭이 큼
자체 제작한 프로그램을 판매하여 수익 창출

W (Weakness)
CPAC와 네트워크를 맺고 있는 외국의 주요채널로는 미국의 C-SPAN, 프랑스의 Public Senat, 독일의 Phoenix 가 있어서 프로그램 교환 수급이 원활
현안 문제에 대한 다양한 의견을 반영하며 타 언론매체에 정보를 제공
각국 의회채널과 다른 매체와의 교류가 활발하여 프로그램 수급 원활과 다양성 가능

W (Weakness)
무편집 중계로 인한 객관성은 있으나 시청자들은 지루하다는 반응

T (Threat)
가입자가 220만 정도이고 직원도 50명 정도로서 미국의 C-SPAN 보다 상대적으로 적은 규모이므로 제작 여건의 문제

캐나다 CPAC

(5) 프랑스

프랑스의 경우에는 하원 채널과 상원 채널로 분리된 두 개의 독립적인 의회채널인 LCP - AN(La Chaine parlementaire - Assembl e nationale)이라는 명칭의 하원 채널과 Public Sénat라는 상원 채널이 공식적 국회 채널로 인가되었다. 이는 강점요인이자 위협 요인이 되기도 하는데, 상, 하원 각각 의정중계 채널을 통해 정부전달을 충분히 하고 있다는 것은 강점이고, 각각의 채널이다보니 일관성있는 의정 정보전달보다 상, 하원 의원의 각각의 시각에서 정보전달이 이루어질 우려가 있다는 것이다. 약점으로는 국민들이 정치적으로 무관심하여 국회의 생중계를 자주 하고 있지 않다는 점이다.

그럼에도 불구하고 상원과 하원방송은 국가가 100% 재정 지원을

하고 있어서 재원마련이 안정적이라는 것과 편성내용과 제작에 관해 독립성과 정치적 중립성을 법적으로 보장 받고 있다는 점이다.

〈표 Ⅱ-46〉 프랑스의 SWOT 분석

S (Strength)

LCP - AN(La Chaine parlementaire - Assembl e nationale)이라는 명칭의 하원 채널과 Public Snat라는 상원 채널이 공식적 국회 채널로 인가

W (Weakness)

상원과 하원방송은 각각 상?하원이 100% 지분을 소유하며 재원은 국가 예산으로 충당으로 안정적 상원방송은 편성내용과 제작에 관해 독립성과 정치적 중립성을 법적으로 보장

프랑스 상 하원널

W (Weakness)

국민들의 정치적 무관심으로 인해 프랑스의 TV방송사들은 국회의 생중계 방송을 자주하지는 않고 있음.

T (Threat)

국회 채널이 무료 헤르츠 방송에서 방영되지 않고, 케이블 방송을 비롯하여 TPS와 Canal Satellite 두 개의 직접위성 다발 방송을 통해 방송된다. 공영 텔레비전 방송사의 채널인 France3이 오후 방송시간을 국회 토론 중계에 할애하고 있기는 하지만, 유료 방송을 통해서만 접할 수 있다는 점

(6) 독 일

독일은 ARD와 ZDF는 1997년 4월 7일부터 행사 및 기록채널인 Phoenix를 방송하고 있다. ZDF의 텔레비전위원회는 1997년 9월 20일 ARD와 ZDF가 공동으로 추진 중인 사건 및 다큐멘터리 채널에 대한 구상 승인하고 ARD / WDR과 ZDF가 매년 교대로 경영권을 갖는 구도로 국회채널을 운영하고 있다.

방송채널은 연방의회(Bundestag), 연방참의원(Bundesrat), 유럽 의회, 독일 주 의회의 주요 회의들이 사건보도의 범주 안에 생중계되고 있다.

재원은 시청료 중에서 0.14마르크 할당된 연간 5200만 마르크이며, 방송사 중계형이다.

독일 Phoenix의 강점은 무엇보다도 기록 채널이라는 점이다. 즉 전 가구의 80%가 Phoenix를 수신하고 있고, 의회의 논쟁에서부터 회의, 강연, 심포지엄, 기자회견, 판결문 공표에 이르기까지 행사를 보여준다는 점이다. 그리고 현장 중계의 객관성을 위해 의회 논쟁을 중계한다는 것이다. 기회요인은 채널 인지도가 높고, 시청자의 신뢰도가 높다는 것이다. 반면에 약점요인으로는 전가구에 케이블이나 위성이 연결되어 있지 않기 때문에 인지도나 신뢰도에 비해 Phoenix를 시청하는 실제 인구가 많지 않다는 것이다.

게다가 위협요인으로는 Phoenix의 경영구조가 2중 구조의 교체되는 경영권을 가지고 있으므로 지속적인 방송 정책이 어렵다는 점이다.

〈표 Ⅱ-47〉 독일 Phoenix의 SWOT 분석

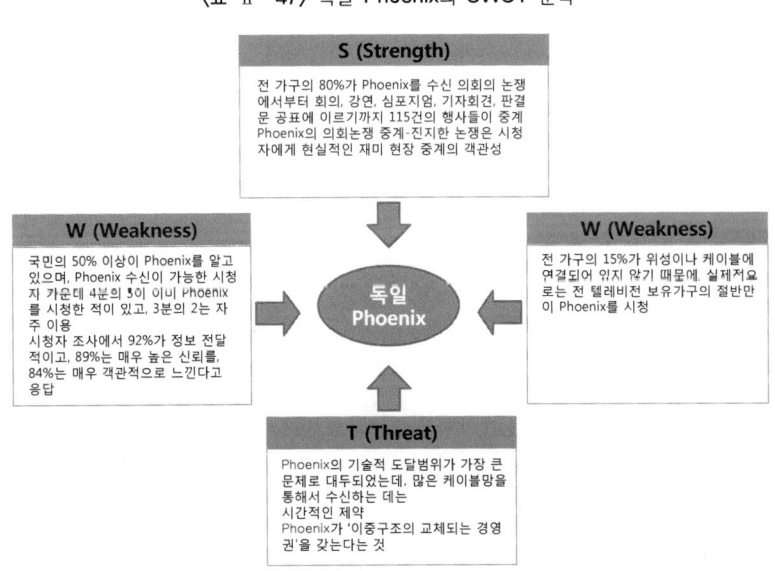

(7) 일본 콕카이 TV

일본 의회전문채널인 콕카이TV는 1998년에 상업방송인 C-Net에 의해 시작되었지만, 프로그램이 무료로 공급됨에도 불구하고 가입자 수가 5,000명 정도로 저조하고, 위성사용료를 지급하지 못하여 방송이 중단되었다. 우리의 케이블/위성방송과는 달리 채널사업자 중심의 유료채널정책 때문에 의회전문채널이 베이직 서비스로 보증 받지 못한 결과이다. 현재는 인터넷방송을 통한 참의원과 중의원의 홈페이지와 연계하여 의회중계방송이 실시되고 있다. 먼저 강점으로는 대표적인 시청자 참여프로그램인 <정치 핫라인>은 매일 한 명씩 게스트로 출연하는 국회의원과 시청자가 직접 전화로 논의하고 이를 생중계한다는 점이다. 출연하는 정치가도 유명인뿐만 아니라 정치신인과 공산당 의원까지 골고루 출연하여 다양성이 확보되고 있다. 그리고 헌법조사회나 위원회 등을 중계해 줌으로써 국회의 심의를 감시하고 있다. 또한, 미국정치의 움직임을 C-SPAN을 링크하여 전달하고 있다. 기회 요인은 베이직 서비스로 재정적인 문제가 해결되면 공공채널로서의 가능성이 있다는 점이다. 그리고 인터넷 의회채널로 탈바꿈하고 양방향적인 부가서비스와 결합하여 온라인 의회채널로서 위상을 높일 수 있다는 것이다. 약점 요인은 공공채널에 위성사용료를 부과했기 때문에 수익구조가 맞지 않아 방송이 중단되었다는 것이다. 즉 채널사업자 중심의 유료채널정책 때문에 베이직 서비스로 보증 받지 못했다는 것이다. 따라서 위협요인으로 공공채널로서의 위치가 상업채널에 뒤질 수밖에 없고 이로 인해 서비스 제공에 많은 어려움이 있다는 것이다.

이와같이 콕가이TV를 통해서는 가입자수의 확보와 베이직 서비스 제공등 공공채널에 대한 지원이 필요하다는 사실이다.

〈표 Ⅱ-48〉일본 콕가이TV의 SWOT 분석

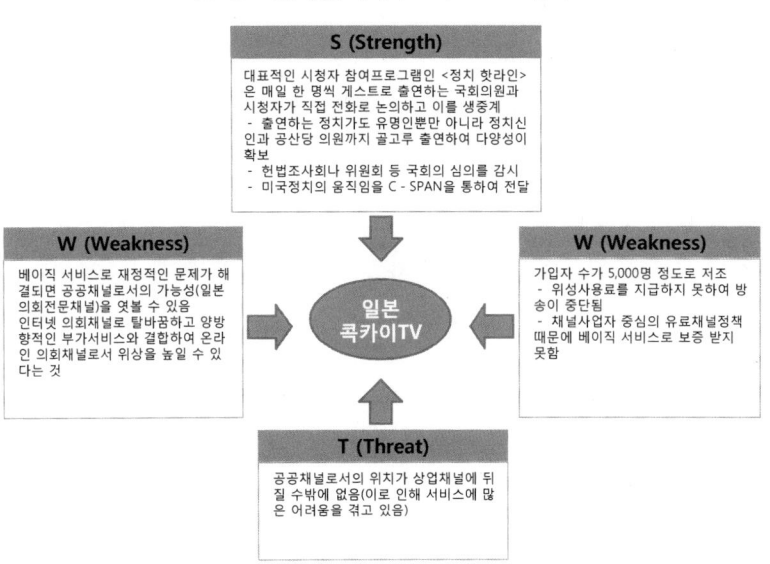

5) 시사점

이상과 같이 해외사례를 고찰함으로써, 의회방송의 운영현황과 편성전략을 구체적으로 파악할 수 있었다.

미국의 C-SPAN채널은 의회전문채널의 모범이라고 할 만큼 성공적인 운영을 하고 있다. 상업적인 케이블TV들의 공익적 실천의지에 의해 출범한 C-SPAN은 일체 운영에 간섭을 하지 않고, 케이블 채널의 기본 서비스로 제공되어 재정적인 측면에서도 안정되어 있다. 또한 방송프로그램에 대한 정치적, 상업적 압력을 일체 배제하고 국민들의 의정활동을 직접 시청하고 감시할 수 있는 매개체의 역할을 한다. 특이한 것은 공영이나 국영방송사가 의회전문채널을 운영하는 것에 비해, 채널 자체의 비즈니스 역량을 강화하여 독자적인 생존능력을 길렀다는 것이다. 예를 들면 전체 예산의 25%를 마케팅 분야에 지출하고, C-SPAN2에 BOOK-TV라는 영역을 개척하여 의회 영역과 유관한 공공현안 및 교양으로 채널영역을 확대하였다는 것이다. 이로 인해 C-SPAN은 TV3채널과 라디오1채널로 확장하였고, 시청자를 2004년 4월 현재 8,800만명 정도를 확보하여 ESPN, CNN을 앞지르고 있다. 또한 의회에서 제작한 프로그램을 무상으로 공급받아 프로그램 제작비를 절감하는 대신에, 시청자 참여 프로그램의 제작에 많은 공을 기울여 대의제 민주주의의 한계를 극복하고 시청자에 의한 직접 민주주의를 실현하는 매개체가 되기도 하였다. 편성의 경우에도 C-SPAN은 시청자 참여 프로그램을 중요하게 여겨 시청자 전화를 24시간 개방하고 있다.

미국 및 캐나다의 의회전문채널과 영국과 같은 유럽의 의회전문채널은 설립형태 및 운영방식이 다르다. 영국의 의회전문채널은 1992년에 케이블업계에 의해 비영리공공채널로 시작되었지만, 경영난 등의 이유로 1998년부터 공영방송인 BBC가 운영을 맡고 있다. 디지털채널로 운영되어 아날로그 케이블가입자들은 시청할 기회가 별반 없다는 것이 문제다. BBC Parliament는 영국의회가 매우 권위적이어서 방송보도가 매우 까다로우며, 이것이 프로그램의 흥미를 반감시키고 있으므로, 의회 측에서도 규제완화를 지속적으로 하고 있다. 또한 BBC가 운영을 맡고 있어서 수신료 재원이라는 안정성이 있으며, BBC1, 2와 뉴스채널을 통한 교차홍보효과가 매우 크다는 것이 특징적이다. ITC와 상업방송사들로부터 BBC가 의회 전문방송 서비스를 하는 것이 불합리하다는 비판을 받는 것도 사실이다.

프랑스의 경우에는 상원과 하원으로 이원화된 구조로 하나의 채널을 구성하는 우리와는 방식이 다르지만 의회가 독자적인 채널을 보유하고 있다는 점에서 유사한 측면이 있다. 본회의 및 위원회 회의 장면은 위성과 케이블을 통해 대국민 송출이 이루어지고 있으며 타 방송사와 언론사는 의회에서 제공된 화면을 활용하여 보도 또는 중계하고 있다. 향후 우리나라도 관계법을 개정할 때 본회의 및 예결위 장면제공 등 선진외국의 사례를 참고로 할 수 있을 것이다.

특히 이러한 사례는 지상파 방송의 디지털화를 앞두고 국민의 알권리와 공공가치를 담보로 국회방송이 디지털 지상파 의무전송채널로 관련법규가 개정될 수 있도록 하는 데 관계자들의 폭넓은 공감대 형성을 이끌어 낼 수 있을 것이다.

현재 우리나라는 미국C – SPAN과는 프로그램 협정이 체결되어 있고, 프랑스 의회방송인 Public Sénat와 LCP와 협약이 되어 있으므로 이들 나라와의 실질적인 네트워킹을 통한 국제적 이슈에 대한 상호협력뿐만 아니라 제도적 지원방안을 모색하는 데 벤치마킹할 수 있을 것이다. 이 같은 해외의 대표적인 의회채널의 고찰을 통해 살펴본 바와 같이 미국의 C – SPAN과 캐나다의 CPAC의 프로그램처럼 국회방송(NATV)이 단순한 의사중계채널이 아니라 정치 전문채널로서의 위상을 제고해 나가는 장기전인 전략이 모색되어야 할 것이다.

특히, 의회방송은 각국 의회의 구성원들뿐만 아니라 국민들에게 전달되는 매체이기 때문에 선발국들의 사례를 통해 충실한 의사중계 이외의 의회 민주주의와 정치에 관한 교육적 프로그램을 만들어 시청자들의 정치교육의 선도의 장이 되어야 할 것이다. 또한, 세계적 추세인 방송의 디지털화에 따라 국회방송의 공공성과 공적 기능을 담보하기 위한 인프라와 제작시설에 대한 적극적인 투자방안에 대한 자료로도 활용할 수 있을 것이다.

Ⅲ. 국회방송의 기본 원칙과
법제화 방향

1. 국회방송의 기본 원칙

해외 의회채널과 국회방송의 법적근거와 운영현황에 대해 살펴본 결과, 국가마다 의회방송 형태와 채널의 성격은 다르지만, 미국, 캐나다, 영국, 호주와 일본 외에도 독일의 Phoenix TV, 프랑스의 Public Sénat 등 대부분의 국가들이 의회전문채널을 유지하고 있다. 이는 공익성을 바탕으로 한 국민의 알 권리를 보장하는 공론장으로서의 의회채널의 중요성에서 비롯된 것이라고 볼 수 있다.

국회방송 편성원칙에도 사실성의 원칙, 공정성의 원칙, 정치적 중립성의 원칙, 공공성과 다양성의 원칙이 강조되고 있다.

특히 디지털 전환을 가속화시키고 있는 요즘 의회방송의 공익을 제도적으로 강조하는 논의로서 김광호 외(2006)는 국회방송의 공익을 공공가치라고 규정하고 있다. 공공 가치란, 공중에게 가치 있게 나타나는 것으로 의회과정 및 입법부의 활동에 대한 방송을 통해 국민의 알 권리를 충족시키고 민의를 적극적으로 수렴하여 의회민주주의의 발전에 기여하는 것을 말한다. 여기서는 국회방송의 공공가치를 다음과 같이 설정하였다.

〈표 Ⅲ-1〉 국회방송의 공공가치

구분			내용
채널 공공가치	공공적 이미지	공익성	공적책임을 다하며 공익을 증진하고 시청자권익을 보호하는 공공에 봉사하는 서비스
		알 권리	의회과정 및 입법부의 활동에 대한 방송을 통해 입법 활동과 정보를 제공하고 국민의 알 권리를 충족
		공정성	국민의 의회 관련 교육 내용으로 국민과 국회의 친밀감 제공하고, 신뢰할 수 있는 사실적인 내용으로 정보전달의 명확화 유도
		공론장 가치	사회를 이해할 수 있고, 이슈가 되는 문제에 대해 참여할 수 있도록 믿을 만하고 공정한 뉴스와 정보제공으로 국회와 국민의 가교역할
	품질 이미지	공적 재미	시청률은 낮지만 공공가치를 지닌 오락과는 구분되는 재미

※출처: 국회방송 공공가치 지수 개발에 관한 연구(2006). 서울 산업대 IT 정책연구소.

이를 바탕으로 의회방송의 제도적 원칙을 공익성과 공정성 그리고 알 권리와 공론장을 중심으로 살펴본다.[13]

1) 공익성

방송의 공익성이란 한마디로 공공성을 갖는 방송미디어가 사적

---

13) 방송법 제6조(방송의 공정성과 공익성)에는 다음과 같이 명시되어 있다. ①방송에 의한 보도는 공정하고 객관적이어야 한다. ②방송은 성별, 연령, 직업, 종교, 신념, 계층, 지역, 인종 등을 이유로 방송 편성에 차별을 두어서는 안 된다. 다만, 종교의 선교에 관한 전문편성을 행하는 방송 사업자가 그 방송 분야의 범위 안에서 방송을 하는 경우에는 그러하지 아니하다. ③방송은 국민의 윤리적, 정서적 감정을 존중하여야 하며, 국민의 기본권 옹호 및 국제친선의 증진에 이바지하여야 한다. ④방송은 국민의 알 권리와 표현의 자유를 보호, 신장하여야 한다. ⑤방송은 상대적으로 소수이거나 이익추구의 실현에 불리한 집단이나 계층의 이익을 충실하게 반영하도록 노력하여야 한다. ⑥방송은 지역사회의 균형 있는 발전과 민족문화의 창달에 이바지하여야 한다. ⑦방송은 사회교육기능을 신장하고 유익한 생활정보를 확산, 보급하며 국민의 문화생활의 질적 향상에 이바지하여야 한다. ⑧방송은 표준말의 보급에 이바지하여야 하며 언어순화에 힘써야 한다. ⑨방송은 정부 또는 특정집단의 정책 등을 공표함에 있어 의견이 다른 집단에게 균등한 기회가 제공되도록 노력하여야 하고, 또한 각 정치적 이해당사자에 관한 정부 프로그램을 편성함에 있어서도 균형성이 유지되도록 하여야 한다.

이익의 추구 수단이 될 수 없고 공공의 이익, 전체 사회의 이익에 봉사해야 한다는 의미이다. 방송에서 공공성을 강조하는 이유는 제반 사회에 존재하는 다원적 가치와 그것을 유통시키는 전파의 유한 희소성, 즉 사회적 가치의 다양성과 방송 전파의 제한성에서 생기는 문제점을 해결하기 위한 것이다. 특히 방송의 사회적 영향력이 갈수록 커지고 있는 상황에서 방송이 공공성의 테두리를 벗어나 단순한 이윤추구 수단이나 권력의 도구로 전락할 경우 의견의 다양성과 그 수렴을 근거로 하는 현대 민주주의는 근본적으로 위협을 받을 수밖에 없다.

방송이 점차 오락, 상업방송으로 치우치고 있는 현실에서 방송의 공익성을 실현하는 방편으로 공익채널의 전송을 의무화하는 방안이 제시되었다. 그렇지 않으면 수익성 없는 공익성 채널들은 대부분 경쟁력의 약화로 인한 존립기반마저 위협을 받기 때문이다. 그러나 한편으로는 의무전송채널이 너무 많아 채널편성권의 침해 등 부작용에 대한 지적도 있다.

현재 방송위가 2004년 7월 발표한 `방송채널정책운용방안`에 따르면 공공 · 공익채널은 국가(사법, 행정, 입법부)가 운영하는 공공채널 3개와 10개 분야의 공익채널로 나뉜다. 공익채널은 한국문화(한국어, 영어) · 교육(수능, 초중등) · 소수대상 · 환경 · 어린이 · 과학기술 · 순수문화예술 · 역사다큐 등 10개 장르에서 방송위가 해당 PP들을 지정하도록 했다.

방송에 있어 공공성, 공익성 논리는 80년대 이후 미국을 중심으로 가속화된 탈규제 정책에 따라 일정하게 후퇴하였고 최근 급속한 디지털 환경의 도래에 따라 더욱 위축되고 있는 상황이다. 그러나 새로운 디지털 방송 환경은 방송의 본질과 관련하여 몇 가지 근본적 문제를 제기하고 있다. 이에 따라 각국은 새로운 환경에서 위태로운 가치인 방송 공익성의 유지와 방송 시장의 합리적 재편을 위해 부심하고 있다.

미국의 1996년 텔레커뮤니케이션법(201조 d항)은 방송사업자가 디지털 주파수를 유연하게 사용하는 것을 인정하는 대신, 재허가 시 FCC에 방송 프로그램이 공공 이익에 합당한지 여부를 입증해야 한다고 규정하고 있다.

또한, 디지털 자문위원회(Advisory Committee on Public Interest Obligations of Digital Television Broadcasters)에서는 공공의 이익, 정책 유연성, 경쟁과 투명성 등 세 가지 원칙을 전제하고 디지털 시대의 방송 공익 유지를 위한 구체적 방안 10가지를 제안하고 있다. 10가지 방안이란 방송사업자의 자발적인 공익활동 공개, 자율적 행동 지침 마련, 공익 유지를 위한 최소한 요구, 디지털 방송을 통한 교육의 향상, 다중방송과 공익, 정치 담론의 수준 향상, 재난 경고 기능의 강화, 디지털 프로그램에 대한 장애인 접근권 보장, 방송 프로그램의 다양성 유지, 새로운 텔레비전 환경에서 공익의무에 관한 새로운 접근 등이다.

전통적으로 시청자의 이익, 다양성과 선택기회, 고품질 프로그램, 문화정체성, 보편적 서비스 등을 강조해 온 영국의 경우 디지털 시대에도 공익성 유지를 위한 장치 마련에 적극적이다.

디지털 방송으로 전환하는 시점에서 공익성을 규제하는 방안으로 회수된 일부 주파수를 공익목적으로만 사용하는 공공영역 모델 등이 검토되고 있다. 공공영역 모델은 디지털 방송으로의 전환이 완료된 후 회수된 주파수의 일부를 정부가 공익 프로그램 제공용으로 확보하는 방안이다. 공익 프로그램을 방송하는 방송국은 회수된 주파수 중 공익 프로그램용이 아닌 주파수 대역을 경매함으로써 얻어지는 수익금으로 운용될 수 있다. 이 모델의 장점은 미국의 의회채널(C-SPAN)처럼 공공 방송사가 공적인 프로그램을 제작할 수 있도록 장을 마련해 준다는 데 있다.

보편적 서비스 문제는 경제적 접근능력에 따라 시청자가 차별화될 수밖에 없는 디지털 시대에는 더욱 중요하게 대두될 수밖에 없다. 디지털시대에 보편적 서비스 유지를 위해서는 불리한 시장조건으로 인하여 어떤 특정 지역이나 특정 인종이 보편적 서비스에서 제외되지 않도록 법적 규제가 뒤따라야 함은 물론, 전송시스템에 접근할 수 있도록 공적 영역들을 활용하는 방법들을 강구해야만 한다.

특히 디지털화의 혜택이 소수의 미디어 소유자에게 집중되지 않도록 해야 한다는 점이 모든 나라 디지털 정책의 기본 전제라는 점에서 방송영역에서 시민 액세스의 제도적 보장은 새로운 디지털 공익성의 가장 중요한 측면이다.

미국이나 영국 등지에서 디지털 전환정책을 추진하면서 이구동성으로 공익성 유지와 시청자 이익보호를 표방하고 있다는 점에 주목할 필요가 있다. 주지하듯 디지털화는 엄청난 전환비용과 이후 적정 규모의 지불의사가 있는 시청자를 형성하는 것이 관건이다. 이를 위해서는 시청자에게 디지털화의 장점과 필요성을 설득시켜야 한다는 측면에 주목한 것이다.

아쉬운 것은 우리나라에서도 여러 차례 디지털화에 대한 논의가 있음에도 불구하고 디지털 시대에 공익성 유지 확대 방안에 관한 논의가 별로 이루어지고 있지 않다는 점이다. 디지털화의 사회적 의미가 불분명한 상황에서 방송의 디지털화는 시민과 유리된 새로운 테크놀로지 사회의 건설이라는 모순을 낳을 가능성이 크다.

2007년 1월에 일부 개정된 방송법에서 보면, 제5조 2항에서 방송의 공적 책임을 "방송은 국민의 화합과 조화로운 국가의 발전 및 민주적 여론형성에 이바지하여야 하며 지역 간·세대 간·계층 간·성별 간의 갈등을 조장하여서는 아니 된다."로 강조하고 있다. 제6조에서는 방송의 공정성과 공익성을 1항에서 방송에 의한 보도는 공정하고 객관적이어야 한다. 4항에서는 방송은 국민의 알 권리와 표현의 자유를 보호·신장하여야 한다. 7항에서는 방송은 사회교육기능을 신장하고, 유익한 생활정보를 확산·보급하며, 국민의 문화생활의 질적 향상에 이바지하여야 한다. 9항에서는 방송은 정부 또는 특정 집단의 정책 등을 공표함에 있어 의견이 다른 집단에게 균등한 기회가 제공되도록 노력하여야 하고, 또한 각 정치적 이해 당사자에 관한 방송프로그램을 편성함에 있어서도 균형성이 유지되도록 하여야 한다고 명시하고 있다.

국회방송에서의 공익성이란 공적책임을 다하며 공익을 증진하고 시청자 권익을 부흐하는 공공에 봉사하는 서비스를 말한다. 즉 입법부의 공공적 기능과 역할에 대한 다양한 프로그램 편성이라고 할 수 있다.

2) 공정성

국회방송 편성의 기본원칙 중의 하나는 공정성을 확보하는 일이다. 국회방송은 국민들에게 정치에 대한 참여를 유도하고, 정치적 관심을 불러일으키는 데 초점을 둔다. 따라서 무편집, 무해설로 진행된다 하더라도 특정 정당에 유리한 회의만을 집중적으로 방영한다던지 또는 특정 정당 또는 특정 인물에 유리하게 영상화면을 잡을 경우 공정성 논란에 휘말릴 수 있고, 이는 결국 기반이 취약한 공공채널의 위상을 위협하는 것으로까지 발전할 수 있다. 따라서 편성의 기본원칙에는 반드시 다음과 공정성을 확보할 수 있는 내부 규정을 마련해 두는 것이 필요하다.

첫째, 본회의는 생중계를 원칙으로 하고, 상임위원회나 분과위원회도 본회의 시간과 중복되지 않는 한 생중계를 원칙으로 한다. 둘째, 같은 시간에 여러 회의가 중복될 경우 사회적인 중요도나 관심도에 따라 방송사 측에서는 어느 한 회의만을 선택하여 생중계하되 생중계되지 않은 다른 회의들은 밤늦게나 새벽 또는 휴일에 녹화 중계하는 것을 원칙으로 한다. 셋째, 국회의 TV중계는 편집이나 논평을 금지하는 것을 원칙으로 한다. 넷째, 국회의 TV중계는 광고방송을 하지 않고 CATV시청료와 녹화 테이프 판매수입을 주수입원으로 한다. 다섯째, 회기 중에는 매일 6시간 이상 국회 생방송을 편성한다. 여섯째, 중계방송의 공정성, 객관성 확보를 위해 화면제작, 방송 프로그램 제작 등에 관한 규칙을 제정한다.

국회방송에서의 공정성은 국민의 의회 관련 교육 내용으로 국민과 국회의 친밀감을 제공하고, 신뢰할 수 있는 사실적인 내용으로 정보전달의 명확화를 유도하는 것을 말한다. 의회정보를 제공하고 가치기준을 형성하기 위해서는 보도의 객관성과 공정성을 담보할 수 있는 시스템이 마련되어야 한다. 즉 편성의 공정성을 위한 편성위원회나 보도 심의위원회 등의 시청자위원회나 자체 심의회 등이 필요하다.

중계와 관련해서 공정성과 객관성을 저해하는 다양한 기술적 처리 문제 등의 운용 사항에 대해 기준을 제시할 수 있다. 공정성을 담보하는 위원회 등의 구성과 함께 공정한 정치방송을 보장하는 원칙의 제정이 요청된다. 의회방송의 편성방향은 물론 공정성과 균형을 이루기 위해 법적 근거를 마련하고 원칙 적용의 대상, 시기, 방법 등을 규정하는 지침이 필요하다. 국회가 국회방송을 긍정적인 방향으로 활용하려 해도 방송 자체가 공정하지 못할 때 이 제도는 시행하지 않음만도 못하다. 국회는 방송이 정치적인 독립을 획득하여 공정한 방송으로 거듭나도록 하는 노력을 우선적으로 기울여야 할 것이다.

3) 알 권리

언론인의 특권으로 전용된 알 권리는, 미국의 언론학자 메릴(Merrill, 1974)이 비판했듯이, 시민의 언론 자유를 제한하거나 시민이 접근할 수 있는 정보의 범위와 내용을 왜곡하는 데 역이용되기도 했다. 정부 정보에 접근할 수 있는 알 권리가 언론인만의 특권이 아닌 국민의 전체에 속한 권리라는 것은 알철(Altschull, 1990)

에 의해서도 주장되었다. 알 권리라는 용어를 처음 사용한 것은 1945년 AP통신사의 국장인 쿠퍼(K. Cooper)[14]였지만, 알 권리 개념은 계몽주의 시대 권리장전에 선언된 시민의 자유라는 기본권 원칙에서 비롯된 것으로 보고 있다. 알철(1990)은 시민들은 자신들의 헌법적 역할을 실행하기 위한 지식을 얻기 위해서 정부가 하는 일을 알 수 있는 적극적인 권리를 가지고 있어야 했다고 주장한다. 공식속기사가 회의 의사록을 기록하고 정부인쇄소를 창설하여 의사록을 발간하도록 하였던 것은 이러한 알 권리 정신에 그 근거를 두고 있는 예이다. 알철은 공중에게 정부 활동에 대한 정보를 제공하는 것은 공동체와 시민적 이성이 판단할 진리의 시장으로 들어가는 것이라고 보았던 것이다. 이제 국민의 알 권리는 의정활동이나 각종 정책 토론회, 위원회 활동 등을 직접 가감 없이 중계하는 전문적 공공채널의 등장에 의해 그 구체적 실현을 보이고 있다.

　현대 사회에서 국민의 알 권리가 체계적이고 구체적인 권리로 법적 보장을 받기 위해서는 국민이 미디어로부터 수동적으로 정보를 전달받는 존재로 간주되는 것만으로는 불충분하다. 알 권리를 통해 시민으로서의 공공생활과 정치적 참여를 보장하기 위한 정부의 활동내용과 다양한 정보를 제공받을 것을 요구하는 데서 나아가 더욱 적극적이고 능동적으로 시민 개인들이 자신의 목소리를 내는 것이 필요하다. 이를 위해 미디어를 직접 이용할 수 있는 액세스 권리가 보장되어야 한다는 것이다. 액세스권의 개념은 미국헌법학자이며 매스컴 법학자인 배런(Barron, 1967)에 의해 1967년 최초로

---

14) 1956년 미국의 알 권리(The people's rights to know)라는 저서로 발표했는데, 우리나라는 1991년 헌법재판소 결정이후 알 권리를 헌법 21조에 의해 직접보장 권리로 인정하고 있다.

제기되어 1970년대에는 많은 논의가 있었으나 법적 이익이라는 의미로서의 권리를 지닌 것으로 인정되지는 않고 있다. 그는 사상의 자유 시장을 위한 미국 수정헌법 제1조와 전통적 언론자유 이론에 대한 재평가를 주장하면서 법적 권리로서 액세스권이라는 새로운 권리의 가능성을 제시하였다. 그는 전통적 자유주의 이론에서 전제하는 사상의 자유시장이란 자본주의 사회에서 존재할 수 없다고 보았다. 또한, 1960년대의 미국사회에서 사상의 시장이 소수의 미디어 소유자에 의해 더욱 독점화, 거대화, 권력화되는 것을 관찰하며, 시민의 언론과 표현의 자유를 보장하기 위한 권리로서 액세스권을 도출하였다. 즉 사상의 시장에서 배제된 계층의 권리 회복이라는 기본정신을 담고 있다(양승목, 1990 재인용).

이상과 같은 방송의 이념적 기준들이 디지털 전환이라는 흐름에서 중요성이 강조되고 있다. 이런 관점에서 공공채널인 국회방송의 역할은 중요하다.

따라서 국회방송의 이념적 규제를 공공가치에 둔 연구결과들이 나오고 있다. 공공가치는 의회과정 및 입법부의 활동에 대한 방송을 통해 국민의 알 권리를 충족시키고 민의를 적극적으로 수렴하여 의회 민주주의의 발전에 기여하는 것이다. 따라서 국회방송국이 설립된 취지에 맞는 공적가치의 산출이 필요하며 여기서 공적 가치란, 공중이 가치 있게 평가하는 것을 뜻한다.

국회방송에서의 알 권리란 의회과정 및 입법부의 활동에 대한 방송을 통해 입법 활동과 정보를 제공하고 국민의 알 권리를 충족시키는 것을 말한다. 이를 위해 국회 입법정보의 제공이나 국민의 정치수준을 향상시키는 프로그램의 편성이 요구된다.

4) 공론장

하버마스에 의하면 공론장에서는 공통의 지식과 널리 수용되는 가치에 기초해서 시민의 의견이 형성되고 표현된다. 여론의 형성은 사회생활의 영역이며, 경제적 활동이나 정치적 행위가 아닌 자유로운 사회구성원들의 공개적인 의견을 표출하는 것이다. 언론의 공익성을 가장 잘 나타내는 것이 바로 공론장 개념이라고 할 수 있다.

방송이 민주사회의 유지, 발전에 필수적인 여론 형성 기능을 담당하는 역할과 관련하여 핵심적인 공론장 역할을 수행해야 할 이유가 여기에 있다. 즉 시청자들의 다양한 견해를 접하고 토론에 참여할 수 있는 열린 논의의 장을 마련해 주는 것이다. 공론장은 시민사회가 형성되면서 근대적 의미의 공적영역이 등장한 데서 비롯됐다. 열린 공론장으로서 방송은 비판적 기능을 가지고 정치, 경제에 구애됨이 없이 시민을 위한 공론장 역할을 수행했을 때 방송의 공익성의 의무를 다하는 것이고 참여 민주주의의 토대가 된다고 할 수 있다.

참여민주주의는 방송을 통해 그 의미를 재구성할 수 있다는 측면에서 보았을 때 텔레비전 방송은 유권자의 합리적 선택을 가능케 하는 정보제공에 적극적이지 못할 뿐만 아니라 경쟁적인 사회단체들의 관계를 중재한다기보다는 특정이익의 정당화에 오히려 기여한다고 볼 수 있다. 특히 상업방송들은 민주주의 가치를 위태롭게 정치를 상품화시키고 정치인 개인에 집착함으로써 희화화하거나 냉소주의를 조장할 수 있다. 주의할 점은 현재와 같은 자본주의 사회에서의 방송은 여론을 관리하고 정당성을 유지하는 정부의 규제에 의해, 사적 이윤을 추구하는 기업에 의해 민주주의 발전을 저해하는 요소가 많다는 것이다.

참여민주주의는 공론장 개념을 방송의 공익성과 연계시키면서 다양한 의견이 방송을 통해 실질적으로 유통되도록 하는 것이라고 할 수 있다. 시청자들은 개인적인 욕구를 위해 오락을 추구하는 경향이 있다는 점에서 다채널로 인한 선택의 다양성을 높이고 참여민주주의를 실현하는 방안의 모색이 대두된다.

따라서 정치 이해관계로부터 독립된 공공채널이나 공공프로그램의 공급을 통해 다양한 정보와 토론을 유도하고, 다양성을 보장할 제도적 장치로서 방송의 공론장과 함께 참여민주주의 기능이 공익성의 근간이 되는 것이다.

공공성을 제도화하는 방법으로 미국의 경우 1997년 발표한 공공의 권한부여 법령의 8가지 구성요소를 참고할 수 있다. 그 가운데 시청자 네트워크 법령은 연방의 공인된 비영리 집단 기구를 만들고 라디오와 텔레비전 프로그램을 방송할 권리를 주며 커뮤니케이션 이슈들을 설명하는 국가 절차에서 그들의 멤버십을 표현하는 것이다.

국회방송에서의 공론장이란 사회를 이해할 수 있고, 이슈가 되는 문제에 대해 참여할 수 있도록 믿을 만하고 공정한 뉴스와 정보제공으로 국회와 국민의 가교역할을 하는 것을 말한다. 따라서 민주적 여론형성 및 수렴을 위한 공론의 장을 마련하여 의제설정의 기능을 담당해야 한다.

2. 국회방송의 법제화 방향

1) 편 성

(1) 디지털 서비스 확대

국회와 국민을 연결하는 의회전문 채널로서의 독자성을 강화하고 입법부의 위상을 검토하기 위한 의정활동의 적극 홍보와 국민의 알 권리를 충족시키는 다양한 정보제공 프로그램 제작을 위한 양 방향 서비스를 실시한다.

앞으로 전 국민과의 직접적인 커뮤니케이션을 위해서는 디지털 방송으로의 전환이 진행될수록 양 방향 서비스가 필수적인 요소이다. 현재 텔레비전은 케이블이나 위성방송을 통한 단방향의 서비스와 인터넷 중계가 실시되고 있다. 그러나 양 방향 네트워크를 이용한 국민의 적극적 참여를 유도하기 위해서는 양 방향 서비스를 실시해야 한다. 양 방향 네트워크는 인터넷에 기본적으로 존재하므로 새로운 서비스를 개발하여 국민과의 커뮤니케이션을 강화하도록 한다. 양 방향 네트워크는 전화모뎀을 이용한 스카이라이프의 스카이터치나 케이블 방송의 향후 DMC를 통한 데이터방송 또는 인터넷 네트워크를 이용한 웹캐스팅 그리고 IPTV 등을 통해 가능하다. 특히, 양 방향 데이터 방송의 경우 전파의 남는 대역을 방송 프로그램과 연계시키는 방법이 가능하고 여러 SO들이 추진하는 케이블 방송의 디지털화(DMC 사업)와 KT에서 준비 중인 IPTV에서 보다 본격적으로 운용이 가능하다. 따라서 이를 활용하기 위한 다양한 영상물을 포함한 각종 콘텐츠의 확보가 필요하다. 국회방송을 양 방향 TV를 이용하여 시청할 경우 시청자는 단순히 국회실황 중계를 보는데 그치는 것이 아니라 데이터 방송 서비스를 통해 리모컨으로 직접 의견 개진이 가능하며 기술적으로도 일반 방송과 같은 1개의 화면이 아니라 동시에 여러 개의 화면 시청도 가능하여 시청자의 채널 선택권도 확대되는 효과를 가져 올 수 있다.

〈표 Ⅲ-2〉 DMC 와 IPTV등 양 방향 서비스 내용

연 도		주 요 내 용
DMC (데이터방송) 정보제공	의회정보	의회 구조와 기능 소개, 헌법 및 의사규정 입법 활동 통계, 입법기구 소개 등
	선거 정당 정보	선거절차, 정당별 지역구별 선거결과 선거법소개
	입법정보	입법과정 설명, 현재 의회에 제정된 입법 데이터베이스, 상정된 법안 진행상황
	의장단 정보	의장단 경력, 의장단 권한, 공식 행사 일정소개
	의원정보	지역구별 정당별 의원 소개, 이슈에 대한 의원별 주제별 토론 내용 소개, 의원들의 의회 표결 내용 등
	의회기관정보	의회기관 소개, 의회가 소속된 국제기구 소개, 의회 청문회 및 회의 일정, 의회 보도자료 등
	의회 출판정보	의회 보유 책자 및 문헌 소개, 온라인 다운로드 및 구매시스템 구축
양 방향 방송 (IPTV)	데이터방송	VOD, 오락(T-Entertainment), TV 포탈 정보서비스, 전자상거래 (T-commerce)
	통신서비스	투표 설문 등 의견개진 서비스 SMS(Short Message Service) 영상전화
	방송서비스	방송채널 전송

또한 현재 인터넷 실황 중계를 양 방향 포탈 시스템으로 확대하여 각종 이슈에 대한 토론방, 여론조사 및 설문조사의 기능 그리

고 입법교육 및 시민의 참여 시스템 코너의 개발 등 기존의 일방 향성 홈페이지를 업그레이드하는 방안이 필요하다. 아울러서 국회 의 서브 사이트들과의 유기적 연계와 정책제안 시스템의 구축, 법률 안 등 입법정보별 맞춤서비스 제공, 그리고 온라인을 통한 민원처 리 시스템 구축 등의 디지털 서비스를 활성화하는 것이 필요하다.

궁극적인 양 방향 참여서비스를 위해 기존 국회방송에서 서비스 중인 콘텐츠를 IPTV 등의 양 방향 네트워크에 적합한 방식으로 데이터베이스화할 필요가 있다. 이는 점진적으로 인터넷 서비스가 텔레비전으로 구현되게 되므로 디지털 시대의 정보격차 해소의 효 과도 가져오게 된다.

(2) 시청률 증진 방안

국회방송이 안고 있는 가장 큰 문제점 중의 하나는 바로 시청률 이 극히 부진하다는 것이다. 낮은 시청률은 공공채널이라면 모두 시청률 저조의 한계를 가지고 있고 이를 극복하려는 노력을 하고 있다.

일차적으로 시청률을 제고하기 위해서는 유익성과 재미가 있는 프로그램을 수급 / 편성하는 것이고, 다음은 시청자의 시청 시간대 등에 맞춰 편성을 조정하는 일이다. 구체적으로 대부분의 국회방송 시청자는 장시간 동안 진행되는 지루한 의사중계를 시청하기보다 는 요약되고 간추린 의사정보를 제공받기 원하고 있으며, 통상적으 로 시청자 자신이 필요로 하는 의사정보를 제공받기를 원한다고 할 수 있다. 국회방송이 이러한 시청자의 욕구나 필요를 충족시킬 때 자연스럽게 시청률 향상을 기대할 수 있다.

아무리 유익하고 필요하다고 할지라도, 재미가 없으면 일반 시청자들은 프로그램을 선택하지 않기 때문이다. 그리고 국회방송을 시청하지 않는 이유로는 유의선(2007)이 조사한 결과 어느 채널인지 몰라서라는 응답이 70%였다. 이는 국회방송의 홍보의 필요성이 시급하다는 것을 말한다.

구체적으로 시청률을 높이기 위한 전략은 다음과 같다.

① 국회방송 프로그램의 포맷 개발

다채널 무한경쟁 시대에서 공익방송으로서의 국회방송이 시청자로부터 선택받아 일정 비율 이상의 시청률을 올린다는 것은 매우 어려운 일이다. 대부분의 시청자는 아무리 공익적 프로그램이라도 흥미 요소가 없을 때는 채널을 고정해서 시청하는 경우가 많지 않다. 따라서 국회방송은 정보를 제공하는 경우 일반 TV에서 시청률이 높은 프로그램 제작 전략이나 포맷을 벤치마킹할 필요가 있다. 예를 들어 어린이 프로그램에는 애니메이션 기법을 사용한다든가, 성인을 대상으로 한 의정 정보를 제공하는 프로그램의 경우 의정 퀴즈쇼, 대학 모의국회 중계등 국회방송의 특성에 맞는 포맷을 개발할 필요가 있다. 즉, 국회 방송이 지녀야 할 품격이나 정체성을 잃지 않으면서 흥미롭게 메시지를 전달할 수 있는 방식을 개발하는 것이다.

따라서 국회방송의 적은 인력이나 현재 안고 있는 행정 부담 등을 고려하여 자체적으로 포맷을 개발하는 방안과 함께 시청자를 참여시켜서 공모를 하거나 일반 프로그램에서(저작권료 / 특허권료

부담 없이) 전용할 수 있는 프로그램 포맷을 국회방송 채널에 맞게 구성하는 방안도 있다.

② 시청자의 요구나 필요에 맞게 편성 조정

국회방송은 주 시청 시간대가 아닌 오전/오후 시간은 의사중계방송을 스케줄에 따라 가감 없이 무편집 방송하고, 시청자들이 주로 시청하는 프라임타임대에는 의사중계를 요약한 입법정보 및 의정뉴스를 중점적으로 편성할 필요가 있다.

국회방송의 경우 시간대별로 주 시청자층의 변화가 있으므로 주시청자들의 요구나 성향에 맞는 일반교양 프로그램이나 의정 정보를 제공할 수 있어야 할 것이다. 이를 위해 지속적인 시청자 조사를 통한 시청자의 요구와 필요를 먼저 파악하여 유동적이면서도 안정적인 편성전략을 수립할 필요가 있다.

③ 외국 의회방송과 유기적 협조관계 구축

미국의 C-SPAN이나 CPAC, PBS, NPR 등과 상호 프로그램을 교류한다거나 상호 행정적 협조를 통해 네트워크를 구축함으로써 재미있고도 유익한 의회 관련 프로그램을 경제적 가격으로 수급할 수 있도록 한다.

④ 뉴미디어를 통한 누적적 시청률 확보

새로이 등장하는 뉴미디어 플랫폼을 통해 누적적으로 시청률을 확보하는 방안을 모색할 필요가 있다. 이를 위해 제도적으로 필요한 것은 뉴미디어에 대한 국회방송의 의무전송채널 인정과 고정된 채널의 인정이다. 즉 새롭게 등장하는 모든 방송플랫폼사업자(예:

IPTV)에 대해 국회방송을 의무전송채널로 인정케 할 시 일정 수준 이상의 누적 시청률 증대가 예상된다. 이때 물론 의무 전송되는 프로그램의 저작권은 법적으로 면제되게 된다. 의무전송이 부득이 어려운 플랫폼의 경우에도 최소한의 저작권료만 부담케 하는 강제 허락제(compulsory license)를 준용하여 윈도우를 통한 국회방송 프로그램의 중계를 활성화할 수 있다.

이와 함께 일반 방송 프로그램이 국회방송을 통해 방송될 때도 공익적 차원에서 최소 가격으로 사용될 수 있도록 정책적 배려를 검토할 수 있다. 더불어 국회방송이라면 일반 국민이 모두 알 수 있도록 고정 채널을 가지고 있어야 한다. 이를 위해서는 플랫폼 사업자로 하여금 국회방송 고정 채널을 인정토록 규칙에 의무화하거나 권유 할 수 있도록 해야 한다.

⑤ 시민 참여형 편성 확대[15]

편성차원에서는 일반 시민의 참여를 독려할 수 있는 프로그램을 많이 개발해야 한다. 공공채널은 원래 매스미디어로부터 소외된 일반 대중에게 미디어에 자유로이 접근하고 또 그것을 이용할 수 있는 권리를 부여해야 한다는 주장에서 비롯된 것으로 채널시청자가 직접 참여하여 프로그램을 제작, 방송하고 자신 혹은 단체의 의견을 확실하게 표명할 수 있도록 하는 역할을 수행한다. 가장 이상적인 형태로 운영되는 미국 C-SPAN에서도 아직까지 일반 시민

---

15) 방송법 제70조 7항에서도 종합 유선방송 사업자 및 위성방송 사업자는 위원회규칙이 정하는 바에 의하여 시청자가 자체 제작한 방송 프로그램의 방송을 요청하는 경우에는 특별한 사유가 없는 한 이를 지역채널 또는 공공채널을 통하여 방송하여야 한다고 되어 있다. 또한 방송발전기금 지원도 방송법 제38조 제4항에 방송위원회는 시청자 자체 제작 방송 프로그램 제작 활성화를 위해, 방송발전기금을 지원한다고 되어 있다.

들에게 실무지원 차원에서의 프로그램 제작, 교육과 장비, 시설, 인력 등을 제공함으로써 누구나 프로그램을 제작, 방송할 수 있도록 지원하는 순수공영채널로서의 역할을 수행하고 있지는 않다. 그러나 시청자 참여 부분을 보완하기 위해 전체 프로그램 편성 중에서 시청자 참여 프로그램의 편성비율을 23%로 높였다.

단기적으로는 편성비율 측면에서 다양한 형태의 시청자 참여 프로그램을 개발하는 방안을 생각해 볼 수 있으나 장기적으로는 시청자가 직접 참여하고, 제작하는 프로그램 포맷을 개발하는 것도 생각해 볼 수 있다. 최근 이슈들을 주제로 해당 관련자들이 직접 찬반 토론을 벌이는 프로그램을 제작해 방영할 수도 있다. 이를 직접 국회방송에서 제작할 수도 있지만, 장비만 대여해 주고 일선 지자체나 관련단체에서 프로그램을 제작하게 할 수도 있다. 이렇게 프로그램의 기획에서부터, 제작, 참여에 이르기까지 일정 부분 시민의 영역에 남겨 두어 진정한 의미의 공공채널로 자리매김할 수 있다. 이 외에 또 다른 사례는 네덜란드에서 시행하고 있는 제도인데, 사회적으로 또는 지역적으로 중요한 이슈가 발생할 때 1만 명 이상의 서명만 있으면 해당 기관이나 집단에 50분짜리 프로그램의 방영권을 제공해 주는 나라도 있다. 방송을 원하는 집단은 프로그램을 통해 자신들의 입장을 밝힐 수 있고, 시청자는 해당지역의 문제를 이해할 수 있게 된다.

따라서 의회방송만을 전담하는 방송이 아니라 공익과 관련된 정치적이고 사회적인 문제들을 편성에 반영하는 시민 참여형 편성으로 광범위화할 필요가 있다.

국회방송에 대한 전체 분석 프로그램을 통해 가치지향별 중요도를 조사한 결과 공정성 29.5%, 공공성 43.2%, 균형성 4.5%, 다양성9.1%, 예술성13.6%로 나타났다. 즉 공공성의 측면이 가장 강했으며 공정성이 그 다음을 차지했다(21세기 방송 연구소, 2006).

따라서 보다 전문적이고 심층적인 프로그램의 개발이 필요하며 현재 프로그램이 지향하는 공공적인 가치는 지속성을 가져야 할 것이며 보다 다양한 사회문화적 가치를 담보하는 프로그램도 시험적으로 개발할 필요도 있다. 아울러 국회방송의 정체성을 널리 홍보하여 공공채널로서의 스테이션 이미지를 강화하는 노력도 병행되어야 할 것이다. 이러한 필요성들을 충족시킬 수 있는 방안은 능동적인 시청자를 활용하는 것이다.

아무리 좋은 프로그램이라고 하더라도 시청자가 보지 않는 프로그램의 존속은 현실적으로 어렵기 때문에 시민 참여형 편성으로의 방향전환을 점차 늘려 나가는 것이 필요하다. 요즘은 UCC라든가 시민 제작 형태의 프로그램들을 통한 콘텐츠의 다변화가 용이하다. 따라서 제작과 편성에 있어서 시민 참여형으로의 전환을 모색해 보는 것도 좋겠다.

(3) 국회방송의 정체성 확립 방안

방송 통신의 융합, 탈규제화, 디지털화의 진전에 따라 다채널 시대의 방송 시장 구도에서 보다 적극적인 국회방송의 스테이션 이미지 구축 및 시청자 접근 전략을 통해 국회방송의 정체성을 확립할 수 있는 방안 모색이 필요하다.

현재, 우리 국회 방송이 안고 있는 가장 큰 정체성 문제 중의

하나는 일반 TV 시청자의 과반수가 국회방송을 시청하지 않는 데서 비롯된다. 보지 않으니 국회 방송의 성격에 대해 구체적으로 인지하지 못하고 있는 것이다. 그러나 국회방송이 무엇을 하는 방송인지는 희미하게나마 국민들에게 인식되어 있는 편이라고 할 수 있다(유의선, 2007; TNS 코리아,2006). 이들 조사에 따르면 국회방송을 떠올릴 때 가장 먼저 생각나는 프로그램으로 국회방송의 주 프로그램인 입법정보 및 의정뉴스 / 의사중계를 응답자의 약 78.6%가 답하는 것을 보면 국회방송의 정체성은 어느 정도 국민들 사이에 인지되고 있는 것으로 평가된다. 또한 공익적 정치 커뮤니케이션 채널로서 국회방송이 지향해야 하는 제 지표(공공성, 중립성, 신속성, 심층성 등) 평가에서도 국회방송은 대체로 평균 성적 이상의 평가를 받고 있는 것으로 나타났다. 이러한 결과들은 국회 방송이 정체성을 더욱 고양시키기 위해서는 편성 등을 통해 의회 관련 정보를 더 많이 제공해야 함을 시사한다. 더불어 국회방송이 다양한 의회 활동을 중계하고 설명하는 정치커뮤니케이션 채널로 발전하기 위해서는 다가가는 방송 서비스 제공을 통해 의회 민주주의 첨병으로서 국회방송의 위상을 정립할 필요가 있다.

이를 위한 구체적인 방안은 다음과 같다.

① 정치채널로서 의회 정보 제공 중심의 편성 전략 모색

국회 방송은 의사중계, 입법정보와 의정뉴스 등의 의회 활동을 중심으로 한 프로그램과 일반교양 프로그램등 크게 2가지 형태로 편성이 구분된다. 교양 프로그램은 전체 국회방송 프로그램 가운데 약 30% 가까이 편성되어 있는데, 대부분은 외국에서 구매한 프로

그램이 많아 비교적 완성도가 높고, 의회 프로그램에 비해 시청률이 상대적으로 높은 편이다. 그러나 정체성을 고양하기 위해서는 국회와 관련된 중계와 보도 또는 토론과 같이 국회 의정 활동을 전문적으로 이해하는 데 필요한 의회 활동 관련 프로그램을 점차적으로 확대해서 편성할 필요가 있다. 문제는 의회 활동과 직접적으로 관련된 프로그램들은 예를 들면 의사중계와 같은 프로그램들은 시청률이 낮다는 것이다. 이에 따라 현재는 의사중계보다 교양 프로그램이 대체적으로 시청률이 높다는 관점에서 편성 비율이 늘어가고 있는데, 점차적으로 입법 정보 및 의정 뉴스프로그램의 비율을 다양한 포맷 개발 등을 통해 늘려나가야 한다. 즉 정보와 오락을 담고 있는 인포테인먼트 등의 프로그램 포맷을 도입하는 등 전문적인 의회채널의 포맷을 개발해야 한다. 또한, 외국 프로그램과의 교류등을 통해 국회방송에서 채널의 특성화와 차별화를 모색하고 충성스런 시청자층을 확보하는 정치채널로서의 편성 전략이 수립되어야 한다.

② 인터넷을 통한 국회방송 홍보 및 활성화 전략 모색

국회방송을 알리는 홍보 전략 수립이 필요하다. 즉 국회방송이 무엇을 하는 방송인지, 우리 사회에서 어떠한 역할과 기능을 하고 있는지에 대한 체계적인 홍보방안이 마련되어 한다. 물론 인력과 예산의 한계가 있는 게 현실이다. 하지만 인터넷 활성화와 뉴미디어 플랫폼들이 개발되고 있고 블로그나 UCC 등 네티즌들의 활동이 활발하다. 따라서 이러한 인터넷 활성화를 기반으로 국회방송을 소개하는 인터넷 채널을 활성화할 필요가 있고 시청자들의 참여를 위한 방안을 모색해야 한다. 이로써 궁극적으로 국회방송의 인지도를 높이고 나아가 시청률 증진 및 정치 커뮤니케이션 채널로의 위상을 정립할 수 있도록 해야 한다.

구체적인 방안으로는 국회방송 의정중계를 블로그에 공유해서 활용할 수 있도록 하고 소셜 네트워크 예를 들면 싸이월드등에 배너달기 기능을 제공하거나 의정소식과 의회정보와 같은 지식을 제공하는 인터넷 백과사전의 아카이브를 활용하는 등 적극적인 홍보를 위한 다각적인 방안이 모색되어야 한다.

③ 지방의회 활동에 대한 의사 중계 및 입법정보와 뉴스 제공

이처럼 인터넷 국회 백과사전을 운영하기 위해서는 의회와 관련한 다양한 아카이브 정보의 구축이 수반되어야 한다.

이를 위해 지역별로 지방의회 정보를 국회 정보와 조화롭게 배열하여 방송할 필요가 있다. 즉 국회방송 본 프로그램과 일정 비율 이상의 지방 의회 프로그램을 편성하여 명실 상부한 정치채널로 탈바꿈 하도록 해야 할 것이다.

물론 방송법 시행령이나 국회방송에 대한 규칙 개정등 제도적 부분과 국회방송의 개칭 문제와 지방의회 방송 제작 및 편성에 대한 주도권등 운영 방식에 대한 검토가 있어야 겠지만, 현재처럼 국회 사무처에서 관련 규칙에 따라 공정하게 의회 방송 중계까지 관장하거나, 지방의회에 그 권한을 분산하여 자율적으로 시행케 하는 방안을 모색할 수도 있다.

어쨌든 국회방송의 아카이브 정보를 구축하고 국회방송의 정체성 확립을 위해서는 지방의회 활동에 대한 중계도 병행되어야 할

필요가 있다.

④ 상임위원회 중계등 기록물 방송으로 확대

독일의 의회채널인 Phoenix의 경우 기록채널로서 프로그램을 편성할 때 각종 행사 중계를 특징으로 한다.

국회방송에서도 독일의 경우처럼 상임위원회 활동등을 중계하는 것을 원칙으로 하는 제도적 장치가 필요하다. 상임위원회 중계는 기록이라는 특징 이외에도 실질적인 입법 절차가 상임위에서 대부분 이루어짐을 감안할 때 상임위 활동에 대한 국민의 알 권리가 보장될 수 있는 방송이 될 수 있을 것이다. 즉 공개 시 국가 안보나 국가 이익에 현저한 해를 끼치는 경우가 아니라면 상임위 활동도 기본적으로 국민에게 공개되어야 하는 것이 원칙이다.

따라서 국회방송은 상임 위에서 다루는 사안의 중요성이나 긴급성에 비추어 차별성을 두고 기록과 국민의 알권리를 존중하는 방송으로 상임위원회 활동도 중계할 필요가 있다.

2) 운 영

(1) 독립법인화

국회방송은 무엇보다 공익성이 강조된다. 공익성을 확보하려면 운영주체의 독립성이 우선되어야 한다. 국회방송은 현재 독립적으로 운영되기보다는 국회사무총장 산하의 조직으로 되어 있다. 이는 행정부 등 다른 기관과의 차별성을 지니거나 국회 자체와는 구분된다고 볼 수 있으나 국회방송 조직 구성원들이 공무원신분으로 구성되어 있고 의회방송의 편성 및 송출구조가 국회 중심형으로 되어 있다고 볼 수 있다. 이는 국회가 주체가 되므로 국회만을 위하거나 국회를 대변하는 폐쇄적인 구조로 작용할 소지가 있고 공익성이나 공정성에 대한 문제를 야기할 수도 있다.

따라서 운영주체를 별도법인으로 독립시키는 것을 검토할 필요가 있다. 국회방송은 법, 제도에 의해 그 위상이 규정되는 것과 함께 실질적인 의회채널로 자리잡아야 한다. 그러기 위해서는 독립된 공공법인의 형태를 갖추어 나가는 것이 장기적으로 바람직하다. 국회방송이 사회적으로 공공채널로서의 위상을 확고히 하려면 국민의 입장에서 국회활동을 감시, 감독하는 역할을 수행해야 한다. 그리고 보도의 원칙은 객관적이고 공정한 방송을 지향해야 한다. 국회방송이 특정 정당에 대한 편향된 보도태도를 지닌다면 공공채널 자체의 의미는 많이 희석될 수 있으며, 올바른 정치토론의 장으로서의 역할도 수행하기 어렵다. 따라서 운영주체에 대한 검토를 통해 공적법인으로의 전환을 장기적으로 모색해야 한다.

(2) 시청자 위원회 설치

국회방송은 공정하고 객관적으로 운영되어야 한다. 그러나 공정하고 객관적인 보도를 한다는 것 자체가 그리 쉬운 일은 아니다. 보도의 객관성과 공정성을 담보할 수 있는 시스템이 마련되어야 하는데, 그 방안의 하나로 국회의 의정활동 보도를 관장하는 국회방송 시청자 위원회 구성을 제안할 수 있다. 다양한 이익집단의 이해와 조정을 위해 국회와 방송사 측 당사자를 비롯해서 정당, 학계, 사회단체 등의 시민대표, 각계의 전문가, 원로의 참여로 이루어지는 것이 바람직하다. 아울러 국회방송이 유권자들에 대한 정치사회화의 기능을 지니고 있으므로 국민의 의견을 반영할 수 있는 피드백 제도로서 온라인 시청자위원회의 활성화가 필요하다. 요즘은 온라인상으로 시청자가 직접 참여하기 용이하다. 따라서 시청자위원회와 온라인 시청자위원회를 운영하거나 상설화할 수 있겠다.

시청자위원회 구성을 보장하는 원칙의 제정이 요청된다. 국회가 국회방송을 긍정적인 방향으로 활용하려 해도 방송 자체가 공정하지 못할 때 이 제도는 시행하지 않음만도 못하다. 따라서 국회는 방송이 정치적인 독립을 획득하여 공정한 방송으로 거듭나도록 하는 노력을 우선적으로 기울여야 하는 방안으로서 제도적으로 시청자위원회를 구성하고 운영에 대한 원칙의 제정 또한 제도화하는 방안을 검토해야 한다.

기존의 지상파방송에 적용되는 시청자 위원회 법을 중심으로 국회방송 시청자위원회 운영 규정안을 제시해 보면 다음과 같다.

<표 Ⅲ-3> 국회방송의 시청자 위원회 운영 규정안

국회방송 시청자위원회 운영규정(안)

제정일자: 2007.

제1조(목적) 이 규정은 방송법 제87조에 따른 시청자위원회(이하 '위원회'라 한다)의 구성과 운영에 관한 사항을 규정함을 목적으로 한다.

제2조(권한과 직무) ① 위원회의 권한과 직무는 다음과 같다.

1. 방송편성에 관한 의견제시 또는 시정요구
2. 방송사업자의 자체심의규정 및 방송프로그램 내용에 관한 의견제시 또는 시정요구
3. 시청자 평가원의 선임
4. 시청자 참여프로그램 운영에 관한 사항
5. 그 밖에 시청자의 권익보호와 침해구제에 관한 업무

② 위원회는 방송순서에 관한 자문을 위하여 보도에 관한 방송을 제외한 방송순서에 관한 사항을 심의한다.

③ 시청자위원회의 대표자는 방송위원회에 출석하여 의견을 진술할 수 있다.

제3조(구성) ① 위원회는 위원장 1인과 부위원장 1인을 포함한 10인 이상 15인 이내의 위원으로 구성한다.

② 위원장과 부위원장은 위원 중에서 호선한다.

③ 위원회의 간사는 위원회 운영부서의 장이 된다.

제4조(세칙 제정) 위원회는 위원회의 운영에 필요한 세칙을 제정할 수 있다.

제5조(의견청취 등) 위원회는 위원회의 직무수행을 위하여 필요한 경우에는 관련 임직원을 출석시켜 의견을 청취하거나 자료의 제출을 요구할 수 있다.

제6조(위촉) ① 사장은 시청자를 대표할 수 있는 자를 다음 각 호의 단체 중에서 추천을 받아 시청자위원으로 위촉한다.

1. 초·중등교육법 및 고등교육법에 따른 각급 교육기관의 운영위원회 등 학부모단체
2. 소비자보호단체
3. 여성단체
4. 청소년관련 기관 또는 단체
5. 변호사단체
6. 방송·신문 등 언론관련 시민·학술단체
7. 장애인 등 사회소외계층의 권익을 대변하는 단체
8. 노동관련 기관 또는 노동단체
9. 경제단체 또는 문화단체
10. 과학기술관련 단체

② 제1항 제2호부터 제10까지의 규정에 따른 단체는 다음 각 호의 요건을 갖추어야 한다.

1. 해당 단체가 법인일 경우에는 비영리법인일 것
2. 해당 단체가 법인이 아닌 경우에는 연간 1회 이상 정기회의를 개최하고, 정관이 있을 것

③ 제1항의 시청자위원을 위촉하는 경우 다음 각 호의 어느 하나에 해당하는 자는 위촉될 수 없다.

1. 공직선거 및 선거부정방지법상 피선거권이 없는 자
2. 공무원(교육공무원 제외)
3. 방송위원회의 위원 및 임직원, 방송사 및 방송물 제작사의 임직원, 방송광고공사, 광고대행사, 방송기자재를 생산·판매하는 기업의 임직원
4. 타 방송사 시청자위원

제7조(임기) ① 위원회 위원의 임기는 1년으로 한다.

　② 사장은 위원 중 결원이 생긴 경우에는 그달 정기회의 종료 후 1개월 이내에 해당 기관 또는 단체의 추천을 받아 후임위원을 위촉하여야 한다. 후임위원의 임기는 전임자의 남은 임기로 한다. 다만, 남은 임기가 6개월 미만인 경우에는 후임위원을 위촉하지 아니할 수 있다.

제8조(위원장의 직무 등) ① 위원장은 위원회를 대표하고 위원회의 업무를 주관하며, 위원회를 소집하고 그 의장이 된다.

　② 부위원장은 위원장을 보좌하고 위원장의 유고시에 그 직무를 대행한다.

　③ 위원장과 부위원장이 모두 유고 시에는 그 직무를 대행할 위원을 위원 중에서 호선한다.

제9조(회의) ① 위원회는 매월 1회 정기회의를 소집하고 다음 각 호의 경우에 임시회의를 소집한다.

1. 위원장이 필요하다고 인정할 때

2. 위원회의 재적위원 3분의 1 이상의 요구가 있을 때

3. 사장의 요청이 있을 때

　② 정기회의를 소집할 때에는 소집 7일 전에 안건과 자료를 소집통지서와 함께 송부하여야 한다.

제10조(의사결정 등) ① 회의는 재적위원 과반수 출석으로 개의하고 출석위원 과반 수 찬성으로 의결한다.

　② 간사는 회의록을 작성하여야 한다.

제11조(수당 등) 위원에게는 예산의 범위 안에서 자료 수집비 및 자문을 위한 수당과 여비를 지급할 수 있다.

3) 재 원

　의회방송의 재원문제는 채널의 독립성과 자율성과 직결되는 중요한 사안이다. 공공채널의 운영주체가 정부기관인 경우 채널 운영이나 편성에 있어서 자율성을 확보하기가 쉽지 않을 수 있다. 특히 일반회계로 예산이 편성되는 정부기관의 채널들은 운영과 조직 및 인사에 있어 해당부처의 직접적인 통제 하에 있기 때문에 독립성을 담보하기란 요원하다.

　국회방송의 경우 방송발전기금을 대부분의 재원(2007년 전체예산의 95%)으로 하고 있으나 방송위원회와 소관 상임위원회인 문화관광위원회로부터 국회사무처 예산을 편성할 때 일반회계로 할 것을

매년 지적받고 있다. 하지만 예산 주무부처인 기획예산처와 국회예결위원회는 기금도 국고의 일부라는 원칙 아래 방송발전기금에서 국회방송의 예산 배정을 하고 있다.

국민의 대표로 구성되는 입법부에서 의회중계 및 각종 의정활동을 주요 프로그램으로 제작 송출하는 국회방송은 성격상 공공성과 공정성 그리고 정치적 중립성을 견지해야 한다. 그러나 국회방송의 운영에 있어 예산과 인사를 통해 특정 정당이나 특정인의 유무형 압력이 행사될 개연성은 항상 존재한다고 할 수 있다. 이는 프로그램의 편성이나 운용에까지 영향을 미쳐 결국은 공정성과 정치적 중립성을 훼손하는 결과를 초래할 위험요인을 가지고 있다. 따라서 재원구조의 법적 장치와 운영의 독립에 관한 명시적인 규정의 필요성이 제기된다.

〈표 Ⅲ-4〉 방송 재원의 장점과 단점

구 분	장 점	단 점
수신료	정부나 외압으로부터 자유 시청자 권리행사 가능 광고주로부터 자유	징수비용이 과다 수신료 인상의 어려움 수상기 신규보급자 파악 어려움
광고	국민의 직접 부담 감소 광고수입으로 안정된 재원구조	광고주 압력 시청률 경쟁으로 인한 프로그램 상업주의화 시청률로 인한 재원확충의 어려움 소수 대상 시청자 외면
국가 보조	국민의 직접 부담감소 국가기금으로 안정적 재원구조	정부나 정치적 압력
가입비	유료가입자 부담에 따라 논란의 소지 감소 전문 채널편성 가능 채널 충성도 시청자 확보가능	유료가입자 대상으로 인한 채널 접근 격차 발생 종합채널 편성에는 불리
방송 발전 기금	국민의 직접부담 감소 방송발전기금으로 안정적 재원구조	공공성과 공익성에 대한 기준 확립 필요 방송위의 고시 기준의 변경에 따른 채널 선정의 문제

매년 국회방송의 재원을 둘러싼 소모적인 공방을 피하기 위해서는 EBS처럼 방송법에 방송발전기금의 지원 대상으로 명시하는 편이 나을 것이다. 하지만 지상파TV의 광고료 등으로 구성되는 방송발전기금의 성격상 언제까지 이를 국회방송의 재원으로 한다는 것은 논리적으로나 명분상 제약이 있을 수 있다.

방송위원회의 입장도 마찬가지이다. 방송사는 수신료와 광고 또는 국가보조나 가입비 그리고 방송발전기금 등으로 재원을 조달하고 있다.

이에 따라 의회채널의 재원확보 방안으로 미국식의 케이블TV 사업자 조성방식과 영국식의 독립된 방송기관을 통하는 방식을 검토해 본다.

미국 FCC는 케이블TV SO사업자들이 가구당 수신료 중 일부를 C-SPAN의 재원으로 운용하도록 규정하고 있다. C-SPAN은 조성된 자금과 자체 수익사업(예컨대 프로그램 판권, 녹화테이프 판매 등)으로 확보한 재원으로 예산을 충당하고 있으며 인사와 재정 및 편성에 있어 독립성과 자율성을 우선적으로 담보하고 있다. C-SPAN은 공공의 문제를 다루고 비영리 방송이기는 하지만 정부의 자금은 전혀 받지 않는 민간방송이다. 미국과 마찬가지로 캐나다의 의회채널인 CPAC 역시 재원을 케이블TV사들이 공동으로 부담하고 있으며, 이사회는 케이블사의 대표들로 구성되지만 방송운영 및 편성권은 전적으로 CPAC 직원에게 주고 있다. 프랑스의 경우 상원방송인 Public Sénat와 하원방송인 LCP가 1개의 채널을 공동으로 구성하고 있으며, 재원은 의회의 심의를 거쳐 공적자금 방식으로 조성된다. 반면에 일본의 경우 의회채널로 콕카이TV라는 민간방송 체제를 도입했으나 별도의 수신료를 내는 유료방송인 관계로 경영의 악화로 2001년 방송중단이라는 파국을 맞게 되었다. 이는 취약한 재정구조와 상업적 논리에만 맡겨 둔 결과라고 할 수 있다. 여기서 시사하는 바는 공공가치를 지닌 공공채널의 경우 시청률과는 별도로 공익 또는 자율 재정 확보의 문제가 관건이라는 것이다.

국내의 경우 국내 케이블TV 및 위성방송 사업자들이 방송위원회에 일정의 발전기금을 허가 시 제공하지만 아직 공공채널을 위한 별도의 재정적 의무는 부과되고 있지 않다. 이에 따라 의회채널의 운영재원을 확보하기 위해서는 새로운 규정이 방송법에 첨가되어야 한다. 하지만 이는 사업자들의 저항을 불러일으킬 소지가 있으므로 법안 제출에 앞서 공청회나 업계의 입장을 충분히 수렴하는 과정이 요구된다.

초창기 케이블TV에 비해 현재의 사업 여건이 호전되고 있으며 재정적으로 여력이 있기 때문에 정부가 세금감면 등 세제상의 혜택 조치를 취한다면 고려할 수 있는 방안으로 장기적으로 검토가 필요하다. 또한, 자체적인 수익모델의 창출을 모색하기 위하여 국회방송의 의사 의정 중계권을 행사하도록 제도화하는 것이다. 국회 본회의의 주요 법률안 통과나 중계 그리고 공청회나 청문회 그리고 세미나 등을 자체 장비로 제작한 후에 보도채널이나 공중파방송에 팔 수 있도록 중계방송권 행사 방안을 모색해 볼 수 있다.

다음으로 영국의 BBC처럼 방송기관이 의회채널을 수탁하여 운영하는 방안이 있다. 하지만 공영방송의 비대화와 뉴미디어 사업 진입을 우려하는 시각이 팽배한 상황에서 KBS가 의회채널을 운영하는 것은 현실적인 방안이 되기 어렵다.

이에 대한 대안으로서 공사 형태의 공공채널 통합 운영기관을 설치하는 방식을 상정할 수 있다. 이 방식의 장점은 의회채널을 비롯한 공공채널의 운영에 있어 독자성을 가장 확실하게 담보할 수 있다는 것이다. 이에 반해 단점으로는 법인 설립의 타당성과 당위성을 설득하기 쉽지 않으며 법규제정에 있어 상당한 진통과 시간이 소요될 것이라는 점이다. 이 방안에 대해서는 국회방송과 정부 산하 공공, 공익 채널에 대한 종합적인 검토와 구체적인 로드맵이 제시되어야 한다. 결국 의회채널의 독립성은 재정의 독자성과 운영의 자율성에서 출발하고 그 최종적인 수혜자가 시청자인 국민이라는 관점에서 미국과 영국의 두 가지 방식을 포함한 대안 마련이 시급하다고 할 수 있다. 공공채널의 의무전송제도와 마찬가지로 재원확보 문제도 채널에 대한 엄정한 평가와 법적요건, 예산 편성 및 집행에 대한 감독 규정이 수반되어야 한다.

공공채널은 낮은 인지도와 시청률로 인해 상업채널들과의 경쟁에서 뒤쳐질 가능성이 높은 만큼 진정으로 시청자 복지에 도움이 되고 국민의 세금 또는 준조세 형태의 기금으로 운영되어야 하는지에 대한 공감대가 형성되어야 한다. 아울러 시청률 지상주의인 상업채널과 달리 프로그램의 편성과 내용이 공공적, 공익적 목적을 적절하게 구현하고 있는가에 대한 공공채널 스스로의 반성과 프로그램 질 향상을 위한 노력이 요구된다.

특히 방송의 디지털화로 채널 전송 용량이 크게 늘어나 오히려 악화가 양화를 구축하는 미디어의 그레샴 법칙이 재연될 수 있음을 감안할 때, C-SPAN이나 디스커버리 채널처럼 시청자들의 관심과 시청을 유발할 수 있는 프로그램(예컨대 Call – In 프로그램)과 편성 전략이 독자적으로 개발되어야 한다. 따라서 의회채널을 위한 재원의 확보도 중요하지만 그 조성 방법과 운영방식을 면밀히 분석하여 그 결과를 법규에 포함시켜야 할 것이다.

의회방송을 시작한 나라들의 재원구조를 살펴보면 크게 두 가지로 나눌 수 있다. 정부의 예산이나 공공자금의 지원을 받지 않고 민간자본으로 운영되는 경우와 텔레비전 수신료 등 공적 자본을 바탕으로 운영되는 형태이다

재원 운용 형태는 나라마다 차이가 있고 장단점이 있다. 공적자금에 의존하는 형태의 경우 의회방송 조직에 안정성을 부여할 수 있으나 대부분이 공영방송이 주축이 되어 운영하기 때문에 국민의 알 권리를 제한한다는 비판이 야기될 수 있고, 시청자에게 유료로 부과할 경우 일본의 사례에서 볼 수 있듯이 시청률 감소로 운영이 어려워지는 결과를 가져올 수 있다.

반면, 민간자본으로 운영되는 경우 의회활동에 대한 충실한 편성 방침으로 외부의 간섭과 통제 없이 일관된 형태의 방송을 유지할 수 있다. 하지만 민간사업자들이 활성화되어 있지 못하면 재원의 안정성이 담보되기 어려워 공익성이라는 명분만으로는 운영이 어렵다(국회사무처, 2004).

따라서 의회방송의 독립성과 공정성이라는 축과 재원의 안정을 바탕으로 한 공공성과 공익성이라는 축이 서로 조화를 이룰 수 있도록 재원의 조성 방식과 운용형태에 대한 심도 있는 모색이 필요하다고 할 수 있다.

4) 의무전송

(1) 법률적 해석문제

의무전송은 공익적인 목적이라고 할 수 있는 방송사들의 전송권을 확보하여 주는 것을 정당화의 근거로 한 것이라고 할 수 있다. 방송법 제78조 및 동법 시행령 제61조에 명시된 의무전송 채널 범주(한국방송공사 및 한국방송교육공사)도 디지털화하면서 새로운 문제를 야기할 수 있다. 방송이 디지털로 전환되면 아날로그 1개 채널에서 보다 많은 디지털 채널이 확보될 수 있다. 다시 말해서 앞서 기술한 공공 또는 종교 채널의 경우는 PP를 기준으로 의무전송 채널 범주를 결정하였으므로 디지털화해도 기본 의무 전송 채널의 숫자에는 큰 변함이 없다. 따라서 일정 기간 현행처럼 3개 정도 공공 채널을 의무전송토록 허용하는 것이 합리적일 것이다. PP와 SO의 자유계약에 의해 전송되는 것은 물론 이러한 논리에 규율되지 않는다. 미국은 300가구 이상의 가입자가 있는 케이블TV SO 중 12개 채널 이하의 가용채널을 운영할 경우에는 동일구역 내에 있는 최소한 3개의 상업TV만을 의무전송토록 하고, 가입가구 수가 300미만인 경우에는 의무전송 의무를 면제하는 등 시장 여건에 따른 정책의 유연성을 보이고 있다.

미국의 경우 의무전송조항은 연방통신위원회(Federal Communication Commission)에 의하여 두 차례나 법제화되었으나 매번 연방항소법원들은 이러한 규정이 수정 헌법 제1조에 명시된 대로 방송의 경우에 있어 의회는 표현의 자유를 제한하는 법률을 제정하여서는 아니 된다는 규정에 위반된다고 하여 위헌으로 판단되었다.

그러자 의회가 나서서 연방 상·하원이 조지 부시(George Bush) 대통령의 거부권을 물리치고, 1992년 케이블 법을 제정하였고 위헌심사에서 통과하였다. 이는 케이블 방송업자들의 경우에 지역에서의 전송에 있어 독점적인 지위에 있고, 이러한 독점적인 지위에 있는 케이블 사업자들에 대한 규제로 의회가 지역방송사업자들이 케이블에 접근하여 자신들의 방송을 전송할 수 있도록 하는 것은 오히려 경쟁을 촉진하고, 소비자들에게는 네트워크에 대한 선택권을 부여한다는 점이 설득력을 지녔기 때문이다. 즉 미국에서의 민주주의의 근간을 이루는 것이 다양한 정보 서비스의 제공이라는 점에서 공중의 이익과 편의, 필요(public interest, convenience and necessity)를 위한 네트워크에 대한 접근권은 필수적이라고 인식한 데서 비롯된 것이다.

의무전송조항은 수많은 사안들에서 케이블 사업자들에게 모든 지방방송을 전송할 수 있도록 하는 기회를 주는바, 이러한 전송은 케이블 사업자의 관점에서는 무상 전송권을 의미한다.

그러나 반드시 케이블 업자에게 도움이 되는 것은 아닌 것이 이러한 무상 방송전송은 경우에 따라서는 훨씬 인기 있는 방송을 보낼 수 있는 기회를 박탈하게 되는 면이 있다. 그럼에도 의무전송조항을 합헌이라고 미 연방대법원이 판단한 것은 이런 인기도 없고, 시청자도 거의 없는 방송들에 대하여는 시청자들이 접속할 수 있는 기회를 제공하도록 한다는 의미를 가지고 있는 것이다.

영국의 경우는 Ofcom(Office of Communication)에서 특정한 공공적 내용의 텔레비전 프로그램을 지상파 네트워크를 통하여 디지털화된 형식으로 전송을 하도록 하는 의무전송조항을 도입하는 것에 대하여 2004년 11월에 제안을 한 바 있다.[16]

Ofcom은 Ofcom의 지시에 따라 통신서비스 제공자는 통신법 제64조 제3항에 규정된 특정 서비스를 전송하여야 한다고 하면서 전송의무 규정의 법제화를 제안하고 있다. 즉 의무전송규정은 두되, 적절한 합리적인 보상이 이루어지도록 하는 방안을 제시한다.

사업자들이 이러한 규제를 따르기 위하여 소요될 비용, 즉 디지털 환경에 적응하도록 하기 위하여 소비될 방송사업자, 복합 상영관 운영자와 소비자들의 비용을 절감할 수 있으며, 방송사업자들도 디지털 환경의 실행에 대하여 확신을 가지고 사업을 수행할 수 있다는 편익의 관점에서 비용과 편익 간의 균형을 이루면서, 지상파 사업자들로 하여금 이러한 서비스를 제공한 유인을 제공하여, 바람직한 안이라고 판단하였다.

유럽공동체의 통합 서비스 지침(Universal Service Directive) 제31조에도 모든 공동체 국가들은 합리적인 범위 내에서 의무전송규정을 규정할 수 있다고 규정하여, 합리성의 제한 아래에서 공동체 내에서의 의무전송조항을 허용하고 있다. 이러한 의무전송조항은 규정된 일반적인 이익목적(general interest objectives)을 충족시키기 위하여 필요하여야 하며(necessary requirement), 비례성의 원칙(proportionate)과 투명성(transparency)의 원칙을 충족하여야 한다고 되어 있다.

국내에서도 공공채널과 선교를 목적을 지닌 종교채널을 각각 3개 이상 의무전송토록 하고 있는 방송법 제70조 3항[17]과 동법 시

---

16) Provision of Managed Transmission Service to Public Service Broadcasters by Ofcom, 28 Feb. 2005.

행령 제54조는 법률적인 해석을 두고 타당성에 대한 논란이 제기되고 있다. 법률적 해석에서 제기되는 문제는, 먼저 방송법의 의무전송조항은 내용규제의 범주에 해당될 가능성이 높은 조항으로서, 이 조항이 추구하는 입법취지가 (1)우리 헌법 및 법률체계상 그 정당성을 인정받는지 (2)목적달성을 위하여 입안된 방법이 효과적이고 적절한지 (3)비록 방법이 효과적이고 적절할지라도 보다 완화된 형태의 대안이 존재하지 않는지 (4)그리고 입법에 의해 보호하고자 하는 공익과 침해되는 사익을 비교할 때 보호되는 공익이 사익보다 실질적으로 큰 것이냐 하는 문제이다.

방송위원회는 2007년에도 케이블TV와 위성방송 등 유료방송 사업자들이 의무적으로 배정해야 하는 공익성 채널의 방송채널사용사업자(PP)를 10월 중 선정할 계획이다. 올해 공익성 방송 분야는 (1)시청자 참여 및 사회적 소수 이익 대변 (2)저출산·고령화 사회 대응 (3)문화 예술 진흥 (4)과학 기술 진흥 (5)공교육 보완 (6)사회 교육 지원 등 6개 분야로 확정됐다. 2006년 공익성 채널에는 KBS 프라임과 아리랑TV, EBS, 예술TV 등 8개 공익 분야별로 2개씩 모두 16개 PP가 선정됐으나 올해는 분야도 줄었고 분야별로 PP 1개씩을 선정한다는 방침에 따라 경쟁이 치열할 것으로 전망된다. 공익 채널로 뽑히면 11월부터 2008년 12월 말까지 종합유선방송사업자(SO)들의 70여 개 채널에 의무적으로 편성된다.

공익채널은 공익성의 실현 가능성을 비롯해 해당 분야의 적절성, 운영계획, 공적 책임의식, 시청자 불만 등을 고려한다. 공공채널은

---

17) 제70조(채널의 구성과 운용) ③항 종합 유선방송사업자 및 위성방송 사업자는 대통령령이 정하는 바에 의하여 국가가 공공의 목적으로 이용할 수 있는 채널(공공채널) 및 종교의 선교목적을 지닌 채널을 두어야 한다(개정 2004. 3. 22)고 되어 있다.

현재 국회방송, KTV, OUN 등 3개 채널로 의무전송이 이루어지고 있다. 의무 사항으로 운용해야 하는 종교채널과 공공채널은 텔레비전 방송채널이어야 하기 때문에 현행 방송법상으로는 텔레비전방송 PP로 정해진다. 국회방송은 2003년 방송위원회가 인정한 공공채널이다. 공공채널이 다른 분야의 채널보다 높은 수준의 공공성과 공익성이 있다면 모든 공공채널이 송출될 필요가 있다. 그러나 가용채널이 정해진 상태에서 공공채널을 늘려 놓은 상태이기 때문에 SO들의 사업 여건을 고려한 제도 보완이 필요하다는 의견이 나오고 있다. 또한 케이블 TV의 디지털 전환을 앞두고 공공가치를 지닌 공공채널에 대한 법제적 규정이 필요하다는 지적도 있다.

따라서 이 같은 문제제기는 관련 법조항의 법률적 검토 필요성을 제기할 뿐만 아니라 법조항을 개정할 경우, 법률적 타당성을 반드시 고려해야 한다는 것을 지적해 주고 있다. 이는 공공가치를 지닌 국회방송의 디지털 전환에서의 의무전송의 당위성을 위하여 보다 타당성 있는 공공채널의 지정이 엄격한 절차와 자격요건에 의해 이루어져야 함을 보여 주는 것이다.

(2) 의무전송 규정의 보완

니시널 방송시대를 맞이하여 의회방송에 대한 실질적인 법적, 제도적 지원방안으로는 의무전송 규정과 재원의 확보를 위한 법제의 정비가 무엇보다도 필요하다.

먼저 의무전송 규정은 우리 방송법이 수용하고 있는 제도로서 케이블TV와 위성방송이 동일구역 내 지상파TV의 시그널(KBS / EBS)

의 내용변경 없는 동시 재전송(제78조) 그리고 공공채널과 종교채널을 각각 3개 이상 두도록 한 것(제70조 3항 및 동법 시행령 제54조)이다.

방송 산업이 점차 다원화되면서 의무전송 조항의 대상, 시기 등에 관해 관련 당사자 간 입장 차이가 심각하게 노정되고 있다. 이는 법규에 규정된 의무전송의 범주나 방식이 정부의 디지털 네트워크 구축계획, 방송 사업자 간 이해, 시청자 복지차원에서의 프로그램 다양성 확보 등 상업적·공익적 목표의 성패에 상당한 영향을 미치기 때문이다(유의선, 이영주, 2001).

학자들에 따라 견해의 차이가 있지만 지상파TV(KBS/EBS)의 경우 의무재전송이 난시청 해소라는 문화 복지적 차원에서 타당성에 대해 상당한 공감대가 이루어지고 있지만, 공공채널과 종교채널의 경우 표현의 자유 및 사업자의 이해 침해라는 관점에서 정당성과 효용성에 대한 논의가 분분하다.

다만 본 연구의 목적상 의회방송의 의무전송 문제에 있어서 우리 방송법이 지향하는 원칙과 상충되는지, 규제의 근거 및 타당성이 입법취지와 부합되는지, 법제화를 통해 국민에게 실질적인 이익을 줄 수 있는지 그 필요성과 합목적성에 대해 논의를 전개하고자 한다.

방송법 제70조 제3항은 종합유선방송사업자 및 위성방송사업자는 대통령령이 정하는 바에 의하여 국가가 공공의 목적으로 이용할 수 있는 채널을 두어야 한다고 명시하고 있다. 공공채널을 법적 의무전송 제도로 보호해야 할 필요성은 시청자 복지와 관련하여 제기될 수 있다. 상업적이고 대중적인 유료방송 서비스가 주도하는 방송환경에서 공공적이고 공익적인 내용의 채널들은 낮은 인지도와 시청률로 인해 제도적 보호 장치가 없다면 그 존재마저 부정될 여지가 있다.

그러나 공공채널이라고 해서 시장성이라는 척도만을 가지고 반드시 의무 전송해야 한다는 논리는 수긍하기 어렵다. 특히 공공채널의 운영주체가 국가기관인 우리나라는 채널의 자율성과 독립성을 담보하고 있지 않기 때문에 자칫 예산을 들여 정부 홍보채널이나 국책방송으로만 운영될 소지도 있다.

따라서 공공채널에 대한 법적 정의와 실질적인 대상 및 역할에 대한 적정한 수준의 평가가 수반되어야 한다. 또한 의무전송제의 대상을 지나치게 확대해석하여 사업자들의 표현의 자유나 사업적 권리를 침해하는 것도 바람직하지 않다. 즉 보호하려는 법익과 침해당하는 법익 간의 조화가 전제되어야 의무전송제의 정당성이 인정될 수 있다.

의무전송규정의 입법취지나 목적이 우리 법률체제에서 어느 정도 정당하다고 판정되면 다음으로 논의되어야 하는 것은 목적달성을 위하여 입안된 방법이 효과적이고 적절한 것인가 하는 수단의 적정성 문제이다. 수단의 적정성이란 선택하는 수단이 목적을 달성함에 있어서 합리적 판단에 준거하여 필요하고 효과적이라고 인식될 수 있어야 한다는 것이다. 다시 말해서 상대방에게 필요이상의 폐해를 주어서는 안 되고(최소 피해의 원칙), 상충되는 법익을 서로 균형 있게 조정하는 수단으로서(법익의 균형성 원칙) 기능해야 함을 의미한다(유의선, 이영주, 2001).

따라서 현재 공공채널로 승인된 국회방송(국회방송)과 KTV 및 방송대학TV(OUN)에 대한 엄밀한 평가와 함께 향후 추가로 생길 수 있는 채널(예컨대 사법부가 운영하는 PP) 등에 대한 선정 원칙과 기준을 마련해야 할 것이다. 방송법 제70조 제3항 및 동법 시행령 제54조에서 규정하고 있는 의무전송의 적정성 여부와 별도로 공공채널에 대한 개념 규정을 보다 엄밀하게 할 필요가 있다. 또한 의무전송제에 대한 입법적 정당성을 평가하는 데 있어 미국의 판례처럼 엄격심사제(strict level of scrutiny)의 도입이 고려되어야 한다.

또한, 방송법 시행령 제54조에 명시된 의무전송 대상 채널 범주는 보다 신중하게 재조정될 필요가 있다.

그럼에도 불구하고 방송의 디지털화가 진행되고 있으며 케이블 TV의 시장지배력이 커가는 현 상황에 비추어 의무전송제의 필요성은 다음과 같은 이유로 제기될 수 있다.

첫째, 시청자 복지증진 차원으로 국민들에게 필수적인 정보를 제공하는 프로그램의 다양성을 확보할 수 있다는 것이다.

둘째, 매체 간의 균형발전으로 특정 매체나 사업자의 과도한 시장지배를 억제하기 위해 의무전송제가 기능해야 한다는 것이다.

셋째, 전파희소성에 기반을 둔 아날로그 방송과 달리 디지털 방송은 채널용량에 있어 충분한 여지가 있다는 것이다.

이밖에 방송 사업자 간 합종연횡으로 MSO나 MPP, MSP군들의 증대하는 시장지배력 추세를 감안할 때 의무전송제는 설득력을 갖는다. 최근 PP의 수가 급증하면서 케이블TV SO가 PP에게 과도한 전송료를 요구하거나 신규시장 진입비 형태로 각종 요구를 하는 사례가 있는 것으로 알려져 있다. 이러한 불공정거래는 MSO의 구매독점력이 커지면서 더욱 심화될 것으로 전망된다. 또한 SO들이 채널 간 편성을 임의로 변경시켜 홈쇼핑을 시청에 유리한 위치에 놓는 경우는 일반화되다시피 하여 시청자들의 선택권과 이용에 혼란을 야기하고 있다. 미국의회는 한 조사에서 케이블TV가 점차로 수직적 또는 수평적 결합 등을 통해 시장지배력이 우려될 정도로 막강해져 매체 간 불공정거래 또는 차별적 거래가 심화되고 있음을 지적하고 있다.

의무전송에 대한 법적 해석은 보는 관점에 따라 매우 상충적이다. 1992년 헌법재판소의 판결에 의해 의무전송에 대한 입법취지가 일부 밝혀졌지만, 지금처럼 방송의 디지털화가 본격적으로 추진되는 상황에서는 입법취지가 다르게 해석될 수도 있다. 실제로 이론이 아닌 현실세계에서 의무전송제는 처해 있는 상황 및 정치적 여건에 따라 그 법적 평가가 달라져 왔다(유의선, 이영주, 2001).

미국의 경우 1985년 Quincy판례에서 위헌판결을 받았던 의무전송제가 1990년대 Turner 판례에서 합헌판결을 받은 것이 그 예이다. 다시 말해서 의무전송 관련 법규는 그 대상 및 범주, 시기 등을 결정함에 있어서 기본적으로 채널 전송용량, 방송사업자 간의 역학관계, 의무전송 대상 채널의 성격, 대체수단의 존재 여부 등을 우선적으로 고려한 후 그 세부적 내용을 정해야 법적 타당성을 인정받을 수 있다.

국회방송을 비롯한 공공채널들이 상업채널들이 판치는 무한 경쟁 시장에서 생존하기 위해서는 최소한의 법적 장치를 두어 의무전송제의 보호를 받아야 한다. 다만 공공채널의 요건 및 선정 기준을 보다 구체적이고 명확히 할 필요가 있다. 아울러 의무전송규정의 보완을 통해 공공채널의 지정과 감독에 대한 절차 및 사업자의 이행준수 여부와 위반 시 법적 제재 조치에 대한 사후 평가도 포함되어야 할 것이다.

공공채널의 의무전송제도는 단지 기존의 케이블TV와 위성방송에만 국한되어서는 안 되며 향후 본격화될 IPTV 및 디지털 지상파TV에도 적용되어야 실효성을 갖게 될 것이다.

우리나라 유료방송 시장은 규모에 비해 수많은 매체와 채널 사업자들이 경쟁하고 있어, 각기 다른 이해관계가 얽혀 있다 보니 제도와 정책도 복잡한 면이 많다. 법적 규제로 의무 편성해야 하는 채널만 17개에 달하는데, 유료방송 플랫폼의 최소 운용채널 수는 70개라는 점을 감안하면 24%에 달하는 편성의 제약을 받고 있는 셈이다. 그렇다면 해외에서는 이러한 의무전송 정책이 어떻게 되어 있을까. 해외 주요 국가들에서는 대부분 케이블TV를 통한 지상파방송의 재송신을 규정한 의무전송제도를 운영하고 있지만, 우리의 공익채널 제도와 같은 전문 PP를 의무 편성하게 한 곳은 거의 없다.

(3) 해외 의무전송채널

지난해 OECD에서 발표한 자료에 따르면, OECD 주요 14개국에서 이탈리아, 호주를 제외한 12개 나라에서 의무전송 채널 규정을 두고 있다.

이 중에서 프랑스와 미국을 제외하면 의무전송은 케이블TV에만 부여하고 있다. 또 대상 채널은 대부분 지상파 방송인데, 공영방송사에 국한하거나 모든 지상파에 적용하도록 하는 등 다양한 방식이 이뤄지고 있다.

전문 채널의 경우 3개 국가에서만 의무전송 제도를 두고 있는데, 프랑스는 의회 채널, 캐나다는 교육 채널 1개 정도에 불과하다. 미국의 경우 케이블TV에는 공공·교육·정부 관련 PEG(Public, Educational, Governmental)채널과 임대채널, 위성방송에는 전체 채널의 4% 이내 비상업용 채널로 편성하도록 규정하고 있어 조사국가 중 가장 많은 규제를 두고 있다.

이렇듯 의무전송 채널제도는 미국과 유럽에서 차이를 보이는데, 미국은 정부주도로 재송신 정책을 수행하고 있고, 유럽은 정부가 가이드라인만 제시하고 사업자 간의 계약을 우선시한다는 점이 특징이다.

미국의 의무재송신 제도는 콘텐츠나 방송국의 성격에 관계없이 특정지역의 거의 모든 지역방송국에 적용되고(carry-one, carry-all 원칙), 케이블사업자 전체 전송가능 채널의 일정비율(%)을 지역방송국에 할당해 다양성을 확보하고 있다. 유럽은 보편적 서비스 차원으로 다수성, 문화적 다양성, 국가언어 등의 공익에 기여하는 '콘텐츠'의 채널을 재송신 하도록 규정하고 있다. 방송 통신 위원회(2008) 보고서에 따르면 의무전송채널에 대한 사례는 다음과 같다.

① C-SPAN

미국의 케이블 채널 중 의무채널은 아니지만, SO들이 거의 모두 전송하고 있는 채널은 C-SPAN이다. C-SPAN Cable-Satellite Public Affairs Network의 약자로써, 정부의 정책결정 과정을 여과 없이 방송하는 케이블 네트웍이다. 현재 C-SPAN은 전국에 걸쳐

7,900여 SO들에 의해 전송되고 있으며, 평균 8,600만 가구가 이를 시청하고 있다(C-SPAN website). C-SPAN은 미국의 SO들이 지상파방송 티어의 한 채널에 편성하고 있고, 지역 지상파 방송사들의 프로그램들, PEG 채널들과 함께 방송된다(Baldwin, McVody, & Steinfield, 1996). 즉, 미국 케이블 서비스는 대개의 경우 지상파방송티어(broadcasting tier), 기본티어(basic tier), 프리미엄티어(premium tier)등으로 나눌 수 있는데(최근에는 지상파방송티어를 제공하지 않는 SO들도 있음), C-SPAN은 지상파방송티어 이상의 서비스에는 거의 자동적으로 전송되고 있다.

FCC가 지상파 방송의 의무전송이나 PEG 채널의 경우와 달리 의무전송을 요구하지 않음에도 불구하고 SO들 C-SPAN을 전송하는 이유는 SO들 또한 공익에 봉사하고 있다는 것을 보여주기 위함이다. 즉, C-SPAN은 SO들이 직접 재원을 충당하면서 미국 의회와 다른 공공업무, 정책결정 등을 방송하는 비영리 목적의 케이블 채널이다. 결국, C-SPAN는 SO들이 직접, 또는 간접적으로 제작에 참여한 채널이기 때문에, 거의 모든 SO들은 이를 지상파방송티어나 기본티어에서 전송하고 있는 것이다. 또한 C-SPAN은 의회의 의정활동이나 정책결정에 대한 의견을 거의 표현하지 않음으로써 의사결정에 영향을 미치고자 하지 않으며, 단순히 어떠한 공적인 일들이 일어나고 있는가를 보여주는데 초점을 맞추고 있다.

현재 C-SPAN은 세 개의 채널을 가지고 있으며, 광고의 지원을 받지 않으며 종일 방송된다. C-SPAN는 1979년부터 하원의 의사결정과정을, C-SPAN2는 1986년부터 상원의 의정활동을, 그리고 C-SPAN3은 2001년부터 의정활동을 생방송으로 중계하고 역사물을 방송하기도 한다.

② CPAC(Cable Public Affairs Channel)

캐나다의 의무전송에 시작과 규제는 1968년 캐나다 의회에서 통과된 방송법(The Broadcasting Act of 1968)에 의해 마련되었다고 할 수 있다. 이 법은 캐나다의 케이블 텔레비전이 지상파 방송의 규제를 담당하는 CRTC(Canadian Radio-Television and Telecommunications Commission)에 의해 규제를 받도록 했는데, 이는 캐나다의 공영방송인 CBC(Canadian Broadcasting Corporation), 그리고 민영 방송사들, 그리고 케이블 텔레비전의 규제를 일원화하기 위한 것이라 할 수 있다.

1968년의 방송법은 광범위한 방송통신 서비스의 제공, 프로그램의 내용과 성격에 있어 캐나다의 가치를 나타낼 것, 전국에 걸쳐 영어와 프랑스어로 된 프로그램을 함께 제공할 것으로 되어 있다.

방송 통신위원회(2008) 보고서에 따르면 CRTC는 1970년 4월 미국의 의무전송규정과 비슷한 지상파 방송의 케이블에서의 전송을 요구했는데, 이는 FCC와 유사하게 지상파 방송의 경제적 위기를 돕고자 하는 취지에서 출발했다(Le Duc, 1976).

1991년 개정된 방송법(The Broadcasting Act of 1991)에서는 SO들의 시상파 방송 전송에 있어 캐나다의 방송 프로그램을 전송하는데 우선권이 주어져야 한다고 명시하고 있고, 영어와 프랑스어로 된 하원의 의정중계 프로그램(CPAC)도 의무전송 하도록 하고 있다.

캐나다의 SO들이 전송하고 있는 네트웍들 중, CPAC(Cable Public Affairs Channel)는 캐나다 하원의 주요 의제들과 공공, 정부 사안들을 다루는 비영리 민영 케이블 네트웍이다. 지난 2003년 CRTC 는 시청자들이 CPAC를 선택적으로 영어나 프랑스어로 시청할 수 있도록 했는데, 많은 SO들은 두 언어로 모두 전송하고 있다. 이는 미국의 C-SPAN과 유사한 프로그램이라 할 수 있는데, CPAC는 주로 하원의 의제들과 함께, 상원의 여러 위원회, 대법원의 판결, 정치 집회, 선거 방송 등을 주요 콘텐츠로 다룬다.

방송 통신위원회(2008) 보고서에 따르면 지난 1977년 캐나다 하원은 의정활동을 방송으로 전송하도록 했는데, CRTC는 SO들이 이를 케이블 채널에서 전송하도록 했다. 1979년에는 CBC가 의정 방송을 할 수 있는 허가를 받았고, 이에 따라 CBC Parliamentary Television Network이 설립되었다. 또한 1989년에는 CBC와 SO들의 컨소시움이 새로운 케이블 의회 채널(Cable Parliamentary Channel) 을 설립할 것을 제안했는데, 당시 예산경감으로 인해 CBC는 더 이상 영어와 프랑스어로 의정방송을 제작할 수 없다고 밝혔고, 결국 1992년 25개의 SO들로 구성된 컨소시움이 케이블 의회 채널을 설립했다. 1995년에는 CRTC에 의해 전국방송으로 허가되었고, 1996년 CPAC로 이름을 바꾸었다. CPAC의 소유권은 여러 SO들이 지분을 분배하고 있는데, 로저스 커뮤니케이션(Rogers Communications: 41.4%), 쇼 커뮤니케이션(Shaw Communications: 25.05%), 비디오트론(Videotron: 21.71%), 코게코(Cogeco: 6.7%), 브래그 커뮤니케이션(Bragg Communications: 3.7%) 등이 CPAC를 소유하고 있는 주요 SO들이다(CPAC website).

방송 통신위원회(2008) 보고서에 따르면 지난 1992년 이후 캐나다의 SO들은 CPAC에 5천만 달러에 이르는 자금을 지원해오고 있으며, 캐나다의 천만 가구에 케이블과 위성으로 방송된다(CPAC website). 즉, 캐나다의 SO들은 CPAC를 통해 그들이 캐나다의 주요 의제와 의사결정과정을 보여줌으로써 캐나다에 기여한다는 것을 자부하고 있다.

현재 CPAC는 프로그램의 98%가 캐나다에서 제작되거나 캐나다에 관련된 프로그램으로 이루어져 있고, 광고는 방송되지 않는다. 또한 CPAC는 정부로부터 재정적 지원을 받지 않으며, 정부의 어느 기관과도 연계되어 있지 않다. 또한 CPAC는 이들을 지원하고 있는 SO들로부터도 콘텐츠의 편집에 있어 영향을 받지 않는 것으로 알려지고 있다. 또한 CPAC와 비슷하게 정치, 의정방송을 주로 하고 있는 CBC의 Newsworld 프로그램보다도 더 독립적인 의견과 정보를 제공하고 있다.

③ 프랑스의 의무전송의 사례

프랑스 정부는 방송정책을 담당할 기관으로 문화성(Ministry of Culture) 산하에 Conseil Superieur de L'Audiovisuel (CSA)을 1986년에 설립했다. 현재 CSA는 지상파 방송, 케이블, 그리고 위성방송을 모두 규제하고 있다.

방송 통신위원회(2008) 보고서에 따르면 프랑스의 의무전송규정은 지난 1966년의 법에 의해 결정되었는데, 1986년 9월 개정된 프랑스법 34 - I 조항(Article 34 - I)은 커뮤니케이션의 자유에 관한 항목과 SO에 관한 규제에 대해 설명하고 있다. 2000년 8월에 다시 개정된 34 - II 조항에는 위성방송 사업자들이 의무전송해야 하는 채널들을 명시하고 있는데 모든 아날로그 지상파 방송(France

2, France 3, France 5, Arte)과 TV5 Monde 그리고 Reseau France outre-mer(해외 주재공관들을 위한 정부 소유의 네트웍)과 의회방송(Parliamentary Channel: La Chaine parlementaire)이다.

La Chaine Parlementaire는 의회방송으로써, 지난 1999년 의회의 요청에 의해 설립되었으며, 영국의 BBC Parliament와 비슷한 역할을 하고 있다고 할 수 있다. 처음 설립되었을 당시에는 일주일 두 번, 화요일과 수요일에 France 3채널을 통해 방송되었으나, 이후 프랑스 의회의 의사결정과 의정활동을 24시간 방송하고 있다.

〈표 Ⅲ-5〉 OECD 주요국의 의무전송채널 제도

국가	도입 여부	대상 플랫폼	지상파 채널 및 프로그램	전문 방송 채널	의회채널
영국	O	케이블 TV	모든 지상파 TV채널	×	
프랑스	O	케이블 TV, 위성방송	공영방송사의 모든 방송, 국제방송 채널, 지역채널(케이블 TV만 해당)	의회채널	La Chaine Parlementaire
독일		케이블 TV	모든 지상파 TV채널	×	
이탈리아	×	-	-	-	
포르투갈	O	케이블 TV	공영, 민영 방송사 채널	×	
네덜란드	O	케이블 TV	모든 방송 서비스	×	
벨기에	O	케이블 TV	공영, 지역방송사의 TV, 라디오 프로그램	×	
스위스	O	케이블 TV	모든 라디오, 무료 TV	×	
노르웨이	O	케이블 TV	NRK, TV2, 지역공영방송사별로 1개 채널	×	
핀란드	O	케이블 TV	공영방송사와 전국 면허 방송사의 TV, 라디오	×	
일본	O	케이블 TV (지상파 난 시청 지역)	모든 지상파 방송	×	

국가	도입여부	대상 플랫폼	지상파 채널 및 프로그램	전문 방송 채널	의회채널
미국	○	케이블 TV	채널 용량의 3/1을 지상파 방송의 재전송에 할당(1개 이상 비상업 교육 방송, 저출력 TV 포함)	PER(공공, 교육, 정부) 채널, 임대채널	C - SPAN: - 의정활동중계 - 비영리 민영 케이블 - 비의무, SO자발적 전송
		위성방송	특정 지역의 방송을 송출 시 해당 지역의 모든 지상파 방송을 송출해야 함	전체 채널 4% FMF 비상업용 채널로 편성	
캐나다	○	케이블 TV	지역 방송사 채널	지정된 교육 TV채널	CPAC (의무전송) - 의정활동 중계 - 비영리 민영 케이블 - 주요 SO에 의해 소유, 운영
호주	×	-	-	-	-

※출처: OECD, 2007년 참고로 구성

5) 국회방송 활성화를 위한 전략방안

이렇게 국회방송에 대해 살펴본 이유는 궁극적으로 국회방송 활성화 방안을 모색하고 발전 방안을 제시하기 위해서이다. 먼저 국회방송의 활성화 방안은 첫째 국회방송의 주 시청자층이 누구이고, 국회방송에 대한 그들의 평가는 어떠한가에 대한 질문을 통해 국회방송 활성화 방안이 모색되어야 한다. 이것은 국회방송이 앞으로 누구에게 초점을 맞추고 실제 운영 전반에 대한 평가가 어떠한지 객관적으로 인식하고자 함이다. 둘째는 주 시청자층의 평가를 기초로 앞으로 국회방송이 어떻게 운영되어져야 하는가에 대한 질문이다. 국회방송의 주체, 편성, 프로그램 수급 등 구조 및 운영 전반에 걸쳐 국회 방송이 개선해야 한다.

국회방송의 존재 이유는 (1)현실 정치의 핵심인 국회 활동을 국민들에게 충분히 알려 주고 이해시키는 것과 (2)국민이 국회의 입법 과정에 직간접적으로 참여케 하고 (3)궁극적으로 국회의원에 대한 올바른 평가를 하고 이를 국민들이 선거에 반영함으로써 대한민국 정치 발전의 초석을 다지는 데 있다.

따라서 국회방송의 정체성과 시청률을 조화롭게 증진시킬 수 있는 전략이 필요하다. 다음과 같은 질문을 통해 국회방송 활성화를 위한 전략 방안을 모색해 보았다. <표 Ⅲ-6>는 국회방송 활성화를 위한 50대 전략을 제시한 것이다.

국회방송 활성화를 위한 방안 모색 질문

Ⅰ. 국회방송의 역할(정체성)

1. 현재 국회방송이 의회전문채널로서 위상을 확보하고 있는가?

> 국회방송은 1991년 의사중계방송을 위한 법적인 근거를 마련하고 2004년 5월 개국한 의회전문채널로서 2006년 5월 현재 전국의 케이블 방송 95개와 디지털 위성방송으로 방송되는 의무전송채널이다. 따라서 법적 근거나 채널 확보면에서는 위상을 확보하고 있다고 볼 수 있다. 그러나, 케이블TV의 디지털 전환을 앞두고 운영 및 제작측면에서 의회방송으로서의 위상을 재정립하기 위한 제도적인 보완이 필요하다고 볼 수 있다.

2. 시청자들은 종종 KTV와 국회방송을 구분하고 있지 못한 경우가 많은데 국회방송이 시청자들에게 의회전문채널이라는 인식을 심어주기 위해서 어떻게 정체성을 확보해 나가야 하는가?

> 먼저 편성측면에서 디지털 서비스를 확대해야하고 시민 참여형 편성을 늘려야 한다.
> 운영면에서는 공익성을 위한 운영주체의 독립성이 필요하므로 독립법인화를 모색해야 하고 시청자위원회를 운영하는 방안이 논의되어야 한다.
> 재원 측면에서는 수익성이 높은 케이블이나 위성방송으로부터 공공채널을 위한 공공기금을 징수하거나 자체 수익사업을 통한 수익모델이 장기적으로 개발되어야 한다.
> 의무전송에 있어서도 케이블 TV의 디지털 전환에 맞추어 제도적 보호장치가 지속적으로 필요하다.

3. 의회전문채널이라는 국회방송의 정체성에 있어서 변화가 필요하다면 어떤 방향으로 정체성을 확보해 나가야 하는가?

> 국민의 알권리를 위한 보도기능을 강화하고 공론장으로 활용할 수 있는 다양한 토론 프로그램을 편성하고, 시청자참여 프로그램을 늘려나가야 한다.
> 이를 위해 무엇보다도 방송환경의 디지털전환을 맞아 국회와 국민을 직접 연결하는 의회 전문채널로서 양방향 네트워크 서비스를 도입한 국민의 적극적인 참여를 유도해야 한다. 예를 들면 IPTV를 이용하거나 양방향 데이터 방송을 실시하여 토론과 정보제공 그리고 국민 의견 청취등 시청자 참여형 편성으로 편성의 개혁이 우선되어야 한다. 이들을 바탕으로 향후 정치 전문채널로서 정체성을 확립해 나가야 한다.

4. 국회방송의 경쟁채널(또는 유사채널)은 어떤 채널인가?

> KTV를 통해 의정활동을 홍보하다가 2004년 국회방송이 탄생되었고, 현재 KTV가 행정부 홍보채널, NATV는 입법부 채널이라는 채널 이미지 때문에 두 개의 채널에 대해 독자성이 결어딘 단편직인 징부의 공공선날 재널이라는 이미지가 있다.

5. 국회방송의 정체성 측면에서 가장 근간이라고 할 수 있는 운영주체는 어디가 되어야 바람직하다고 보는가?

장기적으로 공공법인화하여 의회 전문채널로서의 위상을 갖추어 나가야 한다. 의회채널의 독립성은 재정의 독자성과 운영의 자율성에서 출발하고 그 최종적인 수혜자가 시청자인 국민이라는 관점에서 미국의 의회전문채널로서의 위상과 영국의 방송기관이 의회채널을 수탁하여 운영하는 방안 또는 공사 형태의 공공채널 통합 운영기관을 설치하는 방식도 생각해 볼 수 있는데, 장기적으로 공공법인화에 대한 대안 마련이 필요하다.

Ⅱ. 국회방송의 재원

1. 국회방송은 방송발전기금에서 95%, 일반회계에서 5% 지원을 받고 운영되고 있는데, 이러한 재원 확보가 국회방송 운영에 있어서 합리적인가? 더욱 합리적으로 재원을 확보할 방안은 무엇인가?

국회방송의 경우 방송발전기금을 대부분의 재원(2007년 전체예산의 95%)으로 하고 있으나 방송위원회와 소관 상임위원회인 문화관광위원회로부터 국회사무처 예산을 편성할 때 일반회계로 할 것을 매년 지적받고 있다. 하지만 예산 주무부처인 기획예산처와 국회 예결위원회는 기금도 국고의 일부라는 원칙아래 방송발전기금에서 국회방송의 예산 배정을 하고 있다.

국민의 대표로 구성되는 입법부에서 의회중계 및 각종 의정활동을 주요 프로그램으로 제작 송출하는 국회방송은 성격상 공공성과 공정성 그리고 정치적 중립성을 견지해야 한다. 그러나 국회방송의 운영에 있어 예산과 인사를 통해 특정 정당이나 특정인의 유무형 압력이 행사될 개연성은 항상 존재한다고 할 수 있다. 이는 프로그램의 편성이나 운용에까지 영향을 미쳐 결국은 공정성과 정치적 중립성을 훼손하는 결과를 초래할 위험요인을 가지고 있다. 따라서 재원구조의 법적 장치와 운영의 독립에 관한 명시적인 규정의 필요성이 제기된다.

미국식의 케이블TV 사업자 조성 방식을 참고할 수 있다. 미 의회채널인 C-SPAN은 공공의 문제를 다루고 비영리 방송이기는 하지만 정부의 자금은 전혀 받지 않는 민간방송이다. 케이블TV SO사업자들이 가구당 수신료 중 일부를 C-SPAN의 재원으로 운용하도록 규정하고 있고, C-SPAN은 조성된 자금과 자체 수익사업(예컨대 프로그램 판권, 녹화테이프 판매 등)으로 확보한 재원으로 예산을 충당하고 있다. 현재 국내 케이블TV 및 위성방송 사업자들이 아직 공공채널을 위한 별도의 재정적 의무는 부과하지 않고 있지만, 방송위원회에 일정의 공익 또는 공공발전기금을 단계적으로 모금하고 정부가 세금감면 등 세제상의 혜택 조치를 취한 후 장기적으로 재원확보 방안을 모색해야 한다. 자체적인 수익모델의 창출을 모색하기 위하여 국회방송의 의사 의정 중계권을 행사하도록 제도화하는 것이다. 국회 본회의의 주요 법률안 통과나 중계 그리고 공청회나 청문회 그리고 세미나 등을 자체 장비로 제작한 후에 보도채널이나 공중파 방송에 팔 수 있도록 중계방송권 행사 방안을 모색해 볼 수 있다.

Ⅲ. 국회방송의 인적 구성

1. 국회방송은 케이블 채널 가운데 가장 적은 인원으로 운영되고 있으며, 조직은 기획편성, 방송제작, 중계방송 담당으로 구성되어 있습니다. 이러한 운영 체계가 효율적인 인적 배치인가? 현재 운영 체계를 어떻게 개선하면 더욱 효율적일 것인가?

국회방송은 2007년 5월 기준으로 정원이 45명이고 계약직을 포함한 총원이 59명이다. 기획편성에서 프로그램 편성인력이 3명이고, 방송제작에서 프로그램 제작이 4명, 그리고 기자가 3명, 영상취재가 5명이고 중계인력이 20명이다. 순수 제작인력은 15명으로 중계인력보다 적다. 이같은 사실이 의미하는 것은 국회 생방송 중계비율이 높고 순수 방송 프로그램 제작이 낮다는 것을 의미한다. 따라서 비효율적인 인력 배치라고 볼 수 있다. 디지털 전환을 위한 전문 인력과 데이터베이스 구축을 위한 인력 그리고 컨텐츠 확보를 위한 촬영인력등 양방향 TV로의 전환을 위한 부서의 강화와 검색시스템과 양방향 포털서비스를 위한 전산 부서의 강화 그리고 시민 참여형 프로그램 편성과 관리 그리고 시민 옴부즈맨 관리부서등으로 디지털 시스템 부서로 다변화 할 필요가 있다.

국회방송의 효율적인 인적 재배치 및 전문성 향상을 위해서는 내부적으로는 디지털 방송을 위한 끊임없는 재교육이 필요하고 글로벌 시대 의회방송 프로그램 제작을 위한 해외연수 기회의 부여와 각국의 의회방송 견학을 통한 제작과 견문을 넓히기 위한 투자가 필요하다.

외부적으로는 객원 기자 또는 객원 피디제를 도입하여 다양하고 전문적인 인력 활용방안과 시민 참여를 유도하기 위한 일반 시민 기자 및 피디제를 운영하는 방안을 모색해 볼 수 있다.

4. 국회방송이 공정하고 유익하게 운영되기 위해서 편성위원회, 운영위원회를 두고 있는데, 편성위원회는 프로그램 편성 및 개편시 편성위원회를 개최하여 공정성 및 객관성을 확보하기 위해 운영되고 있습니다. 국회 운영위원회 방송심의 소위원회는 국회방송의 운영원칙 수립 및 관리에 대한 심의를 담당하고 있다. 이들의 역할 중 가장 중요한 것은 무엇인가?

Ⅳ. 국회방송의 프로그램 편성

1. 국회방송의 편성은 회기와 비회기에 따라 유동적으로 이루어지고 있으며, 사실성의 원칙, 공정성 및 객관성의 원칙 등 큰 틀에서의 편성 원칙만을 세워두고 있다. 국회방송이 공공채널들이 안고 있는 시청률 저조의 한계를 편성차원에서 극복할 수 있는 방법은 무엇이고, 어떤 편성전략이 필요한가?

Ⅴ. 국회방송의 프로그램 제작 및 수급

1. 현재 국회방송이 의회전문채널로서 국민의 알권리를 충족시키기 위해, 다양한 입법활동과 국회의원의 의정활동에 대한 홍보 및 정보 제공을 위해 다양한 프로그램을 제작하고 있는지, 향후 국회방송이 채널의 특성을 부각시키기 위해 어떤 류의, 어떤 장르의, 어떤 포맷의 프로그램 제작에 더욱 심혈을 기울여야 하는가?

국회방송 프로그램은 생중계, 녹화중계의 의사 중계 프로그램, 상임위원회, 의정뉴스 등의 입법정보를 제공하는 입법정보 프로그램, 정책개발을 위한 세미나 및 토론회를 내용으로 하는 시사토론 프로그램, 생활정보, 교육, 문화예술을 내용으로 하는 일반교양 프로그램으로 분류할 수 있다. 그러나 정책에 대한 토론이나 여론을 활성화 할 수 있는 시청자 참여 프로그램이 미미하다. 따라서 TV토론이나 TV 공론장등과 같은 프로그램이 필요하다. 의회방송만을 전담하는 방송이 아니라 공익과 관련된 정치적이고 사회적인 문제들을 편성에 반영하는 시민 참여형 편성으로 광범위화 할 필요가 있다. 이를 위해서 시민 기자, 시민피디등을 운영하거나 UCC 제작진 등을 확보하는 방안을 모색할 수 있다.

2. 해외 공공채널을 보면 의회민주정치 실현을 위한 시청자 참여 프로그램 제작의 중요성을 인식하고, 이 프로그램 제작에 힘을 쏟고 있다. 현재 국회방송 제작자들은 넓은 의미에서 'NATV 희망 나눔 캠페인', '시청자제안 함께하는 세상', '아름다운 동행'을 시청자참여프로그램으로 보고 있다. 우리나라의 경우 시청자 참여 프로그램 제작을 위해 인적 구성이나 프로그램 조달 방법 및 수급 네트워크를 어떤 형태로 해야 하는가?

C-SPAN이나 디스커버리 채널처럼 시청자들의 관심과 시청을 유발할 수 있는 프로그램(예 컨대 Call-In 프로그램과 BOOK-TV)과 편성 전략이 독자적으로 개발되어야 한다. 네덜란드에서 시행하고 있는 제도인데, 사회적으로 또는 지역적으로 중요한 이슈가 발생할 때 1만 명 이상의 서명만 있으면 해당 기관이나 집단에 50분짜리 프로그램의 방영권을 제공해 주는 나라도 있다. 방송을 원하는 집단은 프로그램을 통해 자신들의 입장을 밝힐 수 있고, 시청자는 해당 지역의 문제를 이해할 수 있게 된다.

4. 국회방송이 자체 제작하고 있는 프로그램은 단순한 포맷으로 재미와 오락성 부분에서는 취약하다. 예를 들면 YTN의 돌발영상 과 같은 포맷도 국회방송에서 활용할 수 있을 것인데, 시청률 증진을 위해 재미와 오락성을 가미할 수 있는 방법은 무엇인가?

> 반드시 지상파와 같은 재미와 오락성을 가지지 않아도 된다고 본다. 즉 시청률은 낮지만 공공가치를 지닌 오락과는 구분되는 재미를 줄 수 있는 공적 재미를 주는 채널로 특성화 하면 된다. 독일 의회채널도 행사 중계 및 기록물을 위한 전문채널이다. 따라서 지상파에서는 다루지 않는 각 지역의 현안이슈나 행사등을 지역기자제를 도입하여 제작할 수도 있다.

5. 현재 국회방송은 주로 문화/교양 프로그램에 편중되어 구매하고 있는 상황이다. 앞으로 어떤 장르, 어떤 프로그램들이 수급되어야 하고 프로그램 수급시 국회방송이 어떤 판로를 개척하기 위해 노력을 기울여야 하는가?

> 우리나라는 미국C-SPAN과는 프로그램 협정이 체결되어 있고, 프랑스 의회방송인 Public Sénat 와 LCP 와 협약이 되어 있으므로 이들 나라와의 실질적인 네트워킹을 통한 국제적 이슈에 대한 상호협력 뿐만 아니라 제도적 지원방안을 모색할 수 있다. 또한 각국의 의회방송과 프로그램 상호교환 방식으로 프로그램을 확보하여 "글로벌 의회"을 탐방하는 프로그램이나 의회방송사들의 뉴스 프로그램을 위주로 "지구촌 의회 소식" 등을 보도하는 것도 좋겠다.

6. 소위원회 중계의 확대, 표결사항에 대한 정리 방송, 안건에 대한 배경 설명, 위원별 토의 내용 중계와 같이 국회방송의 의사중계 프로그램이 꼭 보완해야 할 점은 무엇인가?

> 이들 프로그램을 데이터베이스화하여 맞춤형 입법정보를 제공하고 온라인으로 선택 시청할 수 있도록 하는 입법전문 자료형 프로그램을 보완하면 좋겠다.

Ⅵ. 국회방송의 콘텐츠 활용 방안

1. 현재 국회방송은 인터넷을 통해 의사중계프로그램과 자체제
작 프로그램 일부를 VOD 서비스를 하고 있고 포털을 통해 이슈
가 되는 현안은 공동생중계 하고 있다. 앞으로 국회방송의 콘텐츠
는 어떻게 활용 되어야 하는가?

> 콘텐츠 활용 현황이 미미하다. 단순히 VOD 서비스 차원에서 한단계 진일보한 웹캐스팅 서
> 비스를 확대하여 쌍방향 포털 시스템으로 업그레이드할 필요가 있고. 국회서브사이트들과의 연
> 계 또는 국회의원의 홈페이지를 링크하여 의원실 소식이나 여론조사 홍보등을 통한 국민과 함
> 께하는 국회의원상 정립을 위한 네트워크 구축 등이 보완되어야 할 것이다.

2. 국회방송이 프로그램을 판매할 수는 없지만 의사중계프로그램
의 경우, 타 방송사에 소스를 제공하는 등(인사청문회와 같은 중계물
의 경우) 중복되는 인적, 재정적 낭비를 막을 수 있을 것이다. 국회
방송이 가진 특징적인 콘텐츠를 어떻게 활용하는 것이 바람직한가?

> 국회방송만의 특징적인 콘텐츠는 무삭제 무해설의 의정중계방송이다. 따라서 이들을 일반 방
> 송과 같은 1개 화면이 아니라 IPTV에 대비하여 동시에 여러개의 화면으로 선택 시청이 가능하
> 도록 하여 시청자 채널 선택권을 확대하고
> 단순히 실황 중계를 보는데 그치는 깃이 아니라 리모콘을 통해 의견 개진이 가능하도록 양방
> 향 시스템을 도입할 필요가 있다. 의정중계를 광범위하게 제작하여 재정 수익을 위해 각 방송
> 사에도 판매할 수 있도록 제도화 하는 방안을 모색해 볼 수 있다. 촬영장비와 시스템을 대폭
> 강화하여 국회사료적 컨텐츠를 많이 제작하고 이들을 검색시스템으로 구현하는 방안을 모색하
> 면 좋겠다.

Ⅶ. 국회방송의 활성화 방안

1. 국회방송 활성화를 위해 가장 필요한 것은 무엇인가?

디지털 방송 전환에 대비하기 위한 HD 방송 계획을 수립하고 이를 이행 해야 한다.

디지털 전환이 결정이 된 만큼 정부가 추진하는 2012년 아날로그 방송 종료에 대한 디지털 전환 로드맵에 부합하고 시청자들에게 최상의 방송서비스 제공을 목표로 국회방송도 HD(High Definition: 고화질 방송)전환에 발 빠르게 대응해야하는 시점에 와 있다. 국회방송 또한 2012년 아날로그 방송중단과 CATV가 HD방송의 전면 도입 시기에 맞추어 서울지역 SO에 HD채널 입점을 위해 적극적인 대응전략이 필요하며 HD프로그램 제작을 위해서 스튜디오, 편집, 송출 시설 등을 확보하여 디지털 다매체시대의 경쟁 속에서 고품질 서비스 제공이 필요하게 되었다. 현재 국회방송은 개국 후 제작환경의 변화에 따라서 시설의 보완, 추가 설비 등으로 대처하고 있는 실정이며 앞으로 HD 디지털 전환 시점을 어떻게 준비해야 할 것인지에 대한 방안을 지금 부터라도 심도 있게 논의해야 할 필요성을 가지고 있다. 미국을 비롯한 해외 나라들은 디지털 전환과 관련하여 정치 공공영역 활성화 계획을 가지고 있다. 이 계획에서 보면 디지털 전환으로 남은 채널의 일부는 주로 사회복지나 시청자 권리실현이라는 공익적 활용에 맞추고, 그중의 한 부분을 공적 영역인 정치 토론영역에 할애하고 있다. 특히 미국은 PIAC[18]와 같은 디지털 전환 프로그램을 가지고 있다. 더 나아가 시민들을 위한 본격적인 고품질의 영상 서비스를 제공하기 위해선 문화, 복지, 환경, 경제 분야 등의 HD 영상콘텐츠 개발에도 기획력을 바탕으로 한 제작 역량을 강화해야 한다.

---

18) PIAC(The Advisory Committee on Public Interest Obligations of Digital Television Broadcast)는 1997년 디지털 전환에 따른 공익서비스 실현 방안과 재원마련을 위한 장기 계획을 수립하기 위해 만들어진 기구.

<표 Ⅲ-6> 국회방송 활성화를 위한 50대 전략

			기본방향	주요내용
단기적 정책 처방	시청률 증진 전략	국회방송의 정체성 확립 방안	① 의회전문채널에서 정치전문채널, 정치교육채널로	- 프로그램 및 콘텐츠 영역의 확대
			② 채널 포지셔닝	- 채널의 전문화와 특성화
			③ 콘텐츠 차별화	- 국회관련 자료의 데이터베이스화
			④ 국회방송에 대한 적극적인 홍보	- 국회방송 홍보 콘텐츠 제작, 홈페이지 또는 UCC를 적극 활용
		편성 전략	⑤ 프라임시간대(22~24시)에 입법 정보 및 의정 뉴스 프로그램으로 재편	- 프라임타임대: 22~24시, 12~17시 - 기존의 22시~24시 사이에 일반교양 프로그램이 주로 편성되어 있음
			⑥ 제2프라임시간대(12~17시) 중간에 의사중계물 내용 정리해 주는 프로그램 편성	- 기존에는 의사중계물 위주 방송 - 50대, 주부, 교사 시청률이 높음. 이들을 겨냥한 프로그램 제작 고려
			⑦ 탄력적인 편성 전략 수립	- 지속적인 주 시청자층 파악을 위한 시청자 조사 시스템 구축
			⑧ 의정중계물: 소위원회로 확대	- 국민 생활 이슈 정보제공
단기적 정책 처방	시청률 증진 전략	국회방송 프로그램 포맷 개발	⑨ 다양한 정치 관련 프로그램	- 정치 현한 심층 보도 등
			⑩ 의정 중계 돌발영상	- 유익성과 흥미성이 조화된 프로그램 제작
			⑪ 의정 퀴즈쇼	- 정치 관련 퀴즈쇼 형태를 통해 시청자참여 확대 및 국민 정치교육
			⑫ 대학 모의국회	- 대학내 개최되는 모의국회 소개
			⑬ 국회 관련 애니메이션	- 국회 관련 정보를 아바타를 선정하여 쉽게 이해할 수 있는 만화 기법 제작 도입
			⑭ '글로벌 의회' 탐방 프로그램	- 각국의 의회 채널 교류 협력 프로그램
			⑮ 국회의원 인간시대	- 국회의원들이 일상 다큐제자
			⑯ TV 공론장	- 국민들의 의견 청취코너
			⑰ 법률상식, 법률상담	- SBS 솔로몬의 선택, 영화 속 법률상식 등
			⑱ 지구촌 의회 소식	- 해외 의회전문채널들과의 네트워크 활용
			⑲ 지역 아젠다 다룬 프로그램	- 지역 이슈 코너
			⑳ 정치 과정 참여 프로그램	- 시청자 참여 프로그램 확대

			기본방향	주요내용
단기적 정책 처방	시청률 증진 전략	국회방송 프로그램 포맷 개발	㉑ 의원들 간의 칭찬 릴레이 프로그램	- 의원들의 화합 위한 코너
			㉒ 의회 이벤트 프로그램	- 의회 관련 퀴즈 및 시청자 참여
			㉓ 안건 배경 설명 프로그램	- 의정중계 프로그램에 대한 이해 도를 높이기 위해 별도 제작 (의정중계 프로그램의 주 시청자층 은 노동자직 종사자)
			㉔ 핵심 사안을 압축적으로 전달 하는 프로그램	- 의정활동, 의사중계내용 등
			㉕ 입법 전 과정을 추적, 정리하는 프로그램	- 입법까지의 과정 리포터 형식
			㉖ 주요 프로그램 영어로 제작	- 글로벌 제작 및 마케팅 준비
프로 그램 수급 및 창구 효과 확대 전략	프로그램 수급 전략		㉗ 해외 의회전문채널과 프로그램 맞교환	- 저작권 면제와 같은 상호 행정적 협조 체계 구축
			㉘ 해외 의정 모습 다룬 우수 다 큐멘터리 수급	- 국회채널간의 교류 협력 프로그 램 교환
	창구효과 확대 전략		㉙ 중계방송 DB 구축(프로그램 데이터베이스화), 맞춤형 입법 정보 제공	- 인터넷, 모바일 연계 방안
			㉚ 웹캐스팅(다시 보기) 서비스 확 대 및 강화	- 서비스의 신규 플랫폼 서비스 연계
중장 기적 정책 처방	프로 그램 수급 및 창구 효과 확대 전략	창구효과 확대 전략	㉛ 하나의 채널에서 소화할 수 없는 중계물은 인터넷을 통해 제공	- 인터넷 부가서비스 연계
			㉜ 뉴스에 관한 문자서비스 제공	- 모바일 부가 서비스 연계
			㉝ 국회관련 자료 메일링 서비스	- 국회 웹진 운영
			㉞ UCC 제작을 위한 콘텐츠 제공	- CCL 부여로 국회 자료 제작 공유
			㉟ DMB, IPTV등 플랫폼의 확대	- IPTV를 이용한 의견개진 서비스 개발, 양 방향 서비스 적극 활용
			㊱ 중계방송을 타 방송사에 공급	- 신규 플랫폼에 연계
			㊲ 중고등학교 교육 자료로 활용 할 수 있는 프로그램 제작	- 교육 자료로 활용
			㊳ 인터넷 홈페이지의 활성화	- 위젯, RSS등 서비스 활성
			㊴ 주요 포털에 정치 현안을 토론 하는 카페 운영	- 정치 카페와 정치 블로그 운영
			㊵ 관련 타 사이트와의 연계를 통 한 국회의원상 정립을 위한 네 트워크 구축	- 소셜 네트워크 구축
			㊶ 온라인 정치 관련 퀴즈 프로그 램 개발	- 교육 자료로 활용
			㊷ '완화된 저작권 정책' 도입	- 콘텐츠 활용증대 효과 기대

			기본방향	주요내용
중장 기적 정책 처방	국회 방송 구조 개선 및 안정적 재원 확보 방안	운형 형태	㊽ 단기적으로는 현행 유지, 장기 적으로는 독립화 모색 가능	- 법인화 모색
		재원	㊹ 국회예산 또는 방송발전기금에 서 다양한 수익사업으로 확대	- 상당 부분은 국회예산으로 나머 지를 방송발전기금이나 주파수 사용료로 충당 가능 - 국내의 정서상 케이블업체로부터 가입자당 일정금액을 요구하기는 어려운 실정임. 향후 국내 상황에 적합한 케이블 업 체로부터의 재원 지원 방안을 모색 해 볼 필요 있음 (인허가 시 공공채널 운영기금 납부/ 공공기금조성/세재감면/기부금 등)
		인력	㊺ 기존인력에 대한 재교육	- 디지털 제작 플로우 교육
			㊻ 아웃 소싱	- 객원기자, 객원PD제 등 도입
			㊼ 우수한 콘텐츠 제작 인력 수급	- 공모제 운영
			㊽ 디지털 전환을 위한 전문 인력 확보	- HD 제작 인력 확보
			㊾ 데이터베이스 구축인력 확보	- 웹 프로그래밍 인력확보
			㊿ 양 방향서비스 위한 전산부서 인력 확보	- 쌍방향 컨텐츠 제작 인력 확보

출처: 유의선(2007) 참고로 재구성

Ⅳ. 결론: 국회방송의 발전방안

디지털 미디어 환경 변화와 통신시장의 급성장은, 방송시장의 격변을 예고하고 있으며, 미디어산업의 무한 경쟁시대 디지털방송 시장에서 국회방송은 현재 내외적으로 급격한 변화의 가운데에서 어떻게 발전되어야 하는가에 대해 치열하게 고민해야 한다. 특히 공공방송으로 채널 정체성을 설정, 국제화시대 환경변화에 대비하여 변화를 추구하고 지향점과 비전을 제시할 필요가 있다. 즉 국회방송은 이러한 변혁기에 디지털 환경에 적극 대응하고 채널 정체성을 분명히 함으로써 위기를 기회로 바꿀 수 있다고 판단된다.

남들이 흉내 낼 수 없는 국회방송만의 독자적이고 경쟁력이 있는 핵심 콘텐츠가 있고 방송의 시청자들에 맞춘 적절한 전략이 수립된다면 변화의 시기는 국회방송에게 곧 도약을 위한 기회의 시기가 될 것이다. 국회방송을 발전시킬 수 있는 방안을 조직과 인력 운영차원에서 다음과 같이 검토해 볼 수 있다. 무엇보다도 가장 중요한 것은 현재의 상황에서 국회방송의 정보 생산·수집·가공 시스템의 인력과 조직 구성을 통하여 효율성과 질적 향상을 도모해야 하며 이를 위해 안정적인 조직 운영을 위한 제도적 정비(조직 / 인사 / 예산 등)를 서두르는 일이다.

이를 위해 첫째, 독립법인화에 대한 검토가 필요하다.

디지털과 급변하는 시청자 요구 그리고 방송시장 환경변화에 능동적 대처를 하기 위하여 단기적으로는 인력 및 조직제도 정비를 통해 효율성이 극대화되어야 하지만 장기적으로 볼 때 운영의 합리화를 위해 기구 개편의 필요성이 크게 대두되고 있는 상황이다. 특히 현재 국회방송은 국회 내의 사무처 소속으로 되어 있으나, 향후에는 디지털시대 미디어 기업으로서 사업의 다각화와 틈새시장 확보를 통한 생존전략의 모색, 고객관리 경영을 통한 마케팅기능의 강화 등 방송환경 변화에 따라 능동적인 대처와 다채널 경쟁시대에 위상 검토를 위해 공기업화의 필요성을 장기적으로 검토할 수 있다.

독립법인화 논의가 구체적으로 진행될 때 수익관련 부분이 중요한 요인으로 작용하고 있으며 이 때문에 급변하는 방송플랫폼의 환경변화에서 생존하기 위해서는 더욱 수익사업에 대한 고민이 있어야 하고 그것에 대한 구체적인 계획이 동반되어야 할 것이다.

국회방송의 수입증대를 위한 제도적 여건을 조성하기 위해서는 급변하는 방송시장의 구조 변화에 신속하게 대응할 수 있도록 방송발전기금에 관한 발전적인 방향을 모색할 필요가 있는 것이다. 국회방송이 방송시장의 변화에 탄력적인 대응을 할 수 있는 제도적인 밑받침이 수반되어야 경쟁력을 갖출 수 있음을 인식하여야 한다. 그러지 않을 경우 결국 방송국으로서의 위상을 약하게 하고 수준 높은 방송서비스 제공의 한계를 가져오게 된다.

독립법인화로 책임 경영이 이루어지면 경영합리화가 추구되어 민간부문의 자본기술 전문지식과 결합이 용이하여 이동이 신속히 이루어져 국회 산하조직으로 직접 경영의 단점인 경직성 극복이 가능해 사업 효과의 극대화가 가능하며 라디오 및 TV 상업광고 시행, 방송콘텐츠 판매 등의 수익사업을 통한 재정 건전화 도모로 재정자립이 이루어질 수 있다. 또한 뉴미디어, 멀티미디어, 신규 사업, 다양한 부가서비스 확충에 조직과 예산 집행의 경직성을 극복하여 능동적으로 대처할 수도 있다.

정치적 중립성 문제에 있어서도 궁극적으로 이 문제를 해결하기 위해서는 장기적인 관점에서 국회방송을 독립적인 운영이 가능한 형태로의 전환이 필요할 것으로 보인다.

둘째, 새로운 수익모델의 개발을 통한 효율적 운영이 필요하다.

디지털방송은 기존 방송의 특징을 뛰어넘는 새로운 융합서비스의 제공을 통해 방송의 지형을 바꾸어 나갈 것으로 보이며 방송서비스를 지속적으로 발전시킬 수 있는 비즈니스 모델을 개발하여 정착시키는 문제 등은 앞으로 국회방송이 풀어 나가야 할 숙제라고 하겠다. 그리고 다양화된 플랫폼을 양산해 내는 디지털방송환경에서 국회방송을 발전시킬 수 있는 수익모델을 개발하고 발전시키기 위해 다각적인 방안으로 시청자를 확보해야 하며 플랫폼별로 이를 위한 전략을 검토해야 한다. 그러므로 국회방송의 향후 미래발전을 위해서는 플랫폼의 확대를 위한 노력이 필요하다고 생각된다. 추가될 수 있는 플랫폼으로는 IPTV 플랫폼과 동영상 플랫폼이 있다.

먼저, IPTV 플랫폼은 현재 상용화가 되지 않고 있지만 조만간 관계법에 따라 상용화가 가능할 것으로 보고 있다. IPTV는 향후 발전가능성이 높은 것 중의 하나로 현재는 하나TV, 메가패스TV 등에서 VOD서비스를 하고 있으므로 우선 VOD서비스를 추진해야 하며, 현재 콘텐츠와 아울러 수신료나 프로그램판매 수수료 등을 통하여 수익을 낼 수 있으며 향후 플랫폼 진입 시 시청자 확보와 수익원도 될 수 있는 장점이 있다.

다음으로 인터넷 포털 등에서 수익원으로 개발하고 있는 것 중의 하나로서의 동영상 플랫폼은 최근 UCC라는 형태로 유행하고 있는 플랫폼으로서 1인 미디어시대에 적합하다고 할 수 있다. 교통이나 기상정보 그리고 지방자치정보 등의 내용을 다양한 포털 업체와의 협약 등을 통하여 수익사업으로 발전시킬 수 있는 방안을 검토할 필요가 있다. 예컨대 국회방송이 가지고 있거나 향후 개발하게 될 콘텐츠를 활용하여 수익원을 연구해 내는 것이 숙제일 것이다.

셋째, 디지털 아카이브가 구축되어야 한다.

국회방송은 국회에 소속되어 입법관련 홍보에도 일익을 담당하고 있다. 아날로그 자료로는 매체 간의 한계를 뛰어넘지 못했지만 표준화된 디지털 콘텐츠로 변환함으로써 매체 상호 간 콘텐츠 교류가 가능할 뿐 아니라 시민생활과 밀접한 디지털 콘텐츠는 문화적 가치도 높다. 향후 국회방송의 정체성과 관련하여 확대해야 할 자료 가치가 높은 콘텐츠를 수집하여 디지털 아카이브 구축은 필수적이라 하겠다.

가장 좋은 방법은 이들 자료들을 모두 디지털로 처리할 수 있는 방식으로 전환하고 그 전환된 디지털 자산들을 가장 효율적으로 관리할 수 있는 디지털 콘텐츠 관리 시스템을 확립하는 것이지만 단계별로 우선순위를 정하는 문제는 논의의 여지가 있어 보인다. 디지털 아카이브 구축에 따른 콘텐츠의 효율적 가공을 위해 중요한 문제는 조직과 예산이다.

넷째, 디지털 방송 전환에 대비하기 위한 HD방송 계획을 수립하고 이를 이행해야 한다.

디지털 전환이 결정이 된 만큼 정부가 추진하는 2012년 아날로그 방송 종료에 대한 디지털 전환 로드맵에 부합하고 시청자들에게 최상의 방송서비스 제공을 목표로 국회방송도 HD(High Definition: 고화질 방송)전환에 발 빠르게 대응해야 하는 시점에 와 있다. 국회방송 또한 2012년 아날로그 방송중단과 CATV가 HD방송의 전면 도입 시기에 맞추어 서울지역 SO에 HD채널 입점을 위해 적극적인 대응전략이 필요하며 HD프로그램 제작을 위해서 스튜디오, 편집, 송출 시설 등을 확보하여 디지털 다매체시대의 경쟁 속에서 고품질 서비스 제공이 필요하게 되었다. 현재 국회방송은 개국 후 제작환경의 변화에 따라서 시설의 보완, 추가 설비 등으로 대처하고 있는 실정이며 앞으로 HD 디지털 전환 시점을 어떻게 준비해야 할 것인지에 대한 방안을 지금부터라도 심도 있게 논의해야 할 필요성을 가지고 있다. 미국을 비롯한 해외 나라들은 디지털 전환과 관련하여 <표 Ⅳ-1>과 같은 정치 공공영역 활성화 계획을 가지고 있다. 이 계획에서 보면 디지털 전환으로 남은 채널의 일부는 주로 사회복지나 시청자 권리실현이라는 공익적 활용에 맞추고, 그 중의 한 부분을 공적 영역인 정치토론 영역에 할애하고 있다. 특히 미국은 PIAC[19]와 같은 디지털 전환 프로그램을 가지고 있다.

---

19) PIAC(The Advisory Committee on Public Interest Obligations of Digital Television Broadcast)는 1997년 디지털 전환에 따른 공익서비스 실현 방안과 재원마련을 위한 장기 계획을 수립하기 위해 만들어진 기구.

<표 Ⅳ-1> 디지털방송 전환에 따른 해외 정치방송의 정책

국가	항목	주요내용
미국	공익성 추구 목표	방송에 대한 선거 입후보자의 접근 보장 공공 이슈에 대한 다양한 관점 제공 뉴스와 공적인 사안에 대한 프로그램 장려
	공영방송의 위상	상업방송과 다른 시청자 요구의 공익방송 필요
	시청자 복지	다중방송으로 인한 방송사의 이익을 의회나 FCC가 제시하는 공익의무를 통해 채널 하나를 비영리적 공익목적에 할애하고 정당 활동 정보제공이나 공공서비스 제공
영국	공영방송의 위상	BBC 재원에 대한 자문위원회 보고서(1998)에 공공서비스 목적 추구를 통한 방송의 필요성 명시
	디지털 방송 정책 기조	시청자가 민주주의 시민의 역할을 할 수 있도록 정보에 접근권 보장
독일	공익성 추구 목표	과도한 기업집중을 제한하는 방송 규제 필요성 강조하는 방송 국가 협약 장치 마련
	공영방송의 위상	ARD의 지역방송사와 ZDF의 위성을 통해 문화 관련 프로그램들을 기획하고 법제화한 프로그램 디지털 기술로 전파 가능
	시청자 복지	개방 채널의 성격을 정치적이고 개혁적이며 참여적인 시민들이 직접 프로그램에 참여하고 제작하도록 설정
일본	시청자 복지	방송법 제45조에 NHK가 선거방송을 후보자 동등조건으로 방송해야 한다고 규정 방송법 제2조 2항에 최대한의 국민에게 보급시키기 위한 표현의 자유 규정

※ 출처: 국회방송의 활성화 방안에 관한 연구. 의회방송담당관실(2003)을 참고로 재구성.

향후 관건은 HD 전환 과정에서 방송기술 실무자의 의사가 반영되고 보다 안정화된 시스템이 요구되며 이러한 장비 발주에서부터 핵심적인 구성원이 참여해서 고가의 HD 장비 구입에 따른 시행착오를 최소한 줄여 나가는 노력이 필요하다. 아울러 연도별 사업의 우선순위를 정해 관련 제작부서와 치밀하게 준비가 이루어지고 편성, 예산 배정에서부터 타 부서의 이해와 협조가 절대적으로 필요한 사항이다.

HD 전환 과정은 부서 간의 정보 공유가 절대적으로 필요하고 이를 소홀히 하고 무리하게 진행하다 보면 비효율적인 시스템으로 인한 시행착오로 이중, 삼중의 재투자를 야기할 수 있다. 그럴 경우 이중, 삼중으로 예산의 중복 투자를 가져와, HD 전환에 문제를 드러낼 수도 있다. HD의 전환 과정에서 기존의 시설인 SD(Standard Definition: 표준화질 방송)급을 어떻게 활용할 것인가는 여러 가지 숙제를 가지고 있다. HD 전환의 필요성과 중장기 계획은 많은 예산을 장기적인 안목을 가지고 일관성 있게 추진해야 하나 국회방송의 인력구조 특성상 관련되는 여러 가지 문제로 어떻게 HD 전환을 성공적으로 할 수 있을 것인가를 제대로 검토해야 할 것이며 더 나아가 시민들을 위한 본격적인 고품질의 영상 서비스를 제공하기 위해선 문화, 복지, 환경, 경제 분야 등의 HD 영상콘텐츠 개발에도 기획력을 바탕으로 한 제작 역량을 강화해야 한다.

참고 문헌

21세기 방송연구소(2006). 「국회방송 프로그램 모니터링 보고서」.

21세기 방송연구소(2004). 「국회방송 전문채널의 운영방안에 관한 연구」.

권광덕(1998). 의회의 TV중계방송제도에 관한 연구: 국회방송의 활성화 방안을 중심으로. 연세대 행정대학원 석사학위논문.

권혁남(1991). 국회활동 TV 생중계의 필요성과 방향. 신문과 방송. 4월호.

김광호. 이옥기. 신명희(2006). 「국회방송 공공가치 지수 개발에 관한 연구」. 서울 산업대 IT 정책연구소.

김광호. 유일기. 이옥기 외(2007). 「디지털시대의 의회방송 법제화 방향」. 서울 산업대 IT 정책연구소.

김난선(2001). 케이블TV 공공채널의 현황과 시청자 이용형태에 관한 연구. 연세대 언론홍보대학원 석사논문.

김정기(2005). 전문 편성 TV 채널 품질에 대한 편성기준. 전문 편성 TV 채널 품질 평가에 관한 전문가 토론회 자료집. 29 – 55.

김정태(2007). 「디지털 시대 방송법 해설」. 커뮤니케이션 북스.

김종현 (2006). 공공채널이 지향하는 편성방향에 관한 연구: 국회방송·C – SPAN·CPAC 편성 비교분석을 중심으로. 연세대 언론홍보대학원 석사학위논문.

국회사무처(2004). 「국회방송의 유영 및 발전방향에 관한 연구」.

노철호(1998). 「케이블 TV 공공채널의 발전 방안에 관한 연구」. 한양대학교 언론 정보대학원 석사학위 논문.

방송제도연구위원회 보고서(1990). 「2000년대를 향한 한국방송의 좌표」. 방송위원회.

방송위원회(2001) 공공채널 운영 방안 검토 자료.

심미선(2005). 「국내 공공채널 현황 및 발전 방안에 관한 연구」. 순천향

사회과학 연구. Vol.10 No.3

송종길(2002). 다매체. 다채널 방송을 위한 공공채널 운영개선.

오소영(2000). 프랑스, 두 개의 국회 방송 탄생. 「방송동향과 분석」. 통권 106호. 한국방송영상산업진흥원.

유일기(2007). 공공채널로서의 국회방송 프로그램 편성에 대한 고찰. <한국방송학회 가을정기학술대회 세미나 자료집>.

유의선(2007). 국회방송 활성화 방안 연구 (사) 사이버 커뮤니케이션 협회

유의선. 이영주(2001). 의무전송규정에 대한 법적 해석과 그 타당성 분석, 「한국언론학보」. 제45 - 4호. 353 - 432

의회방송담당관실(2003). 국회방송의 활성화 방안에 관한 연구. 「입법정책자료」, 459 - 553.

이승훈(1990). 「국회 입법 활동의 중계방송에 관한 연구」. 한국의회발전연구회.

이옥기(2007). 해외 사례로 본 의회방송의 제도와 운영. <한국방송학회 가을정기학술대회 세미나 자료집>.

이준웅(2004). 국회방송 개국: 포괄적 정치전문 채널 되어야. 「방송문화」, 276호, 20 - 23.

중앙대 미디어연구소(2005). 「전자 민주주의와 디지털 국회 활성화 방안」, 국회방송 개국 1주년 기념 세미나 자료집.

최성욱(2002). 미국 의회방송 시스템을 시찰하고. 국회사무처. 「국회보」, 425호 3월호.

한국 의회발전 연구회(2004). 「국회방송 상설화에 관한 연구」.

Altschull, H. (1990).『밀턴에서 맥루한까지(From Milton to McLuhan)』, 양승목 역. 서울: 나남출판사.

Elstein, D.(2004). Building Public Value: a new definition of public service broadcasting, 19th IEA(Institute of Economic Affairs) current controversies paper.

Ofcom(2004). *The Ofcom review of public service broadcasting(PSB) television.*

Ofcom(2005). *Ofcom review of public service television broadcasting: Phase 3 - Competition for quality.*

Patricia Aufderheide(1992). Cable Television and the Public Interest.

Journal of Communication, Vol. 42.

THE PUBLIC EMPOWERMENT ACT OF 1997.

The Chinese University of Hong Kong(2004). Carrying through Public Service Broadcasting Providing Quality Programming and Promoting Cultural Development, The Position Paper of School of Journalism and Communication.

TNS 코리아(2006). 「국회방송 채널 인지도 및 기대 조사 보고서」.

UNESCO(2005). Public Service Broadcasting a best practices source book, CH1 Definition of Public Service Broadcasting.

국회방송 내부자료.(2007) 국회방송 운영현황.

－－－－－(2007). C－SPAN의 방송 프로그램 교류협정 주요내용.

－－－－－(2005). 일본의 의회중계 제도.

중의원 심의중계 홈페이지 URL＝「http://www.shugiitv.go.jp」

미국 의회채널
http://www.C－SPAN.org/

캐나다 의회채널
http://www.cpac.ca/forms/index.asp?dsp＝template&act＝view3&template_id ＝46&lang＝e

영국 의회채널
http://news.bbc.co.uk/2/hi/programmes/bbc_parliament/default.stm

호주 의회채널
http: //www.skynews.com.au/disclaimer/parliamentary.aspx

프랑스 의회채널
http: //www.publicsenat.fr/

독일 의회채널

www.phoenix.de

http: //www.ncta.com/guidebook pdfs/cspan.pdf

http://www.C－SPANclassroom.org/

http://www.booktv.org/

http://www.bbc.co.uk/parliament/programmes/schedules

http://www.aph.gov.au/house/house_news/magazine/ATH_may_june_02.htm

http://www.skynews.com.au/disclaimer/parliamentary.aspx

http://www.cpac.ca/forms/index.asp?dsp＝template&act＝view3&section_id＝
    192&template_id＝192&lang＝e

http://www.cpac.ca/forms/index.asp?dsp＝template&act＝view3&section_id＝
    192&template_id＝1070&lang＝e

http://www.cpac.ca/forms/index.asp?dsp＝template&act＝view3&section_id＝
    192&template_id＝1071&lang＝e

http://www.publicsenat.fr/

http://www.phoenix.de/content/phoenix/start

http://kokkai.jctv.ne.jp/index.html

http://kokkai.jctv.ne.jp

http://www.sangiin.go.jp/

http://www.shugiin.go.jp/index.nsf/html/index.htm

http://www.assembly.go.kr/

부록

[부록 1]

NATV 주간 편성표

국회방송 편성표(2007. 8. 27 ~ 9. 2)

시간	월	화	수	목	금	토	일
09: 00	오늘의 의정사						
09: 30 09: 50	현장탐방	스페셜 특강	생생법률 시청자제안	나라살림 우리살림	신율의 법률이야기	시사 프리즘	스페셜 특강
10: 00	국회 의사 및 의정 중계방송 〈생중계〉 (본회의·예결위·상임위 및 공청회·토론회 등)					법률 이야기	특선 다큐멘터리
11: 00						대한민국 푸른 국회	현장탐방
12: 00							문화 갤러리
13: 00	한국 음식문화 원류	지구촌 환경리포트	이제는 문화예술 교육이다	이 땅의 꾼	해양탐구 365일	좋은 세상 열린 토론	이슈추적 월드리포트
13: 30	국회방송 희망 나눔 캠페인					생생법률 완전정복	
13: 40	뷰티풀 코리아						
13: 50	투데이 의정뉴스						
14: 00	〈생중계〉					미지의세계	법률이야기
15: 00		국회 의사 및 의정 중계방송 〈생중계〉				길종섭의 시사프리즘	거짓에 묻혀 버린 진실
16: 00	현장탐방					여의도 문화갤러리	환경보고서
17: 00	한국 음식 문화 원류					국회방송 다큐멘터리	세계 명곡으로의 초대
17: 50	뷰티풀 코리아						
18: 00	투데이 의정뉴스 / 국회방송 희망 나눔 캠페인					대한민국 푸른위원회	환경 리포트 / 이제는 문화 예술교육이다
18: 15 18: 20	의사 및 의정중계방송 〈녹화중계〉		의사 및 의정중계방송 〈녹화중계〉	의정중계 〈녹화중계〉		스페셜특강 / 세계 명곡 으로의초대	테마기행 / 대한민국 푸른위원회
				해양탐구 365일		이 땅의 꾼	나라살림 우리살림
				이 땅의 꾼		한국음식 문화원류	
21: 55	국회방송 희망 나눔 캠페인			국회방송 희망 나눔 캠페인			
22: 00	현장탐방	스페셜 특강		신율의 법률 이야기		희망 나눔 캠페인	
22: 55	뷰티풀 코리아					시사프리즘	미지의 세계
23: 05	미지의 세계	특선 다큐	환경 보고서	좋은 세상 열린 토론	시사프리즘	이슈 추적	좋은 세상 열린 토론
24: 00	이슈추적	세계명곡 으로의 초대	HD 테마기행	이 땅의 꾼	다큐스페셜	환경보고서	시청자 제안
24: 50	방송종료						

※출처: 국회방송 브로슈어

시간	월(12/8)	화(12/9)	수(12/10)	목(12/11)	금(12/12)	시간	토(12/13)	일(12/14)
9:00	오늘의 의정사					9:00	오늘의 의정사	
9:05	세계의 교육 현장을 가다 4	지구촌 민주주의 44	세계의 교육 현장을 가다 5	역사를 바꾼 세계의지도 자Ⅰ 3	신율의 법률 이야기 140	9:05	길종섭의 시사 프리즘 143	좋은세상열린토론 146
9:10						9:10		
9:20						9:20		
9:30	세계박물관 산책Ⅱ 3		세계속의 한국인 16			9:30		
9:40						9:40		
9:50						9:50		
10:00						10:00		
10:10		NATV 특선다큐멘터리Ⅱ 23	디지털 방송 전환 관련 정책토론회	농업기술 실용화 촉진을 위한 기술이 전선진화 방안 공청회	의사 및 의정중계	10:10	신율의법률 이야기 140	세계문화기행
10:20						10:20		299인의 약속 198〈이춘식의원〉
10:30						10:30		지구촌환경 리포트 4
10:40						10:40		
10:50						10:50		
11:00	〈법제사법위원회〉	역사를 바꾼 세계의시도 자Ⅱ 1	(생중계)	(생중계)	(생중계 및 녹화중계)	11:00	정치야 놀자 13	역사를 바꾼 세계의 지도 자Ⅰ 2
11:10						11:10		
11:20						11:20		
11:30	(생중계)					11:30		
11:40						11:40		
11:50						11:50		
12:00		끝나지않은 전쟁 제1차 세계대전 5	역사를 바꾼 세계의지도 자Ⅰ 3	첨단기술 미래를 바꾼다 5	한국의 산 5	12:00	좋은세상 열린토론 146	영원한 제국의 꿈 3
12:10						12:10		
12:20						12:20		
12:30						12:30		
12:40						12:40		
12:50						12:50		
13:00	299인의 약속 197〈원희룡의원〉	299인의 약속 198〈김희철의원〉	299인의 약속 199〈이춘식의원〉	299인의 약속 200〈홍장표의원〉	299인의 약속 201〈이달곤의원〉	13:00		드라마스페셜퍼스트먼데이 3
13:10	세계박물관 산책Ⅱ 4	세계박물관 산책Ⅱ 5	세계박물관 산책Ⅱ 6	세계박물관 산책Ⅱ 7	세계박물관 산책Ⅱ 8	13:10	NATV 다큐멘터리 스페셜 1	
13:20						13:20		
13:30						13:30		
13:40	세계문화기행					13:40		
13:50	투데이의정뉴스					13:50		

시간	월(12/8)	화(12/9)	수(12/10)	목(12/11)	금(12/12)	시간	토(12/13)	일(12/14)
14:00	본회의 (생중계)	본회의 (생중계)	2009상반기 경제상황전망과 정책진단 토론회 (12/9) (녹화중계)	〈행정안전위원회〉공무원연금법 개정관련 공청회 (생중계)	본회의 (생중계)	14:00	한국의 산 2	산율의 법률이야기 140
14:10						14:10		
14:20						14:20		
14:30						14:30		
14:40						14:40		
14:50						14:50		
15:00						15:00	한국의 자연	333세계도시탐험 3
15:05						15:05		
15:10						15:10	길종섭의 시사 프리즘 143	
15:20						15:20		
15:30						15:30		
15:40						15:40		
15:50						15:50		
16:00						16:00		
16:10						16:10	역사를 바꾼 세계의 지도자II 13	NATV 환경보고서 91
16:20	세계의 교육현장을 가다 4	지구촌민주주의 44	휴먼다큐아름다운동행 18	한국의 산 3	신율의 법률이야기 140	16:20		
16:30						16:30		
16:40						16:40		
16:50	휴먼다큐아름다운동행 I 17		세계 교육현장을 가다 5			16:50	클래식이 있는 풍경	
17:00						17:00		
17:10						17:10		
17:20	세계박물관산책II 5	세계박물관산책II 6	세계박물관산책II 7	세계박물관산책II 8	세계박물관산책II 9	17:20		
17:30						17:30		
17:40						17:40		
17:50	세계문화기행					17:50		
18:00	투데이의정뉴스					18:00	리더쉽의승리 세계의3대전투 1	세계박물관산책II 4
18:15	첨단기술 미래를 바꾼다 4	정치야놀자 1				18:15		
18:20						18:20		
18:30						18:30		세계의 교육현장을 가다 4
18:40						18:40		
18:50						18:50		
19:00						19:00		국회영상음악회
19:10	끝나지않은 전쟁 제1차 세계대전 6	월드리포트 세상의 행복 6	〈외교통일통상위원회〉(녹화중계)	해안침식 방지사업의 문제점과 개선방안모색토론회(12/9) (녹화중계)	교육감 선거제도 개선방향 정책세미나 (12/11) (녹화중계)	19:10	〈특별기획〉아세안5부작 4	
19:20						19:20		
19:30						19:30		
19:40						19:40		
19:50						19:50		299인의 약속 200〈홍장표의원〉
20:00	정치야놀자 13	〈특별기획〉아세안5부작 3				20:00	국회영상음악회	
20:10						20:10		
20:20						20:20		역사를 바꾼 세계의 지도자I 3
20:30						20:30		
20:40						20:40		
20:50						20:50	299인의 약속 197〈원희룡의원〉	

시간	월(12/8)	화(12/9)	수(12/10)	목(12/11)	금(12/12)	시간	토(12/13)	일(12/14)
21:00						21:00	지구촌 환경 리포트 3	
21:10	세계를 뒤흔 든 사건들 12	역사를 바꾼 세계의 지도 자 I 2	지구촌 민주 주의 44	역사를 바꾼 세계의 지도 자 I 3	신율의 법률 이야기 140	21:10		첨단기술 미 래를 바꾼다 3
21:20						21:20		
21:30						21:30	지구촌사막 횡단 1000 일의기록 3	
21:40						21:40		
21:50						21:50		
22:00						22:00	299인의약 속198〈김희 철의원〉	299인의약 속201〈이달 곤의원〉
22:10	NATV특선 다큐멘터리 II 24	NATV특선 다큐멘터리 II 25	한국의 산 1	다시보는 속 기록 19	〈특별기획〉 아세안5부작 4	22:10	길종섭의 시 사 프 리 즘 143	지구촌 민주 주의 44
22:20						22:20		
22:30						22:30		
22:40						22:40		
22:50						22:50		
22:55	299인의 약 속 197〈원 희룡의원〉	299인의 약 속 198〈김 희철의원〉	299인의 약 속 199〈이 춘식의원〉	299인의 약 속 200〈홍 장표의원〉	299인의 약 속 201〈이 달곤의원〉	22:55		
23:00						23:00		
23:10	역사를 바꾼 세계의 지도 자 II 13	영원한 제국 의 꿈 3	리더쉽의 승 리 세계의 3 대전투 1	좋은 세상 열 린 토 론 146	길종섭의 시 사 프 리 즘 143	23:10	영원한 제국 의 꿈 3	〈특별기획〉 아세안5부작 4
23:20						23:20		
23:30						23:30		
23:40						23:40		
23:50						23:50		
24:00						24:00		세계의 교육 현장을 가다 5
24:10				세계문화기행		24:10	NATV환경 보고서 91	
24:20	〈드라마스페 셜〉 퍼스트 먼데이 3	〈특별기획〉 아세안5부작 4	NATV 다큐 멘터리스페 셜 3		역사를 바꾼 세계의 지도 자 I 4	24:20		
24:30				지구촌사막 횡단 1000 일의기록 3		24:30		지구촌 사막 횡단 1000 일의 기록 4
24:40						24:40		
24:50						24:50		
시간	월	화	수	목	금	시간	토	일

* 본 편성표는 방송국 사정에 따라 변경될 수 있습니다.　　　　의사 및 의정증계　　　외주프로본방

[부록 2] c-span 편성표(2009. 8.1 ~8. 7)

C-SPAN CSPAN airs the U.S. House of Representatives live, gavel-to-gavel, and public affairs events. Programming and air times are subject to change due to C-SPAN's commitment to the gavel-to-gavel proceedings of Congress. Visit c-span.org for additional schedule information.

Please note all times are Eastern

ET	SUNDAY	MONDAY	TUESDAY	WEDNESDAY	THURSDAY	FRIDAY	SATURDAY
6 AM	CSPAN Weekend	Q&A (re-air)	Today in Washington	Today in Washington	Today in Washington	Today in Washington	C-SPAN Weekend
7 AM	Washington Journal (live)	Washington Journal (live)	Washington Journal (live)	Washington Journal (live)	Washington Journal (live)	Washington Journal (live)	Washington Journal (live)
8 AM							
9 AM							
10 AM	Newsmakers	Today in Washington	U.S. House of Representatives a.m. (live)	U.S. House of Representatives a.m. (live)	U.S. House of Representatives a.m. (live)	U.S. House of Representatives a.m. (live)	C-SPAN Weekend a.m.
11 AM	C-SPAN Weekend a.m.						
12 N		U.S. House of Representatives a.m. (live)					
1 PM		U.S. House of Representatives mid-day (live)	U.S. House of Representatives (live)	U.S. House of Representatives (live)	U.S. House of Representatives (live)	U.S. House of Representatives (live)	C-SPAN Weekend a.m.
2 PM							
3 PM	CSPAN Weekend p.m.	Resume Today in Washington during congressional recess	Resume Today in Washington during congressional recess	Resume Today in Washington during congressional recess	Resume Today in Washington during congressional recess	Resume Today in Washington during congressional recess	C-SPAN Weekend p.m.
4 PM							
5 PM						4:45—6:30 President's Radio Address & Dem. Resp.	
6 PM	Newsmakers (re-air)	U.S. House of Representatives p.m. (live)	U.S. House of Representatives p.m. (live)	U.S. House of Representatives p.m. (live)	U.S. House of Representatives p.m. (live)		the communicators
7 PM	American Politics/ Road to the White House 2008					Tonight from Washington	America & the Courts
8 PM	Q&A					Presidential Library Series	
9 PM	Prime Minister's Questions (re-air)	Tonight from Washington	Tonight from Washington	Tonight from Washington	Tonight from Washington	Sept. 7 –Nov. 30	American Perspectives
10 PM	American Politics/ Road to the White House 2008 (re-air)						
11 PM	Q&A (re-air)	Capital News Today	Capital News Today	Capital News Today	Capital News Today	Capital News Today	American Perspectives (re-air)
12 M	Prime Minister's Questions (re-air)						
1 AM	American Politics/ Road to the White House 2008 (re-air)						
2 AM	C-SPAN Weekend	Today in Washington	Today in Washington	Today in Washington	Today in Washington	Today in Washington	C-SPAN Weekend

[부록 3] 주간 편성표(BBC Parliament weekly schedule, 2009.
8.1 ~8. 7)

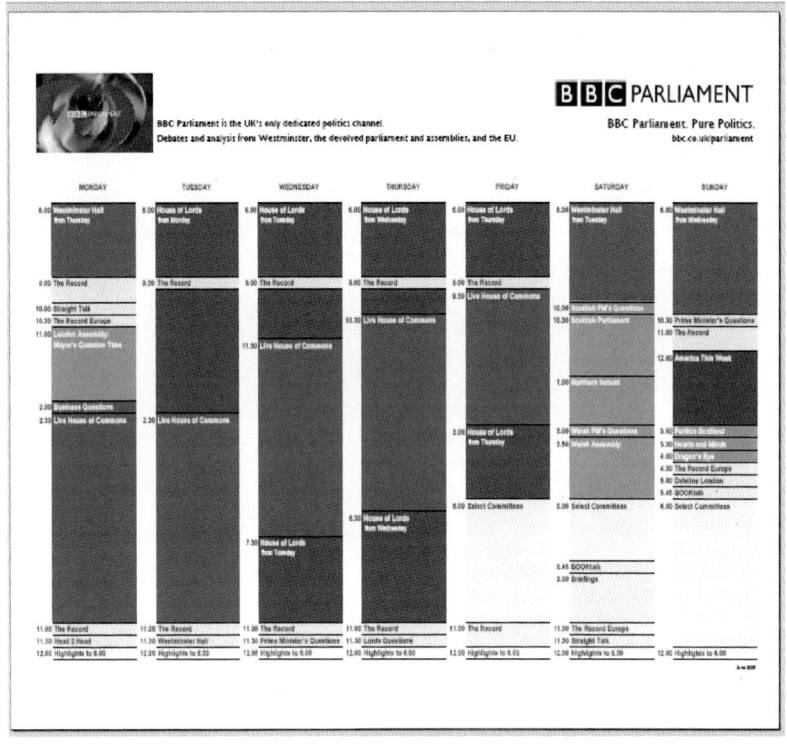

[부록 4] 캐나다 CPAC 방송 편성표

Close
Back

CPAC Broadcast Schedule
PACIFIC Time Zone
Friday, August 07, 2009

Print this page

Air Time Program Name

01:30 AM **Public Record**
On April 3 and 4, 2009, the Institut du
Nouveau Monde organized a conference
entitled "Le Fran☐ais, une langue pour
tout et pour tous ?" (French as a language
foreverything and everyone?).

03:00 AM **PrimeTime Politics**
Catch all of the day릴 political highlights in
extended, primetime replay. PrimeTime
Politics delivers long-form coverage of the
latest political developments and the most
pressing issues of the day.

04:00 AM **T☐te-☐-t☐te**
Today, Pierre Donais's guest is Phyllis
Lambert.

04:30 AM **Beyond Politics**
Liberal MP Scott Brison talks to Catherine
Clark about her life Beyond Politics.

05:00 AM **In Committee From The Senate Of
Canada**
Senate Committee on Legal and
Constitutional Affairs (May 28)

07:00 AM **In Committee from the House of
Commons**
House of Commons Standing Committee
on Industry, Science and Technology (Aug.
7)

12:00 PM **Headline Politics**
Highlights of the day's political events.

12:30 PM **In Committee From The House Of
Commons**
House of Commons Committee on Public
Safety and National Security (June 11)

02:00 PM **In Committee From The Senate Of
Canada**

264

[부록 5] 프랑스(Public Sénat) 방송 편성표

LES PRINCIPAUX RENDEZ-VOUS DE PUBLIC SÉNAT

DIMANCHE 09/08	LUNDI 10/08	MARDI 11/08	MERCREDI 12/08	JEUDI 13/08	VENDREDI 14/08	SAMEDI 15/08
12h00	14h00	16h30	16h30	15h00	12h00	14h35
Deshabillons-les - Le péril jeune	Paroles du monde	Il ne faut jurer de rien - Azouz Begag	Deshabillons-les - PS : Le psychodrame des congrès	Bibliotheque medicis - J. Moulin, D. Cordier, la Résistance 1/2	Enjeux d'avenir - Les jeunes et l'alcool	Enjeux d'avenir - La réforme de l'école
17h00	18h45	17h30	18h30	18h00	18h30	20h15
Bibliotheque medicis - Pierre Bergé	Il ne faut jurer de rien - Azouz Begag	Deshabillons-les - Les scènes parlementaires II	Enjeux d'avenir - Loi sur le voile	Les dessous de la loi - Réforme de l'audiovisuel public	Bibliotheque medicis - J. Moulin, D. Cordier, la Résistance 2/2	Un monde de bulles - Spéciale Pellerin
19h30	22h00	22h00	22h00	22h00	22h00	21h00
Documentaire - Bagdad entre les murs	Enjeux d'avenir - L' enfermement psychiatrique	Mineurs face À la justice - Mineurs face à la justice 2ème partie	Documentaire - Trois cordes pour deux conteurs	Documentaire - Les apprentissages d'un regard	Deshabillons-les - Politique et gastronomie	Bibliotheque medicis - Les transformations silencieuses

Toute la grille des programmes

[부록 6] 독일 Phoenix 방송 편성표

Phoenix

Fernsehprogramm
| Sonntag, den 21. Dezember 2008 |

Zeit	Sendung
00.00	**Meine Geschichte – Die Berliner Luftbrücke(2/3)** Alexander Galkin Moderation: Jürgen Engert
00.15 *(VPS: 00.14)*	**Die Odyssee des Menschen – Es begann in Afrika** Film von Manfred Baur und Hannes Schuler
01.00 *(VPS: 0.59)*	**Die Odyssee des Menschen – Das Geheimnis der Drachenknochen** Filmm von Manfred Baur und Hannes Schuler
01.40	**Die Odysse des Menschen – Die Eroberung der Neuen Welt** Film von Manfred Baur und Hannes Schuler
02.25 *(VPS: 03.15)*	**Königinnen vom Nil – Hatschepsut** Film von Michael Gregor und Wolfram Giese
03.10 *(VPS: 04.00)*	**Königinnen vom Nil – Mord, Macht und Leidenschaft** Die Ptolemäerinnen Film von Michael Gregor und Wolfram Giese
03.55	**Stadt der Illusionen** Las Vegas – Nevada Film von Peter Kruchten
04.05 *(VPS: 04.45)*	**Metropolis – Die Macht der Städte:Atheb** Die Herrschaft des Volkes Film von Hannes Schuler und Manfred Baur
04.50 *(VPS: 05.30)*	**Metropolis – Die Macht der Städte:Alexandria** Das Zentrum des Wissens Film von Hannes Schuler und Manfred Baur
05.35 *(VPS: 06.15)*	**Metropolis – Die Macht der Städte: Karthago** Die Stadt der Seefahrer Film von Hannes Schuker und Manfred Baur

Zeit	Sendung
06.20	**Sphinx – Geheimnisse der Geschichte** Zerstört Karhago – Untergang einer Weltmacht Film von Michael Gregor
07.00	**Dünen, Sand und Einsamkeit** Die Sahara Brasiliens Film von Michael Stocks, ARD – Studio Rio De Janeiro
07.30	**Kampf um die Herzen** Kinderprediger in Vrasilien Film von Thomas Aders, ARD – Studio Rio de Janeiro
08.15	**Meine Geschichte – Die Berliner Luftvrücke (2/3)** Alexander Galkin Moderation: Jürgen Engaer
08.30	**Weihnachtsmann am Kraterrand** Heiligavend unter tropisher Sonne Film von Peter Kersten
12.15	**Unterwegs zu den Inseln Südamerikas** Film von Carsten Thurau, ZDF – Stusio Rio de J무다개
13.00	**Meine Geschichte – Die Berliner Luftbrücke(2/3)** Alexander Galkin Moderation: Jürgen Engert
13.15	**Prost Mahlzeit DDR** Kali, Pfeffi, Blauer Würger Film von Andreas Kuno Richter, Tom Franke
14.00	**The War(13/14)** Ein langer, steiniger Weg Film von Ken Burns, Lynn Novick
14.55	**The War(14/14)** Eine Welt ohne Krieg Film von Ken Burns, Lynn Novick
15.44	**THEMA: OstpreuBen**

Zeit	Sendung
15.45	**OstpreuBens Norden(1/2)** Von Königsberg bis zur Memel Film von Wolfgang Wegner
16.30	**OstpreuBens Norden(2/2)** Von Tilsit nach Trakehnen Film von Wolfgang Wegner
17.15	**Zuletzt gesehen in OstpreuBen** Der lange Heimweg eines "Wolfskindes" Film von Hans – Dieter Rutsch
18.00	**Die letzten Heimkehrer** Russlanddeutsche im Lager Friedland Film von Yung Jin Essen
18.30	Der Fall: Jagd nach dem Phantom Film von Sibylle Bassler
19.00	Der Fall: Verliebt in einen Killer Film von Rüdiger Wellnitz
19.30	Der Fall: Das Mädchen im Moor Film von Michael Heuer
20.00	Tagesschau mit Gebärdensprache
20.15	Die Nacht der groBen Flut Film von Raymond Ley
20.15	THEMA: Helmut Schmidt zum 90. Geburtstag
21.45	Helmut Schmidt auBer Dienst Film von Sandra Maischberger
23.15	Drei Stunden Güstrow Der Besuch von Bundeskanzler Helmut Schmidt im Jahr 1981 Film von Michael Krull

[부록 7] 일본 콕가이TV(國會TV) 편성표

8月7日(金)放送予定
10:00 今日の放送予定

第171回通常国会回顧: 基本的議論
10:10 衆議院予算委員会(2月26日)
　　　集中審議(外交・国際関係)
　　　質疑者
　　　　三原 朝彦(自民)
　　　　田端 正広(公明)
　　　　前原 誠司(民主)
　　　　細野 豪志(民主)
　　　　赤嶺 政賢(共産)
　　　　照屋 寛徳(社民)
　　　　亀井 久興(国民)
　　　一般的質疑
　　　質疑者
　　　　川内 博史(民主)
　　　　馬淵 澄夫(民主)
　　　　笠井 亮(共産)
　　　　保坂 展人(社民)

15:30 衆議院予算委員会(2月27日)
　　　平成21年度総予算
　　　締めくくり質疑
　　　質疑者
　　　　斉藤 斗志二(自民)
　　　　富田 茂之(公明)
　　　　逢坂 誠二(民主)
　　　　菅 直人(民主)
　　　　笠井 亮(共産)
　　　　阿部 知子(社民)
　　　　下地 幹郎(国民)
　　　採決

http://kokkai.jctv.ne.jp/homepage new/index.html

미국 의회의 하원 의사규칙

제1조(의장의 직무)

(a) 의장은 하원의 의사 진행과정을 시청할 수 있는 폐쇄회로를 전 의원사무실과 위원회 그리고 의장이 적절하다고 인정하는 의사당 및 하원사무처 빌딩의 여러 장소에 설치하고 이 시스템을 통제, 관리한다. 이러한 시스템에는 폐쇄 회로 이외에 의장이 적절하다고 인정하는 다른 통신시설도 포함한다.

(b) (1) 의장은 하원의 의사진행을 편집되지 않는 완전한 상태로 라디오 혹은 TV로 방송하거나 기록할 수 있는 시스템을 설치하고 이것은 통제, 관리한다. 의장은 이러한 방송, 기록물을 뉴스매체에 배포하거나 보존하며, 청각장애자들을 위해 자막을 넣어야 한다.

(2) 하원 라디오, 텔레비전 기자실에 의해 인정되고 있는 모든 TV, 라디오방송국, 네트워크, 봉사매체와 시스템(유선시스템 포함), 그리고 동 기관에 의해 인정된 기자들은 하원의 원내 활동을 생중계할 수 있는 접근권을 갖는다.

(3) 이 절의 규정에 의하지 아니하고는 어떠한 중계도 할 수 없으며, 이에 의하지 아니하고는 어떠한 방송, 기록도 정치적 목적으로 이용되어서는 안 된다.

(4) 이 절의 규정에 의한 것이라도 뉴스 프로그램이나 공무에 관한 다큐멘터리 프로그램의 일부로 방송되는 경우를 제외하고는 상업적인 지원을 받아 방송되어서는 안 된다. 이 외 중계나 녹음, 녹화의 일부도 상업적인 광고로 사용되어서는 안 된다.

(c) 의장은 적절하다고 인정되면 이 절의 규정에 의한 의장의 권한을 다른 입법 장치에 위임할 수 있다.

제11조(위원회 운영규칙) 중 '회의 및 청문회 공개' 규정

(a) (1) 법안 자구정리 등 의안심사를 위한 회의는 공개하여야 한다. 다만, 위원회 또는 위원회가 과반수의 위원이 참석한 공개회의에서 호명투표로 회의의 비공개를 결정할 때에는 그러하지 아니한다. 비공개로 회의를 하는 때에도 위원회 위원, 담당직원 및 관련 부처의 대표자는 이에 참석할 수 있다. 동 규정은 제10조 (4)(a)(1) 및 본 호의 (2)에 규정된 공개 청문회나 내부예산, 인사문제와 관련한 회의에서는 적용되지 아니한다.

(2) 위원회나 소위원회가 개최하는 청문회는 일반에게 공개하여야 한다. 다만, 위원회나 소위원회가 과반수의 위원이 참석한 공개회의에서 호명투표로 증언이나 증거 기타 자료의 공개가 국가안보를 위태롭게 하거나 하원 법규에 위반할 우려가 있어 비공개 회의로 할 것을 결정할 때는 그러하지 아니하다. 전단의 규정에 관계없이 증언 청취를 위해 위원회규칙에서 요구하는 출석위원 과반수의 찬성으로 (A) 증언이나 증거채택이 국가안보를 위태롭게 하거나 제11조 2(k)(5)의 규정에 위반될 우려가 있는지의 여부를 논의할 목적으로 비공개 회의를 결정할 수 있으며 (B) 제11조 2(k)(5)의 규정에 따라 회의를 비공개로 할 수 있다. 모든 의원은 윤리위원회를 제외한 모

든 위원회 및 소위원회가 개최하는 청문회에 위원이 아닌 의원으로 참석할 수 있다. 다만, 하원 본회의에서 다수결로 특정입법이나 조사를 위한 청문회에서 일반에 대한 비공개결의와 동일한 절차에 따라 의원에 대해서도 비공개로 할 수 있는 권한을 위원회나 소위원회에 부여할 때에는 그러하지 아니하다. 그러나 세출위원회, 군사위원회, 정보특별위원회를 제외한 모든 위원회나 소위원회는 마찬가지로 절차에 따라 비공개 청문회의 1일간 연장을 결의할 수 있으며 소위원회는 5일간의 비공개 청문회를 결의할 수 있다.

제11조(위원회 운영규칙) 중 '위원회의 청문회 방송' 규정

3. (a) 본 항의 목적은 일반에 공개하는 위원회의 청문회 또는 기타 위원회 회의를 다음의 목적을 위하여 「텔레비전」 방송, 「라디오」 방송, 사진 또는 기타 보도방법에 의하여 보도할 수 있는 방법을 위엄과 품위와 예절의 일반 준칙에 따라 규정하는 데 있다.

(1) 정확하고 공정한 「뉴스」 보도를 통하여 일반대중에 대하여 입법 및 대의기관으로서의 하원의 운영, 의사절차 및 실제 활동 상황과 하원 및 위원회에 제출된 안건, 공공의 문제, 기타 안건과 그에 대한 심의 및 조치사항을 교육, 계몽 또는 보도하기 위한 때.

(2) 연방헌법에 의한 연방정부의 1기관으로서의 하원의 역할과 기능에 대한 일반 대중의 시각을 넓히고 이해의 증진을 위한 때.

(b) 본 항의 목적은 본 항에 의하여 「라디오」, 「텔레비전 테이프」 및 「텔레비전 필름」이 특정인의 선거공직에의 입후보를 유리 또는 불리하게 하려는 정당의 정치운동 자료로 이용되지 아니하도록 하는 데 있다.

(c) 본 항의 규정에 따라 「텔레비전」 방송, 「라디오」 방송 및 사

진보도 또는 기타 방법에 의하여 취재 보도된 모든 회의(청문회 또는 기타의 회의)의 전반적 활동과 청문회 또는 기타 회의 시 위원회 위원, 직원, 기타 행정부 요원, 증인, 「텔레비전」, 「라디오」 및 보도기관의 요원, 일반대중의 행위를 하원이 그 운영에서 전통적으로 준수하여 온 위엄과 품위와 예절의 일반준칙을 엄격히 준수하도록 하며 다음의 행위가 행하여지지 아니하도록 하는 데 본 항의 목적이 있다.

(1) 청문회 또는 기타 회의의 목적과 취지 그리고 동 청문회 또는 기타 회의와 관련되거나 혹은 본회의 또는 위원회의 일반 업무와 관련되는 위원회 위원의 활동상황을 왜곡하는 행위

(2) 본회의, 위원회 또는 특정위원의 신용과 명예를 손상시키거나 본회의, 위원회 또는 특정위원을 비방하는 행위

(d) 「텔레비전」 방송, 「라디오」 방송 및 사진보도에 의한 위원회의 청문회 및 기타 회의의 취재보도는 하원에서 행사할 수 있는 특권이므로 본 항의 목적, 규정 및 요건에 따라 엄격히 허가되고 행하여야 한다.

(e) 하원의 특정위원회가 주관하는 청문회 또는 기타 회의가 공개되는 때에는 위원회는 위원회 재적의원 과반수의 찬성으로 「텔레비전」 방송, 「라디오」 방송 및 사진보도 또는 기타 방법에 의하여 동 청문회 및 회의의 전부 또는 일부를 보도하도록 허가할 수 있다.

다만, 위원회는 본 조항의 목적, 규정 및 요건에 따라서 동 위원회가 채택하는 성문규칙에 의하여 허가한다.

(f) 본 항의 제(e)호에 따라 위원회가 채택하는 성문규칙은 다음의 효력규정을 포함한다.

(1) 위원회의 청문회 또는 기타 회의가 「텔레비전」 및 「라디오」 방송을 통하여 생방송으로 일반대중에게 소개될 때에는 동 방송은 상업광고권자의 후원 없이 행하여야 한다.

(2) 위원회의 소환에 따라 청문회에 출두한 증인에 대해서는 그 의사에 반하여 청문 시 촬영을 하지 못하며, 또 「라디오」 및 「텔레비전」을 통하여 청문회 실황을 방송하는 동안에는 진술 또는 증언을 하지 아니한다.

증인이 「텔레비전」 방송, 「라디오」 방송 및 사진보도에 응하지 아니할 의사를 표명할 때에는 모든 촬영기기와 보도용의 모든 송화기는 폐쇄되어야 한다.

본 규정은 증인의 권리보호에 관한 본 조 제2항(k)호의 (5)에 대한 보칙이다.

(3) 청문회 또는 회의장 내의 고정된 위치에서 작동할 「텔레비전 카메라」는 4대 이상 허가하지 아니한다.

청문회 및 회의장에 설치 허가된 「텔레비전 카메라」의 수의 각 「텔레비전」 방송국에의 배정은 「라디오」, 「텔레비전」 통신원 취재석 관리위원회에서 정한 공평한 절차에 따라 행한다.

(4) 「텔레비전 카메라」는 증거 및 증언을 진술하는 증인과 위원회 위원 간의 시야를 차단하지 아니하도록 설치하여야 한다.

(5) 「텔레비전 카메라」는 타 방송매체에 의한 청문회 및 회의의 취재보도를 불필요하게 방해하는 위치에 설치하여서는 아니 된다.

(6) 「텔레비전」 및 「라디오」 매체가 취재 보도를 하는 데 불필요한 장비는 위원회가 개회 중인 동안에는 청문회 또는 회의장 내에 가설되거나 또는 그 회의장 외로 반출하지 못한다.

(7) 강력조명, 집중조명, 섬광조명과 전구조명장치는 청문회 및 기타 회의를 취재 보도하는 수단으로 사용하지 못한다. 다만, 「텔레비전」 방송기관이 기존 「텔레비전」 방송기재의 현 위치를 변경하지 아니하고 청문회 및 기타 회의를 「텔레비전」으로 적절히 보도하는 데 필요한 최소한도의 범위 내에서 청문회 및 기타 회의 장소의 주변 조명도를 높이기 위하여 정부의 비용부담에 의하지 아니하는 추가조명시설을 설치할 수 있다.

(8) 청문회 또는 기타 회의를 취재하여 화보로 보도하기 위한 사진기자는 5인 이상 허가되지 아니한다.

사진기자의 선발에는 AP 통신사진부 및 UPI 통신화보부 소속 사진기자에게 우선권이 부여된다.

5개 이상의 보도기관이 청문회 또는 기타 회의취재, 보도를 신청할 때에는 상설사진기자협회가 정한 공평한 합동 배정 방법에 따라 취재한다.

(9) 사진기자는 청문회 또는 기타 회의가 진행되고 있는 때에는 증인석과 위원회의 의원의 중간에 위치해서는 아니 된다.

(10) 사진기자는 타 보도기관의 청문회 취재보도를 불필요하게 방해하는 곳에 위치해서는 아니 된다.

(11) 「텔레비전」 및 「라디오」 매체에 의하여 취재 보도를 행하는 통신원은 취재 당시에 「라디오, 텔레비전」 통신원 취재석에 정식으로 파견된 자라야 한다.

(12) 사진기재에 의하여 취재를 행하는 사진기자는 취재 당시 사진기자 취재석에 정식 파견된 자라야 한다.

(13) 「텔레비전」 또는 「라디오」 매체 및 사진기재에 의하여 취재를

행하는 기자는 질서 있고 정중한 방법으로 행동 또는 취재하여야 한다.

제23조 공식기록원 및 기타 보도관계요원

1. 하원의장은 위원회 속기사를 포함한 하원의 공식기록원을 정당한 근거에 따라 임명, 해임하고 그 직무수행방법을 정하는 권한을 가진다.

2. 의장석 하단 부분의 방청석을 본회의장에서 행하는 토론 및 의사진행 상황을 보도하고자 하는 보도기관의 대표에게 제공할 필요가 있을 때에는 그 부분을 보도기관 대표의 사용을 위하여 구분, 지정하고 하원의장이 수시로 정하는 규정에 따라 정평 있는 기자 및 통신원의 입장을 허가한다. 보도기관 대표의 사용에 제공된 방청석에 대한 감독과 그 장소에 근무하는 자의 지명권은 하원의장의 지휘, 감독을 받는 상설기자단이 가진다.

하원의장은 본회의장 내의 AP 및 UPI 통신 기자에게 각 1석을 배정하고, 그 이용을 규제한다.

의장은 그가 정하는 규정에 따라 각 통신사의 통신원 각 1인을 추가로 입장하도록 허가한다.

3. 「라디오」, 「텔레비전」 및 이와 유사한 전달방법으로 하원의 토론과 의사 진행상황을 보도하는 통신원의 편의를 위하여 필요할 때에는 하원방청석의 필요한 부분을 통신전용으로 배정하고 의장이 수시로 정하는 규정에 따라 정평 있는 통신원이 입장하도록 허가한다. 그 통신원석에 근무할 직원의 지명을 포함한 통신원석의 감독권은 의장의 지휘, 감독을 받는 「라디오」, 「텔레비전」 통신원석 배정위원회가 가진다. 하원의장은 그가 정하는 규정에 따라 NBC, CBS, MBS, ABC 방송국의 대표 각 1인을 회의장에 입장하도록 할 수 있다.

국회 심의 TV중계에 관한 법률관계의 개략

1. 유선 TV방송법

중의원 내(의사당 본관, 분관, 제1·제2 의원회관, 제1·제2 별관, 헌정 기념관 및 기자 회관)에 실시하고 있는 국회 심의 TV중계는, 유선 TV방송법 제31조 3호의 규정에 근거한다. 또한, 각 부성 등 및 정당 본관에 실시하고 있는 국회 심의 TV중계는, 유선 TV방송법 제31조 제5호의 규정에 근거하며, 모두 유선 TV방송법의 적용이 제외된 유선 TV방송으로서 실시되고 있다.

제31조 이 법률의 규정은, 다음에 명시하는 유선 TV방송에 대해서는, 적용하지 않는다.
　一. 생략
　二. 생략
　三. 한 구내(그 구내가 2인 이상의 사람의 점유에 속하고 있는 경우에 대해서는, 동일한 사람의 점유에 속하는 구역)에 있어 행해지는 유선 TV방송(공중의 통행 시, 또는 집합하는 장소에 있어 공중에 의해 직접 시청되는 것을 목적으로서 행해지는 것을 제외한다.)
　四. 생략
　五. 전 각 호로 내거는 것의 외, 총무성령으로 정하는 유선 TV방송

---

2. 유선 TV방송법 시행 규칙

유선 TV방송법 시행 규칙(1972년, 우정성(체신청)령 제40호)은,

그 제39조에 대해 전술한 법 제31조 제5호에 규정하는「총무성령으로 정하는 유선 TV방송」에 대해 다음과 같이 규정하고 있다.

제19조법 제31조 제5호에 규정하는 유선 TV방송은, 이하와 같이 시행한다.

一. 끌어들이는 단자의 수가 50 이하의 규모의 시설에 의해 행해지는 유선 TV방송(그 모든 것이 동시 재발송신인 것과 그 외에 비슷한 것으로서 총무 대신이 별도로 고시하는 것에 한정한다.

二. 생략

국회 심의 TV 중계에 관한 우정성(체신청) 고시

1. 우정성(체신청) 고시(1993년, 제638호)

유선 TV방송법 시행 규칙(1972년, 우정성(체신청)령 제40호) 제39조 제1항 제1호의 규정에 근거해, 우정대신(체신청장)이 따로 고시하는 유선 TV방송을 다음과 같이 정한다.

1993년, 12월 21일
우정대신(체신청장)

중의원 또는 참의원이, 의원에게 회의 및 위원회 등의 회의의 상황을 송신하는 것을 주된 방송 사항으로서 각 부처 등 나라의 기관에 대해서 실시하는 유선 TV방송

2. 우정성 고시(1998년, 제332호)

유선 TV방송법 시행 규칙(1972년, 우정성(체신청)령 제40호) 제39조 제1항 제1호의 규정에 근거해, 1993년 우정성 고시 제638호 (유선 TV방송법 시행 규칙의 규정에 의해 적용 제외로 하는 유선

TV방송을 정하는 건)의 일부를 다음과 같이 개정한다.

1998년, 7월 16일

우정대신

「국가 기관」 산하의 「정당 조성법(1994년, 법률 제5호) 제2조 1항에 규정하는 정당」을 추가한다.

3. 개정 후의 우정성(체신청) 고시.

국회심의 인터넷 중계 VOD 시스템 운용 방침

2000년 1월 19일

의원 운영위원회 간사회 승낙

개정 2004년 8월 6일

국회심의 인터넷 중계 VOD시스템(인터넷을 이용한 국회심의녹화중계시스템. 이하 「VOD시스템」이라 한다.)에 대해서는 하 기의 방침에 근거하여 운용하는 것으로 한다.

(목적)

1. 국회심의 인터넷 중계의 시청 기회의 확대 등 중계 서비스의 향상을 꾀하기 위해 현행 인터넷·라이브 중계에 새롭게 더하여 인터넷 녹화중계를 실시한다.

(실시 시기)

2. VOD시스템은 제147회 정기국회 소집일(2000년 1월 20일)부터 운용을 개시한다.

(공개 대상)

3. VOD시스템에서는 인터넷으로 생중계된 모든 국회심의를 대상으로 공개한다.

(공개 시기)

4. VOD시스템에서는 통산 생중계된 당일 중에 그 국회심의 영상을 공개한다.

(공개 내용)

5. VOD시스템에서는 생중계된 국회심의 영상을 그대로 데이터베이스에 수록·축적하여 공개한다.

(공개 기간)

6. VOD시스템에서는 공개로부터 과거 1년간은 국회심의 영상을 데이터베이스에 보존하여 공개한다.

또한 공개 종료는 심의일 단위가 아니고 회기 단위로 행하는 것으로 하고 회기 종료일이 1년을 경과한 때에 공개를 끝내는 것으로 한다.

시청자위원회 관련법령 및 현황

1. 근거규정(방송법 제87조 제1항)

종합편성 및 보도전문편성 방송사업자는 의무적으로 설치하여 운영하여야 함

위반 시 3천만 원 이하의 과태료

2. 시청자위원회 설치 현황

◎종합편성사업자
- 지상파 중앙3사(KBS, MBC, SBS)
- 지역민방 10개사(PSB, TBC, KBC, TJB, JTV, CJB, UBC, GTB, JIBS, KFM)
- MBC 19개 지방계열사
- 수도권지상파DMB 신규3사(한국DMB, YTNDMB, U1미디어)

◎보도전문편성사업자: YTN, MBN

◎기타: EBS, 종교방송, TBS

(※법정 의무사항이 아님에도 시청자의 권익보호 차원에서 자발적으로 운영)

3. 시청자위원회 권한과 직무(방송법 제88조)

① 방송편성, 프로그램 내용, 자체심의에 관한 의견제시 또는 시정 요구
② 시청자평가원(시청자평가프로그램에 출연하여 방송내용 비평 및 의견개진 역할) 선임
③ 시청자 권익보호와 침해구제에 관한 업무
④ 방송사업자 재허가 추천 및 재승인시 시청자위원회의 방송프로그램 평가결과 반영(방송법 제17조 제3항 제3호)

4. 방송사업자 의무(방송법 제90조)

① 특별한 사유가 없는 한, 시청자위원회의 의견 또는 시정요구 수용
② 시청자위원회의 의견 또는 시정요구를 부당하게 거부 시, 위원회에 불만처리 요청 가능
③ 시청자위원회의 직무수행을 위한 자료제출 또는 관계자의 출석, 답변 요청 시 특별한 사유가 없는 한 응해야 함
④ 시청자위원회의 심의결과 및 처리에 관한 사항을 방송위원회에 보고, 결정해야 할 사항
 - 회의일시: 매월 1회
 · 소집주체: 위원장>부재 시 부위원장>부재 시 위원 중 연장자순
 · 회의의결: 재적위원 과반수의 출석과 출석위원 과반수의 찬성으로 의결
 · 정례보고: 사업자는 시청자위원회 지적사항 처리결과는 회의

종료 후 1월 이내에 시청자위원회에 보고, 운영실
적은 매달 20일까지 방송위원회에 보고.

◆ 관련 법규

1. 방송법 제87조(시청자위원회)

① 종합편성 또는 보도전문편성을 행하는 방송사업자는 시청자
의 권익을 보호하기 위하여 시청자위원회를 두어야 한다.

② 제1항의 규정에 의한 방송사업자는 각계의 시청자를 대표할
수 있는 자 중에서 위원회규칙이 정하는 단체의 추천을 받아
시청자위원회의 위원을 위촉한다.

③ 시청자위원회의 구성 및 운영에 관하여 필요한 사항은 대통
령령으로 정한다.

2. 방송법 제88조(시청자위원회의 권한과 직무)

① 시청자위원회의 권한과 직무는 다음과 같다.

(1) 방송편성에 관한 의견제시 또는 시정요구

(2) 방송사업자의 자체심의규정 및 방송프로그램 내용에 관한 의
견제시 또는 시정요구

(3) 시청자평가원의 선임

(4) 기타 시청자의 권익보호와 침해구제에 관한 업무

② 시청자위원회의 대표자는 방송위원회에 출석하여 의견을 진

술할 수 있다.

3. 방송법 제89조(시청자 평가프로그램)

① 종합편성 또는 보도전문편성을 행하는 방송사업자는 당해 방송사업자의 방송운영과 방송프로그램에 관한 시청자의 의견을 수렴하여 주당 60분 이상의 시청자 평가프로그램을 편성하여야 한다.

② 시청자 평가프로그램에는 시청자위원회가 선임하는 1인의 시청자평가원이 직접 출연하여 의견을 진술할 수 있다.

③ 방송위원회는 시청자평가원의 원활한 업무수행을 위하여 기금에서 경비를 지원할 수 있다.

4. 방송법 제90조(방송사업자의 의무)

① 종합편성 또는 보도전문편성을 행하는 방송사업자는 제88조 제1항 제1호 및 제2호의 규정에 의한 시청자위원회의 의견제시 또는 시정요구를 받은 경우에는 특별한 사유가 없는 한 이를 수용하여야 한다.

② 시청자위원회는 방송사업자가 시청자위원회의 의견제시 또는 시정요구의 수용을 부당하게 거부하는 경우에는 방송위원회에 시청자불만처리를 요청할 수 있다.

③ 종합편성 또는 보도전문편성을 행하는 방송사업자는 시청자위원회가 제88조 제1항 각 호의 규정에 의한 직무를 수행하기 위하여 필요한 자료의 제출 또는 관계자의 출석·답변을 요청

하는 경우에는 특별한 사유가 없는 한 이에 응하여야 한다.

④ 종합편성 또는 보도전문편성을 행하는 방송사업자는 시청자위원회의 심의결과 및 그 처리에 관한 사항을 방송위원회에 보고하여야 한다.

⑤ 종합편성 또는 보도전문편성을 행하는 방송사업자는 대통령령이 정하는 바에 의하여 시청자가 요구하는 방송 사업에 관한 정보를 공개하여야 한다.

5. 방송법 제17조(재허가 등)

① 방송사업자(방송채널사용사업자는 제외한다) 및 중계유선방송사업자가 허가유효기간의 만료 후 계속 방송을 행하고자 하는 때에는 방송위원회의 재허가 추천을 받아 정보통신부장관의 재허가를 받아야 한다.

② 제9조 제5항 단서의 규정에 의하여 승인을 얻은 방송채널사용사업자가 승인유효기간 만료 후 계속 방송을 행하고자 하는 때에는 방송위원회의 재승인을 얻어야 한다.

③ 방송위원회가 제1항 및 제2항의 규정에 의하여 재허가 추천 또는 재승인을 할 때에는 제10조 제1항 각 호 및 다음 각 호의 사항을 심사하고 그 결과를 공표하여야 한다.

◆ 시청자위원회의 방송프로그램 평가

6. 방송법 시행령 제64조(시청자위원회의 구성 및 운영)

① 법 제87조의 규정에 의한 시청자위원회는 10인 이상 15인 이내의 위원으로 구성한다.

② 시청자위원회는 위원장 1인과 부위원장 1인을 두되, 시청자 위원 중에서 호선한다.

③ 시청자위원회의 회의는 위원장이 소집하되, 정기회의는 매월 1회 이상, 임시회의는 위원장이 필요하다고 인정하거나 재적 위원 3분의 1 이상의 요구가 있는 경우 또는 방송사업자가 요구한 경우에 이를 소집한다.

④ 시청자위원회의 회의는 재적위원 과반수의 출석과 출석위원 과반수의 찬성으로 의결한다.

⑤ 시청자위원회를 설치한 방송사업자는 시청자위원회의 심의결 과에 대하여 조치가 필요한 경우에는 그 처리에 관한 계획과 처리결과를 회의 종료 후 1월 이내에 시청자위원회에 보고하 여야 하며, 월간 시청자위원회의 운영실적을 다음 달 20일까 지 방송위원회에 보고하여야 한다. [개정 2002. 12. 26.]

7. 방송법 시행에 관한 방송위원회 규칙 제24조(시청자위원 추천단체)

① 법 제87조 제2항의 규정에 의하여 시청자위원을 추천할 수 있는 단체는 다음 각 호와 같다. [개정 2004. 9. 18]

1. 초 / 중등교육법 및 고등교육법에 의한 각급 교육기관의 운영
   위원회 등 학부모단체

2. 소비자보호단체

3. 여성단체

4. 청소년관련 기관 또는 단체

5. 변호사단체

6. 방송 / 신문 등 언론관련 시민 / 학술단체

7. 장애인 등 사회소외계층의 권익을 대변하는 단체

8. 노동 관련 기관 또는 노동단체

9. 경제단체 또는 문화단체 [개정 2004. 9. 18]

10. 과학기술관련 단체 [신설 2004. 9. 18]

② 제1항 제2호 내지 제10호의 규정에 의한 단체는 다음 각 호
   의 요건을 갖추어야 한다. [신설 2004. 9. 18]

1. 해당 단체가 법인인 경우에는 비영리법인일 것

2. 해당 단체가 법인이 아닌 경우에는 연간 1회 이상 정기회의
   를 개최하고, 정관이 있을 것

※ 추천단체 제출자료: 추천서, 추천인의 인적사항, 법인등록증,
   정관

국회에서의 중계방송 등에 관한 규칙
(제정 1991. 12. 28 국회규칙 제65호)

제1조(목적)

이 규칙은 국회법(이하 '법'이라 한다) 제149조의 규정에 의하여 본회의 또는 위원회의 의사(이하 '국회의 의사'라 한다)에 대한 녹음·녹화·촬영 및 중계방송의 절차·시설에 관한 사항과 방송의 공정성과 객관성을 확보하기 위하여 필요한 사항을 규정함을 목적으로 한다.

제2조(출입기자의 등록 등)

① 신문사·통신사·방송국 등으로부터 국회의 의사를 녹음·녹화·촬영 및 중계방송(국회의 활동을 취재하거나 보도하는 경우를 포함한다)을 할 목적으로 국회에 상근 배치되는 자(이하 '출입기자'라 한다)는 국회사무처에 등록하고 출입기자외의 자를 임시로 파견하고자 할 때에는 그 명단을 미리 국회사무총장(이하 '사무총장'이라 한다)에게 제출하여야 한다.

② 출입기자증에 발급대상·범위 기타 출입기자의 등록에 필요한 사항은 사무총장이 정한다.

제3조(중계방송 등의 원칙)

국회의 의사에 대한 녹음·녹화·촬영 및 중계방송과 이에 따르는 편성·편집은 신문사·통신사·방송국 등이 자율적 의사에 따른다. 다만, 중계방송은 생중계 또는 녹화중계로 하되 방송시간의 제약 등 방송국의 특별한 사정으로 녹화된 자료를 편성·편집하여 방송하는 때에는 방송법 제5조 제1항 및 법 제149조 제3항의 공정성과 객관성이 유지되도록 하여야 한다.

제4조(녹음·녹화 및 촬영)

① 제2조에 규정된 자는 이 규칙이 정하는 바에 의하여 국회의 의사에 대한 녹음·녹화 및 촬영을 할 수 있다. 다만, 법 제75조 또는 제148조 제1항의 규정에 의하여 의회를 공개하지 아니하기로 하거나 국회에서의 증언·감정 등에 관한 법률 제9조 제2항의 규정에 의하여 증인 등을 보호하는 경우에는 그러하지 아니하다.

② 제2조에 규정된 자 외의 자가 국회의 의사에 대한 녹음·녹화 및 촬영을 하고자 하는 때에는 의장 또는 위원장의 허가를 받아야 한다.

제5조(중계방송)

① 국회의 의사에 대한 중계방송은 방송국만이 할 수 있다. 이 경우 제4조 제1항 단서의 규정을 준용한다.

② 중계방송은 특정정당이나 특정인의 정치운동자료 또는 중계방송 중 상업용 광고의 삽입 등 정치적 또는 상업적 목적으로 사용되어서는 아니 된다.

제6조(중계방송의 절차 등)

① 방송국은 국회의 의사를 텔레비전이나 라디오로 중계 방송하

고자 할 때에는 미리 방송의 대상·일시 및 형태 등을 의장 또는 위원장에게 신청하여야 한다. 위원장이 신청을 받은 경우에는 의장에게 이를 보고하여야 한다.

② 의장 또는 위원장은 필요하다고 인정하는 경우 방송국에 대하여 중계방송의 협조를 요청할 수 있다. 위원장이 요청하는 경우에는 의장에게 이를 보고하여야 한다.

제7조(중계방송의 대상)

① 중계방송은 본회의 및 위원회의 회의(공청회·청문회·국정감사와 국정조사를 포함한다)를 그 대상으로 한다.

② 대통령 또는 국빈의 국회연설·교섭단체대표 연설·예산안에 대한 정부의 시정연설·의원의 대정부질문·공청회·중요안건의 심의·예산결산특별위원회의 예산안심사 등은 우선적인 중계방송의 대상으로 고려된다.

제8조(위원회의 중계방송시설)

의장은 위원회 의사의 효율적인 중계방송을 위한 위원회 회의장을 따로 마련하거나 위원회 회의장 중에서 수개를 지정하여 중개방송에 필요한 시설을 갖추고 각 위원회가 공동으로 사용하게 할 수 있다.

제9조(카메라의 설치 등)

① 본회의장(기자석 및 방청석에 한한다) 또는 위원회 회의장에서의 녹음·녹화·촬영 및 중계방송과 이를 위한 카메라·조명장치 등의 설치는 의사진행에 방해가 되지 아니하도록 하여야 한다.

② 제1항의 녹음·녹화·촬영 및 중계방송에 필요한 카메라·조명장치 등 기재의 수·설치장소·접근범위 등에 관한 기준은 사

무총장이 정한다.

제10조(카메라의 조작 등)

중계방송을 하는 경우 카메라의 조작이나 화면선택은 본회의 또는 위원회의 의사진행을 중심으로 국회와 국회의원의 활동상황이 공정하고 균형 있게 방영될 수 있도록 하여야 한다.

제11조(폐쇄회로 시스템)

의장은 본회의 및 예산결산특별위원회 등 국회의 주요 의사진행 과정을 국회구내에서 시청하고 음성 및 영상자료를 중계방송용으로 제공할 수 있도록 하는 폐쇄회로시스템을 연차적으로 개발·추진하여야 한다.

제12조(국회방송자문위원회)

① 다음 각 회의 사항에 대하여 의장 또는 법 제149조 제5항의 규정에 의한 방송심의소위원회의 자문에 응하기 위하여 의장 소속 하에 국회방송자문위원회(이하 이 조에서 '위원회'라 한다)를 둔다.

1. 중계방송에 따르는 국회와 방송국 간의 협조 및 의견조사
2. 중계방송의 운영 및 기술상의 문제와 그 개선 및 평가
3. 제11조의 규정에 의한 폐쇄회로 시스템의 개발·추진
4. 기타 의장 또는 방송심의소위원회가 자문을 요구하는 사항

② 위원회는 의장이 선임하는 국회·방송국 및 학계 등의 전문가로 구성한다.

③ 위원회의 조직과 운영에 관하여 필요한 사항은 의장이 교섭단체대표의원과 협의하여 정한다.

제13조(임의규정)

이 규칙의 시행에 관하여 필요한 사항은 의장이 정한다.

부칙[제65호, 1991. 12. 28]

① (시행일) 이 규칙은 1992년 1월 1일부터 시행한다.

② (다른 규칙의 개정) 국회방청규칙 중 다음과 같이 개정한다.
제17조를 삭제한다.

국회영상자료제공 및 인터넷 중계방송에 관한 규정
(2001. 01. 05 국회규정 제504호 제정)

제1조(목적)

이 규정은 국회에서의 중계방송 등에 관한 규칙(이하 '규칙'이라
한다)에 의하여 국회의사 등에 관한 영상자료의 제공 및 인터넷
등 정보통신망을 통한 국회의사 중계방송에 관하여 필요한 사항을
규정함을 목적으로 한다.

제2조(영상자료의 제공대상)

영상자료의 제공대상은 다음 각 호와 같다.

1. 규칙 제2조 제1항의 규정에 의한 방송국(이하 '방송국'이라
   한다)이 국회의사를 생중계 또는 녹화중계하기 위하여 필요
   한 경우

2. 국회의원, 국무총리, 국무위원, 국정감·조사의 증인 등이 자
   기와 직접 관련된 영상자료를 요청하는 경우

3. 국가기관 등 공공기관이 공공목적을 위하여 필요한 경우

4. 기타 국회의장이 필요하다고 인정하는 경우

제3조(영상자료의 제공절차)

① 영상자료를 제공받고자 하는 자는 별지 서식에 의한 신청서

를 국회사무총장(이하 '사무총장'이라 한다)에게 제출하여야 한다. 다만, 제2조 제1호의 방송국이 영상자료를 제공받는 경우에는 그러하지 아니하다.

② 사무총장은 제2조의 규정에 의하여 제공하고자 하는 영상자료가 제3자와 관련이 있다고 인정되는 때에는 이 사실을 제3자에게 지체 없이 통지하여야 하며, 필요한 경우에는 그 제공여부 등에 대한 의견을 청취할 수 있다. 이 경우 통지 및 의견청취는 구도로 할 수 있다.

제4조(비용부담 등)

① 영상자료의 제공에 소용되는 비용은 영상자료를 제공받는 자가 부담한다.

② 방송국이 국회의사를 생중계 또는 녹화중계하기 위하여 영상자료를 제공받는 경우에는 무상으로 한다. 다만, 화면송출에 따른 전송료 이용요금 등은 방송국의 부담으로 한다.

제5조(영상자료의 제공 제한)

국회에서 영상자료를 제공받아 생중계 또는 녹화중계를 하는 방송국이 규칙 제11조의 2제 3항을 위반한 경우에는 국회의장은 1년의 범위 안에서 기간을 정하여 영상자료를 제공하지 아니할 수 있다.

제6조(인터넷 중계방송)

인터넷 등 정보통신망을 통한 국회의사 중계방송(이하 '인터넷 중계방송'이라 한다)은 국회 및 방송국만이 할 수 있으며, 방송국이 인터넷 중계방송을 하는 경우에는 규칙 제6조 제1항 및 제2항의 규정에 의한 중계방송과 동일한 영상으로 인터넷 중계방송을 하여야 한다.

제7조(인터넷 중계방송의 대상)

인터넷 중계방송은 본회의 및 위원회(국정감사 및 국정조사를 포함한다. 이하 같다)를 대상으로 한다. 다만, 위원회를 대상으로 하는 인터넷 중계방송은 국회의장이 위원회의 중계방송시설 여건 등을 고려하여 그 실시시기를 정한다.

제8조(인터넷 중계방송의 신청)

방송국이 인터넷 중계방송을 하고자 하는 경우에는 규칙 제6조 제1항의 규정에 의한 중계방송을 신청할 때 이를 함께 신청하여야 한다.

제9조(위임규정)

이 규정의 시행에 관하여 필요한 사항은 사무총장이 정한다.

부칙[2001. 1. 15]

이 규정은 2001년 1월 15일부터 시행한다.

방송기획관실 관련 국회관계법규현황

구분	법규명(법규번호)	제정일	최근개정일	제·개정 필요 여부
규칙	국회에서의중계방송등에관한규칙(국회규칙 제113호)	91.12.26	00.12.1	
	국회방송등에관한규칙(안)	운영위 계류중		동 규칙 제정시 「국회에서의중계방송 등에관한규칙」은 폐지
규정	국회방송에관한규정 (국회규정 제559호)	04.2.3	07.7.11	
	국회방송자문위원회규정 (국회규정 제554호)	93.10.20	04.12.29	
	국회영상자료제공및인터넷중계 방송에관한규정 (국회규정 제504호)	01.1.15		
내규	–			
지침 및 예규	국회방송운행지침 (지침 제160호)	04.1.31		
	국회방송제작비지급지침	04.2.12	04.12.28	– 제작비 지급 기준 및 단가 등 조정필요
	국회청내안내방송운영지침 (지침 제121호)		99..11	

국회방송에 관한 규정

2004.2.3 국회규정 제559호 제정

개정 2007.7.11 국회규정 제614호

(국회입조사처법 제정에 따른 공직자윤리법의 시행에 관한 국회 규정 등의 정비에 관한 규정)

제1장 총칙

제1조(목적) 이 규정은 국회방송의 원칙·대상 및 화면구성 등에 관한 기본적인 사항을 정함으로써 국회방송의 공정성과 객관성을 제고함을 목적으로 한다.

제2조(정의) 이 규정에서 "국회방송"이라 함은 국회사무처가 본회의 또는 위원회의 회의 및 국회 또는 국회의원(이하 "의원"이라 한다)의 입법 활동 등에 관한 방송프로그램을 기획·편성 및 제작하여 행하는 방송을 말한다.

제3조(국회방송의 공정성·객관성 등) 국회방송은 방송프로그램의 기획·편성·제작 및 화면구성 등 방송의 전반에 있어서 공정성·객관성·중립성 및 균형성을 확보하고 유지하여야한다.

제2장 의사중계방송

제4조(의사중계방송) 본회의 또는 위원회의 회의(공청회 · 청문회와 국정감사 및 국정조사를 포함한다)에 관한 방송(이하 "의사중계방송"이라 한다)은 편집없이 생방송으로 함을 원칙으로 한다. 다만, 방송편성상의 제약 등 불가피한 사정이 있는 경우에는 녹화하여 방송할 수 있다.

제5조(의사중개방송의 예외) 다음 각호의 1에 해당하는 경우에는 의사중계방송을 하지 아니한다.

1. 국회법 제54조의2제1항, 제65조제4항 단서, 재75조제1항 단서, 제149조제1항 또는 제158조 본문의 규정에 의하여 회의를 공개하지 아니하는 겨우

2. 국정감사및조사에관한법률 제12조 단서의 규정에 의하여 국정감가 및 국정조사를 공개하지 아니하는 경우

3. 국회에서의증언 · 감정등에관한법률 제9조제2항의 규정에 의하여 중계방송을 금지하거나 회의의 일부 또는 정부를 공개하지 아니하는 경우

4. 인사청문회법 제14조 단서의 규정에 의하여 인사청문회를 공개하지 아니하는 경우

제6조(발언자 중심의 화면구성 등) ① 의사중계방송을 하는 때에는 회의진행절차에 따른 발언자를 중심으로 화면을 구성함을 원칙으로 한다.

② 의사중계방종을 하는 때에는 주석이나 해설을 부가하지 아니한다.

③ 의사중계방종을 하는 때에는 국회의 권위와 의원의 품위가 손상되지 아니하도록 하여야 한다.

제7조(화면구성의 형식) 의사중계방송의 화면구성의 형식은 다음 각호에 의한다.

1. 의안을 심의 또는 심사하는 동안 회의장 전경을 보여줄 수 있으며, 의안의 상정, 제안설명 또는 심사보고, 질의·토론, 표결결과 및 그 발표 등 의안의 심의·심사와 관련된 장면을 보여주도록 한다.

2. 국회의장(이하 "의장"이라 한다)이 의장석에서 일어난 때에는 화면을 의장석으로 옮긴다.

3. 발언 의원에 대한 화면구성은 상반신을 기본으로 한다.

4. 카메라는 발언이 종료될 때까지 발언하는 의원에 고정시키되, 때때로 회의장전경·의원석 또는 국무위원석을 보여줄 수 있다.

5. 회의에 있어서 특정 의원의 반응을 보여줄 수 있다.

6. 국회공무원은 의사진행에 있어서 특정한 역할을 하는 경우를 제외하고는 일반적으로 화면구성에서 제외한다.

7. 국회공무원석·보도석·방청석 등 의사진행과 직접 관련이 없는 부분은 불가피한 경우를 제외하고는 화면구성에서 제외한다.

8. 의사중계방송중에 회의장내 소란사태가 발생한 경우에는 국회의 권위와 의원의 품위가 손상되지 아니하도록 화면구성을 한다.

제3장 의사중계방송외의 방송

제8조(의사중계방송외의 방송) 국회방송은 의사중계방송외에 다음 각호의 사항에 관한 방송프로그램을 편성·제작하여 방송할 수 있다.<개정 2007.7.11>

1. 국회 또는 의원의 입법활동
2. 국회사무처·국회도서관·국회예산정책처 또는 국회입법조사처의 입법지원활동
3. 국회의 의정사
4. 국회에 대한 국민의 제안
5. 그 밖에 국회와 관련된 소식이나 정보·교양 등

제9조(편성·제작상의 유의사항) ① 제8조의 규정에 의한 방송프로그램을 편성·제작하는 때에는 특정 교섭단체 또는 의원에 치우치지 아니하도록 하여야 하며, 국회의 권위와 의원의 품위가 손상되지 아니하도록 하여야 한다.

② 제8조의 규정에 의한 국회방송을 하는 때에는 제3조에 규정된 제원칙을 벗어나서 주석 또는 해설을 부가할 수 없다.

제4장 보칙

제10조(국회방송시설의 설치·운용) 의장은 국회방송을 위하여 필요한 시설 및 장비를 갖추고 이를 운용한다.

제11조(국회방송의 채널운행) 국회방송의 채널운행에 관하여 필요한 사항은 국회사무총장이 정한다.

부칙⟨제559호,2004.2.3⟩

이 규정은 2004년 5월 1일부터 시행한다.

부칙⟨제614호,2007.7.11⟩

① (시행일) 이 규정은 결재한 날부터 시행한다. ＜단서생략＞
② 생략

국회방송운행지침

지침 제160호 제정(2004.01.31)

제1장 총칙

제1조(목적) 이 지침은 국회방송의 채널운행(이하 "방송운행"이라 한다)에 관한 기본절차 및 방법을 정함으로써 방송운행의 원활한 운영을 도모함을 목적으로 한다.

제2조(방송운행의 주무부서) 방송운행의 주무부서는 방송기획관실의 기획편성담당관실로 한다.

제3조(방송운행의 담당자) 방송운행의 담당자는 다음 각호의 책임자 또는 담당자로 구분한다.

1. "방송운행책임자"는 기획편성담당관이 되며, 방송이 기획·편성 및 운행을 총괄 지휘하고 긴급시 방송기획관의 업무를 대행한다.

2. "방송운행책임자"는 방송제작담당관이 되며, 방송프로그램 및 국회관련 각종 영상기록물의 제작업무를 담당한다.

3. "방송기술책임자"는 방송기술담당관이 되며, 방송의 제작·운행 및 송출관련 기술상의 업무를 담당하고 방송시스템을 관

리한다.

4. "방송운행담당자"는 방송운행을 직접 지휘하고 긴급시 방송 운행책임자의 업무를 대행한다.

5. "방송기술담당자"는 방송운행 기술상의 업무를 담당하고 긴급시 방송기술책임자의 업무를 대행한다.

제4조(방송운행의 실시) 방송운행은 주간기본편성표 및 일일방송 운행표에 의하여 실시한다.

제5조(일일방송운행표의 작성 등) ① 방송운행책임자는 일일방송 운행표를 작성하여 방송시작 6시간 전까지 방송제작·송출 등 관련부서에 전달하여야 한다.

② 자동프로그램송출장치(Auto Program Control)의 담당자는 전달받은 일일방송운행표를 자동프로그램송출장치에 입력한 후 일일 방송운행담당자 및 방송기술담당자와 함께 방송시간 전에 이를 확인하여야 한다.

제6조(방송운행담당자의 임무) 방송운행담당자는 방송이 송출되는 동안 주조정실에서 방송운행을 지휘하여야 한다.

제2장 방송의 시작 및 종료

제7조(화면조정) 방송시작 전에는 화면조정을 위하여 음향을 수반한 영상신호(칼라바)를 10분간 송출하며, 이 때 음악송출과 방송 순서안내 등을 할 수 있다.

제8조(방송시작) 화면조정이 끝난 후에는 본 프로그램의 방송에 앞서 다음 각호의 사항을 방송한다.

1. 애국가

2. 방송법 제4조제3항에 규정된 방송편성책임자의 공표

> 방송편성책임자 ○ ○ ○

3. 심의규정 준수자막

> 본 방송은 방송원회의 심의규정을 준수하고 있습니다.

제9조(방송종료) 방송을 종료하는 때에는 심의규정준수 및 방송편성책임자를 공표하며, 애국가 등을 방송한다.

제10조(방송지표의 방송) 방송시작전과 방송종료를 하는 때에는 국회방송의 방송지표를 방송한다.

제3장 방송프로그램의 운행

제11조(정시운행) 방송운행책임자는 일일방송운행표에 따라 방송프로그램이 정시에 방송될 수 있도록 최선을 다하여야 한다.

제12조(녹화방송 프로그램의 인계 등) ① 녹화방송 프로그램의 연출자는 제작완료된 방송프로그램을 날인한 방송제작내역통지표와 함께 방송 24시간 전까지 방송운행 책임자에게 인계하여야 한다.

② 방송운행책임자는 인계받은 방송프로그램을 비디오테이프 입고대장에 기록하며, 방송프로그램의 내용·시간을 검토하여 일일방송운행표를 작성한 다음 당해 프로그램 방송 12시간 전까지 방송기술책임자에게 이를 인계하여야 한다.

③ 주조정실의 녹화기 담당자는 방송프로그램을 즉시 복사하여 동시 작동용 부본을 제작하여야 한다.

제13조(생방송 프로그램의 진행) ① 생방송 프로그램의 연출자

는 당해 방송시작 3시간 전까지 방송운행책임자 및 방송기술책임자에게 쿠시트를 제출하여야 한다. 다만, 뉴스형태의 프로그램은 예외로 한다.

② 생방송 프로그램의 연출자는 예정된 제작시간에 불가피한 사정으로 인하여 방송에 차질이 생길 경우 방송운행담당자의 지시에 따라야 한다.

제14조(중계방송의 진행) 중계방송의 연출자는 당해 방송의 종료시각이 예정과 다르게 될 경우 미리 방송운행담당자에게 연락하고 그 지시에 따라야 한다.

제15조 (녹화테이프의 수록순서)녹화테이프는 다음 각호의 영상신호(칼라바), 테이프 사인, 내용의 순으로 녹화한다.

1. 모든 프로그램의 녹화테이프에는 음향신호(톤)를 수반한 영상신호를 1분이상 녹화테이프의 첫머리에 수록한다.

2. 영상신호에 이어 타이틀·부제목·방송일·연출자명 및 기타 방송운행담당자에게 알릴 사항들이 표시된 테이프 사인을 10초이상 수록한다.

3.테이프 사인과 내용사이에는 1초간 여백을 수록하고 비디오 자막삽입(Cut－in)다음 2초후 음향이 나오게 한다. 다만, "끝" 자는 음향이 점차 소멸(Audio Sneakout)된 시점으로부터 3초전에 넣고 1분간 정지화면(Still)으로 동작(Motion)을 처리한다.

제16조 (생방송·중계방송의 자막처리) 동시 녹화하는 생방송 및 중계방송중 주조정실에서 처리하는 자막은 방송은 되나 녹화테이프에는 기록되지 않도록 한다.

제17조(방송프로그램의 크레디트) 모든 방송프로그램의 크레디트

(방송재료 제공자에 대한 경의표시 자막)는 시청자가 읽을 수 있는 시간적 여유를 주는 범위내에서 제작·공표하는 것을 원칙으로 한다.

제18조(방송프로그램의 실제작시간) 각 방송프로그램의 편성시간량에 따른 실제작시간량은 매 개편시마다 방송운행책임자가 전체적인 운행효과를 고려하여 산정한 시간에 따른다.

제4장 스데이션브레이크의 운행

제19조(정의) 이 장에서 "스테이션브레이크"라 함은 한 프로그램의 종료시부터 다음 프로그램 시작까지의 방송시간을 말한다.

제20조(스테이션브레이크의 운행순서) 스테이션브레이크의 운행순서는 이어서, 자국스파트(짧은 삽입방송) 및 국명표시(ID)의 순으로 한다.

제21조(이어서 등의 운행시간) 이어서 및 국명표시의 운행시간은 각각 10초간으로 한다.

제22조(자국스파트의 운행) ① 자국스파트의 프로그램의 예고·행사예고 및 공익광고 스파트는 일일방송운행표에 따라 방송한다.

② 방송운행책임자는 자국스파트의 가감·교체를 통하여 시간조정을 할 수 있으며, 자국스파트 제작담당자는 예고내용에 반드시 일시를 표시하여야 한다.

제5장 비상방송

제23조(비상방송) 이 장에서 "비상방송"이라 함은 정규 방송시간을 기다리지 않고 긴급히 방송을 해야 할 사태가 발생한 경우에 시

행하는 방송을 말하며, 비상속보와 하단속보로 구분하여 실시한다.

제24조(비상방송의 결정 등) ① 비상방송이 필요한 경우 직접 취재 및 제작을 담당하는 방송제작책임자는 방송운행책임자에게 연락하여 사태의 내용을 설명하고 방송 실시 여부, 비상방송의 종별 및 방송시간에 대하여 협의하여야 한다.

② 방송운행책임자는 비상방송의 실시여부 등 제반사항에 대하여 방송기획관의 지시를 받아 필요한 조치를 행한다.

제25조(비상속보) ① 비상속보는 전국에 영향을 미치는 다음 각 호의 사건 또는 사항에 대하여 실시하여, 방송중인 영상과 음성을 중단하고 방송한다.

1. 천재지변에 의한 대참사

2. 국가 존망에 관한 사항

3. 국가원수의 안위에 관한 사항

4. 국내 정변

5. 속보에 의하여 피해를 줄일 수 있는 재해

6. 범국민적인 관심사항으로서 속보의 필요성이 있는 사건

② 비상속보의 시간은 그 중요도에 따라 정하며, 필요한 경우 다른 프로그램 공급사와 연계방송을 할 수 있다.

③ 제1항에 의해 중단된 프로그램은 비상속보의 종료와 함께 재개한다.

제26조(하단속보) ① 하단속보는 비상속보외의 범국민적 관심사항에 준하는 사항에 대하여 실시한다.

② 하단속보는 프로그램을 중단함이 없이 수퍼자막(정지 및 흐름 자막)으로 방송한다.

제27조(경보방송) 행정자치부·기상청 등의 의뢰에 따라 긴급히 방송하여야 할 중요사항의 경보에 관한 방송은 비상속보 또는 하단속보의 경우에 준하여 실시한다.

제6장 방송사고시의 조치

제28조(방송사고) 방송사고가 발생한 경우 방송운행담당자와 방송기술담당자는 피해를 최소화하고 방송의 전체효과가 손상되지 않도록 신속한 조치를 하여야 한다.

제29조(사고처리절차) ① 방송운행책임자는 통상시의 방송운행상의 사고에 대한 책임자가 되며, 방송운행담당자로부터 사고의 내용·상황 등을 보고받는 즉시 사고처리에 대한 명확한 지시를 하여야 한다. 다만, 현장에서 긴급조치가 끝났을 경우에는 사후보고를 받는다.

② 방송운행담당자는 긴급한 방송운행상의 사고에 대한 책임자가 되며, 미리 필요한 조치를 행한 후 방송운행책임자에게 보고하고 사후에 보고서를 작성하여 방송운행책임자를 거쳐 방송기획관에게 제출하여야 한다.

③ 방송기술책임자는 통상시의 방송운행 기술상의 사고에 대한 책임자가 되며, 방송기술담당자로부터 사고의 원인 및 수습에 걸리는 시간을 보고받아 사고처리에 관한 기술적인 지시를 한다.

④ 방송기술담당자는 긴급한 방송운행 기술상의 사고에 대한 책임자가 되며, 미리 필요한 조치를 행한 후 그 결과를 방송기술책임자에게 보고하고 사후에 보고서를 작성하여 방송기술책임자를

거쳐 방송기획관에게 제출한다.

제30조(방송중단) ① 일시적인 정전 또는 전송망의 이상으로 인하여 전파 송수신에 일시적인 장애가 발생한 경우 프로그램의 방송은 그대로 진행한다.

② 정전 또는 고장 등으로 송출이 불가능할 경우 방송운행담당자는 즉시 방송기술담당자에게 통보하여 사과자막 및 음향을 송출하도록 하여야 한다. 이 경우 방송기술담당자는 사과자막에 사용할 사과발표문 및 음향에 사용할 음악을 미리 준비해 두어야 한다.

③ 자동프로그램송출장치에 고장이 발생한 경우 즉시 수동으로 전환하여 송출하여야 한다.

④ 녹화기에 고장이 발생한 경우 즉시 동시 작동되고 있는 부본 테이프로 전환하여 송출하여야 한다.

제31조(영상·음성의 기술적 이상) 방송운행담당자는 영상 또는 음성의 이상정도가 심하다고 판단되는 때에는 방송기술담당자와 협의하여 사과자막을 방송하여야 한다.

제32조(방송프로그램 내용의 이상) 방송프로그램의 내용이 각종 법령 또는 선량한 풍속 기타 사회질서에 명백히 위반된다고 판단되는 때에는 방송운행책임자는 방송기획관에게 보고한 후 방송기획관의 지시에 따라 적절한 조치를 취하여야 한다.

제33조(방송순서의 이상) ① 방송예정과 다른 프로그램이 방송되고 있는 경우 방송운행담당자는 즉시 방송을 중지하고 당초 예정된 프로그램을 방송하여야 한다.

② 방송하기로 예정된 프로그램이 준비되어 있지 않을 경우 방송운행담당자는 방송운행책임자에게 보고한 후 그 지시에 따른다.

제34조(생방송 프로그램의 사고처리) ① 모든 생방송 프로그램의 사고처리는 1차적으로 현장 부조정실에서 행하며, 생방송 진행담당자는 사고 조치후 사고의 원인·조치사항·담당자명을 방송운행책임자에게 통보하여야 한다.

② 제1항의 사고처리를 현장 부조정실에서 할 수 없을 경우 생방송 진행담당자는 방송운행담당자에게 필러(시간채우기 영상물)를 요청하여 이를 방송하여야 하며, 필러를 방송할 시간적 여유가 없을 경우 방송운행담당자는 먼저 주조정실에 비치된 쿠션카드(방송시간조절용 카드)와 음악을 송출한 후 필러방송을 준비한다.

제35조(중계방송시의 사고처리) ① 방송운행책임자는 중계방송의 조기 종료에 대비하여 필러용 프로그램을 준비하여야 한다.

② 중계방송이 조기에 종료될 경우 방송운행담당자는 중계스텝 스크롤 자막에 앞서 중계방송 종료 안내자막을 방송하여야 한다.

③ 중계방송의 사고처리에 관하여는 제29조의 규정을 준용한다.

부칙〈제160호, 2004.1.31〉

이 지침은 2004년 5월 1일부터 시행한다.

국회영상자료제공및인터넷중계방송에관한규정

국회규정 제504호 제정(2001.01.15)

제1조(목적) 이 규정은 국회에서의중계방송등에관한규칙(이하 "규칙"이라 하다)에 의하여 국회의사 등에 관한 영상자료의 제공 및 인터넷 등 전보통신망을 통한 국회의사 중계방송에 관하여 필요한 사항을 규정함을 목적으로 한다.

제2조(영상자료의 제공대상) 영상자료의 제공대상은 다음 각호와 같다.

1. 규칙 제2조제1항의 규정에 의한 방송국(이하 "방송국"이라 하다) 이 국회의사를 생중계 또는 녹화중계 하기 위하여 필요한 경우

2. 국회의원, 국무총리, 국무위원, 국정감·조사의 증인 등이 자기와 직접 관련된 영상자료를 요청하는 겨우

3 국가기관 등 공공기관이 공공목적을 위하여 필요한 경우

4. 기타 국회의장이 필요하다고 인정하는 겨우

제3조(영상자료의 제공절차) ① 영상자료를 제공받고자 하는 자는 별지 서식에 의한 신청서를 국회사무총장(이하 "사무총장"이라 하다)에게 제출하여야 한다. 다만, 제2조제1호의 규정에 의하여 방송국이 영상자료를 제공받는 경우에는 그러하지 아니하다.

② 사무총장은 제2조의 규정에 의하여 제공하고자 하는 영상자료가 제3자와 관련이 있다고 인정되는 때에는 이 사실을 제3자에게 지체없이 통지하여야 하며, 필요한 경우에는 그 제공여부 등에 대한 의견을 청취할 수 있다. 이 경우 통지 및 의견청취는 구두로 할 수 있다.

제4조(비용부담등) ① 영상자료의 제공에 소요되는 비용은 영상자료를 제공받는 자가 부담한다.

② 방송국이 국회의사를 생중계 또는 녹화중계 하기 위하여 영상자료를 제공받는 경우에는 무상으로 한다. 다만, 화면송출에 따른 전송로 이용요금 등은 방송국의 부담으로 한다.

제5조(영상자료의 제공제한) 국회에서 영상자료를 제공받아 생중계 또는 녹화중계를 하는 방송국이 규칙 제11조의2제3항을 위반한 경우에는 국회의장은 1년의 범위안에서 기간을 정하여 영상자료를 제공하지 아니할 수 있다.

제6조(인터넷중계방송) 인터넷 등 정보통신망을 통한 국회의사 중계방송(이화 "인터넷중계방송"이라 한다)은 국회 및 방송국만이 할 수 있으며, 방송국이 인터넷중계방송을 하는 경우에는 규칙 제6조제1항 및 제2항의 의한 중계방송과 동일한 영상으로 인터넷중계방송을 하여야 한다.

제7조(인터넷중계방송의 다상) 인터넷중계방송은 본회의 및 위원회(국정감사 및 국정조사를 포함한다. 이하 같다)를 대상으로 한다. 다만, 위원회를 대상으로 하는 인터넷중계방송은 국회의장이 위원회의 중계방송시설 여건 등을 고려하여 그 실시시기를 정한다.

제8조(인터넷중계방송의 신청) 방송국이 인터넷중계방송을 하고

자 하는 경우에는 규칙 제6조제1항의 규정에 의한 중계방송을 신청할 때 이를 함께 신청하여야 한다.

　제9조(위임규정) 이 규정의 시행에 관하여 필요한 사항은 사무총장이 정한다.

부칙〈제504호, 2001.1.15〉

이 규정은 2001년 1월 15일부터 시행한다.

영상자료 신청서

영상자료 산청서(복사☐ · 열람☐)				
점수일자			접수번호	
신청인	소속		직위	
	성명		주인등록번호	
	주소			
	연락처			
사용목적				
신청 내역	대서 회의	본회의 제 회국회 제 차 전원위원회 ( ) 위원회		
	세부 내역	위회의중 에 관한 사항		

국회영상자료제공및인터넷중계방송에관한규정 제3조제1항에 의하여
위와 같이 영상자료의 복사 · 열함을 신청하오니 허가하여 주시기 바랍니다.

                                        년 월 일

                            신청인   (인)

        국회의장   귀하

※ 복사제공 테이프 등은 신청자가 부담하여, 수량은 1개를 원
  칙으로 함.

국회방송자문위원회규정

국회규정 제359호 제정(1993.10.20)

국회규정 제450호 일부개정(1996.12.31)

(타)국회규정 제491호 일부개정(2000.04.18)

국회규정 제512호 일부개정(2001.11.27)

(타)국회규정 제564호 일부개정(2003.12.29)

제1조(목적) 이 규정은 국회에서의중계방송등에관한규칙 제12조의 규정에 의한 국회방송자문위원회(이하 "위원회"라 한다)의 조직과 운영에 관하여 필요한 사항을 규정함을 목적으로 한다.

제2조(기능) 위원회는 다운 각호의 사항에 대한 자문에 응한다.

1. 국회방송국의 설치 및 운영에 관한 사항

2. 중계방송의 공정성·객관성 확보 및 촬영세칙에 관한 사항

3. 중계방송에 따르는 국화와 방송국가의 협조 및 의견조정에 관한 사항

4. 중계방송의 운영 및 기술상의 문제와 그 개선 및 평가에 관한 사항

5. 기타 중계방송과 관련된 사항

제3조(구성) ① 위원회는 위원장 및 부위원장 각 1인을 포함한

16인 이내의 위원으로 구성한다.<개정 2001.11.27>

② 위원장 및 부위원장은 위원중에서 국회의장이 지명한다.

③ 위원은 국회의사중계방송에 관하여 업무상 관련이 있거나 학식과 경험이 풍부한 국회·학계·언론계의 중진급 인사중에서 국회의장이 선임한다.

④ 위원의 임기는 2년으로 한다.

제4조(위원장의 직무와 그 대행) ① 위원장은 위원회를 대표하며, 위원회의 회무를 통할한다.

② 부위원장은 위원장을 보좌하며, 위원장이 사고가 있을 때에는 그 직무를 대행한다.

제5조(회의) ① 위원회의 회의는 위원장이 필요하다고 인정하거나 국회의장의 요구가 있을 때 위원장이 이를 소집한다.

② 위원장은 회의를 주재하고 그 의장이 된다.

③ 회의는 재적위원 과반수의 출석으로 개의하고, 출석위원 과반수의 찬성으로 의결한다.

제6조(의견의 제출 및 청취) ① 위원회는 소관사항에 관하여 국회의장 또는 방송심의소위원회에 그 의견을 제출할 수 있다.

② 위원회는 소관사항에 관하여 필요하다고 인정할 때에는 관계기관이나 전문가로부터 의견을 청취할 수 있다.

제7조(간사) ① 위원회에 간사를 둔다.

② 간사는 국회사무처 방송기획관이 된다.<개정 2003.12.29>

③ 간사는 위원회의 회의록을 작성·관리하여야 한다.

④ 간사는 위원장의 명을 받아 위원회의 사무를 처리한다.

제8조(수당) 위원회의 회의에 출석한 위원 및 관계전문가에 대하

여는 예산의 범위 안에서 수당을 지급할 수 있다.

제9조(운영세칙) 이 규정에 규정한 것 외에 위원회의 운영에 관하여 필요한 사항은 위원회의 의결을 거쳐 위원장이 정한다.

부칙〈제359호, 1993.10.20〉

이 규정은 1993년 10월 20일부터 시행한다.

부칙〈제450호, 1996.12.31〉

이 규정은 1996년 12월 31일부터 시행하되, 1994년 8월 1일부터 적용한다.

부칙〈제491호, 2000.4.18〉

이 규정은 결재일부터 시행하되, 2000년 1월 1일부터 적용한다.

부칙〈제512호, 2001.11.27〉

이 규정은 결재일부터 시행한다.

부칙〈제554호, 2003.12.29〉

① (시행일) 이 규정은 2004년 1월 1일부터 시행한다.
② 생략

김광호 ───────────────────────────────

▌약력

현직: 서울산업대학교 매체공학과 및 IT정책대학원 교수
학력: 서강대학교 신문방송학과 졸업(1980)
     독일괴팅겐 대학교 언론학 석사 및 박사(1992)
경력: 한국방송개발원(현 한국방송영상산업진흥원) 연구위원(1993 – 1995)
     한국콘텐츠산업연합회 자율심의위원장
     한국DMB시청자위원회 위원장
     독일 함부르크 대학 및 호주 시드니 공대 방문교수
     미국 샌디에이고 대학 교환교수
     미래방송연구회 회장

▌주요논문 및 저서

「세계의 지상파방송의 경영전략」
「한국의 지상파방송의 경영전략」
「디지털방송미디어론」
「위성 DMB도입의 현황과제와 전망」
「디지털텔레비전의 서비스 모델 및 발전방안」
「디지털방송 기술정책」
「통신방송융합에 따른 신규서비스 도입에 관한 연구」
「방송의 디지털화에 따른 방송 제작인력의 직무변화와 방송학 교육의 변화」
「디지털시대의 언론인, 역할과 교육」
「지상파방송 디지털활성화를 위한 방송서비스 및 수신환경 구축방안」
「해외사례를 통해 본 디지털방송 활성화 방안」
「지상파방송의 미래 기술 발전방향 – 멀티캐스팅 도입의 추진」
    외 다수

이옥기 ——————————————————————————

▌약 력

현직: 서울산업대, 경희대 강사(2009)
학력: 경희대학교 대학원 신문방송학과 졸업(2005) - 언론학박사
　　　뉴욕대학교 SCPC 과정 연수(2007)
경력: 광주방송(KBC) PD
　　　한국콘텐츠진흥원(KOCCA) 뉴미디어 지식스폰서
　　　유비쿼터스미디어연합 교육위원 및 강사

▌주요논문 및 저서

「뉴스의 미래(2009)」한국학술정보㈜
「멀티커뮤니케이션 미디어로서의 모바일: 음성, 텍스트, 영상 서비스 선택에 영향을 미치는 수용자의 특성 분석」(2008. 12). 정보통신정책 연구원.
「의회방송의 법제적 지원방안」(2007. 09). 서울산업대학교 IT정책연구소.
「Effects of Reality in High Definition Television on the Experience of Presence」(2007. 05). ICA 57th Conference 발표집. (San Francisco, USA)
「국회방송 공공가치 평가에 관한 연구」(2007. 06). 한국방송학보 통권 21 - 6호.
「HDTV 사실성이 프레즌스 경험과 각성, 감동에 미치는 영향 실험연구」(2006. 06). 한국방송학보 통권 20 - 2호.

디지털 시대의 국회방송

초판인쇄 | 2009년 8월 31일
초판발행 | 2009년 8월 31일

지은이 | 김광호, 이옥기
펴낸이 | 채종준
펴낸곳 | 한국학술정보㈜
주　　소 | 경기도 파주시 교하읍 문발리 파주출판문화정보산업단지 513-5
전　화 | 031) 908-3181(대표)
팩　스 | 031) 908-3189
홈페이지 | http://www.kstudy.com
E-mail | 출판사업부 publish@kstudy.com
등　록 | 제일산-115호(2000. 6. 19)

ISBN　978-89-268-0423-0　93070 (Paper Book)
　　　　978-89-268-0424-7　98070 (e-Book)